国家社会科学基金青年项目（10CGL075）资助

农村基本公共服务财政保障机制与政策研究

肖建华/著

经济科学出版社

图书在版编目（CIP）数据

农村基本公共服务财政保障机制与政策研究/肖建华著．—北京：经济科学出版社，2013.11
ISBN 978－7－5141－4041－5

Ⅰ.①农…　Ⅱ.①肖…　Ⅲ.①农村－社会服务－财政管理体制－研究－中国　Ⅳ.①D669.3②F812.8

中国版本图书馆 CIP 数据核字（2013）第 281460 号

责任编辑：杜　鹏
责任校对：杨　海　苏小昭
版式设计：齐　杰
责任印制：邱　天

农村基本公共服务财政保障机制与政策研究
肖建华/著
经济科学出版社出版、发行　新华书店经销
社址：北京市海淀区阜成路甲 28 号　邮编：100142
总编部电话：010－88191217　发行部电话：010－88191522
网址：www.esp.com.cn
电子邮件：esp－bj@163.com
天猫网店：经济科学出版社旗舰店
网址：http：//jjkxcbs.tmall.com
北京万友印刷有限公司印装
880×1230　32 开　8.125 印张　220000 字
2013 年 11 月第 1 版　2013 年 11 月第 1 次印刷
ISBN 978－7－5141－4041－5　定价：35.00 元
（图书出现印装问题，本社负责调换。电话：010－88191502）

目 录

1.

导　　言

近年来，我国经济稳步发展，税收收入快速增长，然而公共服务尤其是广大农村地区的公共服务并没有出现同步改善，有些地方甚至出现供给性贫困。显然，这与我国经济社会发展的步伐是不相吻合的，在国家富强起来的同时，利用财政手段让广大居民获得政府的基本尊重与关怀，不仅可以保障居民的基本生存条件与正常的价值诉求，更有利于提高政府的社会治理能力。

一、研究意义

近些年来，政府加大农村地区基本公共服务领域的投入，在社会养老保险、医疗合作、农村基础设施、农村文化建设、农村义务教育等领域的公共支出逐年增加，财政支出结构发生显著变化。但是，我国基本公共服务水平还比较低，城乡差距还比较大，有些贫困地区达不到国家政策所要求的水平，农村内部地区的差距也存在不断扩大的趋势①。同时，我国经济发展的国际化程度越来越高，其他国家的经济发展健康程度也会在一定程度上影响我国经济发展，进而对我国农村地区基本公共服务改善产生不利影响。因此，

① 世界银行：《改善农村公共服务》，中信出版社 2008 年版，第 4 页。

在这种背景下，选择与加强对农村地区基本公共服务财政保障政策的研究具有如下三点重要意义。

第一，有利于解决广大农村地区公共服务需求增长与供给短缺的不均衡状况，促进居民需求机制形成，增加广大居民对公共服务需求的真实体验以及诱使高层次公共服务需求的形成。本书主要以我国广大农村地区尤其是基本公共服务短缺的农村地区为观察对象，分析其供求失衡的原因，在政府财政支出不断增大的条件下，考虑如何进一步在改善农村基本公共服务的基础上，通过居民需求表达机制的建立，引导居民参与基本公共服务供给，提升我国农村基本公共服务的水平与质量。

第二，有利于改善农村基本公共服务，从而可以保障居民的基本生存条件与正常的价值诉求，提高政府的社会治理能力。本书从基本公共服务供给状况出发，探究了财政保障机制的基本逻辑及财政保障机制与基本公共服务间的关系，认为农村地区基本公共服务的改善将有利于提升政府在基层的社会治理能力。

第三，有利于帮助我们正确理解政府行为中的基层官员行为，增强互信，推进政府职能的顺利转型。本书探究了农村基本公共服务供给中的收入机制、投入决策机制与预算管理机制，通过入户调查方式，从实证角度分析了农村基本公共服务供给中三种机制的运行状况，分析了农村基本公共服务供给中各相关利益主体的行为，尤其是地方政府行为，在当前推进政府转型与强化服务职能的大背景下，纠正地方政府在经济发展中的各种错误行为，引导其向服务方向转化。

当前，我国经济发展也遭遇了国际不利因素的影响，财政政策在运行过程中遇到了制度边际效应递减现象，通过改善农村基本公共服务，启动与带动农村地区居民消费及消费升级，依赖消费需求来增强经济的自身发展能力。因此，通过财政来保障农村基本公共服务，不仅利于经济发展、利于推进政府转型、利于培养基层官员的服务品行，更利于保持农村地区的政治稳定。

二、国内外文献综述

在西方学界，对公共服务的研究多运用制度分析法、案例的实证分析法等来进行多学科的交叉综合研究，在公共服务改革方面形成了一系列有价值的文献，如政府治理模式改革及治理能力提高的理论（B. Guy Peters，2001）、公共服务的合约制政府（Jan - Erick Lane，2004）、公共服务民营化思想（E. S. Savas，2002）、公共选择视角的多中心及社会资本理论（Vincent Ostrom、Elinor Ostrom，1968、1971、1990）、公共服务的自愿供给机制、公共服务改革的绩效管理机制。总之，在西方城市公共服务改革浪潮中，改变公共服务供给模式并朝多元化方向发展，让市场在公共服务中发挥更积极的作用，达成了国家—社会、政府—公民、公共部门—私人部门间合作与协同的多元化的公共服务共同治理机制的共识。

与西方学界的研究不一样，我国对公共服务的研究主要源于公共服务供给短缺，从理论引进到政策设计形成了大量文献，集中起来表现为以下五个方面。

第一，农村基本公共服务供给的相关理论探讨。包括人的全面发展与基本公共服务之间的内在联系（中国海南改革发展研究院，2008）、构建公共服务供给模型（吴光芸，2006）、基本公共服务等的分类（张成福，2003；陈振明，2005）、基本公共服务供给的政府供给机制（樊丽明、石绍宾，2007）。

第二，农村基本公共服务的需求与供给。这方面主要集中在我国学者的研究中，目前多数学者主要运用田野实地调查法对农户公共服务意愿进行问卷分析（王小林等，2003；林万龙，2007；杨其元、夏峰，2008），结果表明，农村基本公共服务供给与农户需求存在严重错位，农村基本公共服务大部分为自上而下的强制性供给。

第三，农村基本公共服务的差异。有学者对较为发达农村与欠发达农村、农村与城市间的基本公共服务进行对比研究，结果发现，欠发达农村偏好生产性公共服务，尤其是对基础设施有着强烈的需求（贾康等，2006）；而在近年来的社会主义新农村建设政策利好条件下，与城市相比，农村对高层次生活性消费与适应制度转轨性的公共服务消费增加了（王小林，2007）。

第四，农村基本公共服务的供给机制。对于我国的农村基本公共服务供给，多数学者对当前由上而下的供给体制提出了改革建议，希望能够引入市场供给与自愿供给的做法，朝多元化方向发展（迟福林，2006；句华，2006；樊丽明、石绍宾，2007；世界银行，2008；孙立平，2008）。刘尚希等则从财政汲取能力、公共支出领域倾斜、财政管理体制及转移支付设计了一整套措施（刘尚希等，2008）。

第五，农村基本公共服务的财政保障政策。这是当前最集中的研究重点，有学者指出，为了提供供需平衡的农村基本公共服务，在当前财政约束条件下要完善公共服务的需求偏好机制（杨震林、吴毅，2004）；有学者认为，应该构建需求导向型的公共服务供给机制（吴孔凡，2007）；也有学者认为，应该增加公共服务资金，提高一般性财政转移支付比重（樊丽明、石绍宾，2007）；还有学者认为，摆脱困境的最优选择是打破政府垄断地位，在保证财政基本资金供应的情况下，建立公私机构间的竞争（周志坚，1999；世界银行，2008）。

上述文献关注的问题主要是公共服务供给层面及微观层面上农户实际需求的诸多问题，在财政保障政策的设计方面主要讨论的是转移支付及供给方式中市场机制植入等问题。对公共服务供给中的收入机制、投入决策机制、新形势下财政预算管理机制以及财政供给机制与市场机制、自愿机制的协调机制的研究缺乏应有的广度与深度。本书以现有研究为基础，继续深入关注和研究农村基本公共服务实现的财政保障机制。

三、基本概念认识

随着经济的快速发展和社会价值观念的转变，我国公共服务需求快速扩张，基本公共服务均等化已成为政府和公民高度关注的焦点问题。然而，这与现实中政府公共服务理念、公共服务体制建设滞后性和公共资源的有限性形成了尖锐矛盾，加之我国初级阶段的经济发展结构性失衡、国家发展战略以及政策上的倾斜等因素，目前的公共服务供给水平和供给能力呈现出明显的区域、城乡、群体间的不平衡。综观理论界对基本公共服务均等化的研究，多是停留在什么是均等化、如何制定均等化的公共政策两方面，对基本公共服务概念的界定以及公共服务与公共品的概念的差异尚未达成一致。因此，我们先从学科范畴、研究路径、实践主体、表现形式角度区分公共品与公共服务，继而尝试从均等化角度理解基本公共服务与一般公共服务的区别，以期有助于基本公共服务均等化领域理论研究的不断完善。

（一）公共服务与公共品概念的差异

公共服务与公共品是两个不同的概念，不能将公共服务等同于公共品。但由于公共服务和公共品在消费上都具有一定程度的非竞争性和非排他性，也不能把公共服务和公共品完全割裂开来。正是因为两者之间存在着复杂的联系与矛盾，目前，学术界尚未产生一致公认的区分公共服务和公共品的标准与方法。笔者认为，既然公共服务和公共品的概念既有共性又有区别，不妨从学科范畴、研究路径、实践主体、表现形式等不同的角度分别进行解释和分析。

1. 学科范畴的角度。虽然公共品的概念最早是从政治学或哲学（伦理学）的角度论及的，但系统的公共品理论研究最早可追溯到19世纪末瑞典经济学家维克塞尔的著作《财政理论研究》。之后，公共品理论的研究一直在经济学领域不断发展。因此，公共品是一个经济学术语，又称为公共物品、公共产品、公共用品、公共商品等，应归属于“物品”的范畴。而公共服务最早可追溯到19世纪中后期德国社会政策学派的杰出代表瓦格纳极力主张的财政社会政策作用。1912年，法国公法学者朵品·狄照明确提出“公共服务”

概念，并将其作为现代公法制度的基础。之后“公共服务”概念在社会科学中逐渐沉寂，直到20世纪50～60年代兴起的政策科学运动使其得以复兴，并成为政治学、行政学界研究的主题。因此，“公共服务”是一个政治学术语，应归属于“服务”的范畴。由于经济学领域中的公共品概念重视物品供给的效率问题，脱离了政治学基础，而公共服务继承了公共品的内涵，并汲取了政治学营养，因此，可将公共服务看做公共品概念在政治学上的回归。

虽然所属学科不同，但两者却有着紧密联系。从经济学角度审视“服务”的概念，可以发现“服务”是与“生产”相对的。根据产业结构的划分，第一产业是农业，第二产业是工业和建筑业，这两个物质资料生产部门的产品都具有实物形态。第三产业属于服务行业，不以生产实物的形式而以提供活劳动的形式满足人们的某种需求。从这一层面看，若把公共品进行“有形产品”和“无形产品”的划分或者“一般公共品”和“制度性公共品”的划分，“公共服务”与“公共品”在内容上就有了很大程度的交叉，甚至可以把“公共服务”视为社会福利最大化意义上的“公共品”。

2. 研究路径的角度。在经济学语境中，公共品是以资源配置的对象出现的，公共品问题是导致市场失灵和政府干预经济的根源之一，公共品理论的研究着重考察谁来提供、提供什么、提供多少的问题，侧重于公共品供给的效率、技术和理性价值。而在政策语境中，公共服务是政策分析的核心概念之一。公共问题引发公共需求，而政府的职能就是以公共政策的形式提供公共服务来满足公共需求、解决公共问题。因此，公共服务的研究着重考察以政府为核心的公共部门如何通过政治程序决定公共资源的配置或决定社会价值和利益在不同阶层、团体或个人中的分配问题，侧重于资源配置的公平、质量和利益维护。从这一层面看，若把“公共服务”看做一种物品和劳务的产出过程，那么其内涵就超越了公共品，或者说“公共品”只是“公共服务”载体中重要的一种。一方面，政府提供公共品的根据是对公共利益的判断，物品只有与公共利益相关联，才能具有公共服务的属性；另一方面，从改良的角度讲，依据公共品的类型和价值创新公共品的生产和供给方式，将有利于提高公共部门供给公共服务的绩效。

3. 实践主体的角度。一方面，公共服务的实践主体包括供给主体和生产主体。英国学者霍布斯在1657年完成的《利维坦》中提出了社会契约论，认为国家的本质就是“一大群人相互订立信约，每个人都对他的行为授权，以便使他能按其认为有利于大家的和平与共同防卫的方式运用全体力量和手段的一种人格”。即政府的职能就是提供公共服务。在我国，政府就是公共服务的供给主体，但在环境复杂、社会差异性需求增多以及政府精力和能力有限等多重因素的影响下，政府会将物品生产责任以委托、出售、特许经营等多种方式交托给私人或第三部门。即公共服务的供给主体和生产主体可能不一致。但实际上，从主体的角度研究公共服务与公共品的区别，更多侧重地还是公共服务的供给主体。有学者从政府的角度，即根据政府的特性，从广义上将不宜由市场提供而由政府向公众提供的各种产品和服务均称为“公共服务”。另一方面，公共服务供应的主体资格一般依据公共权力获得，服务型政府应以公共利益、社会公正、民众满意度作为公共服务活动的目标归宿和服务质量评判标准。因此，公共服务更倾向于价值层次和公平角度的考量。而公共物品生产的主体资格在法律和专业技术允许的范围内，一般依据效率原则或通过市场化竞争获得，多是从物品的特征和效率角度进行考虑。

4. 表现形式的角度。公共品通常被认为是具有实物形态的产品，再进一步，也只能表现为一种有形的或者无形的准物质性产出。而公共服务是指政府利用公共权力或公共资源为民众的直接需求提供保障的活动过程，更多地表现为一种抽象而笼统的政府活动的集合体。例如，基础教育中，学生接受的教育服务可以看做一种准公共产品，但在政府供给基础教育的过程中体现的公共服务却远远不止学生接受的教育本身，还包括政策规则的制定、人才培养机制的设计和运行、校风校纪的监察和维护等。然而，政府不论提供公共品还是公共服务，都涉及的是公共事务。但政府提供公共品是为了提高资源配置效率，依据的是公共品的物质特性，并不对公共事务进行区分。实际上，公共事务又可分为主权事务和人权事务，而公共服务是维护基本人权的活动，实现普遍人权才是公共服务的价值基础。

基于以上比较，从物质属性和社会属性两个层面出发，公共品指的就是这样一种物品：其供给是为了满足公共领域需求，即为了实现不确定多数人的共同利益，其效用在不同的消费者之间不能分割，任何消费者对该种公共品的消费都不会削弱或减少其他消费者对同一公共品的使用。公共服务是社会公众生存和发展的共同直接需求，由以政府为主体的非营利组织部门借助公共权力、公共资源来提供的各种产品和服务，以及提供产品和服务的活动过程。在此过程中，政府履行了不同于经济调节、市场监管、社会管理的第四大职能，公民的各种具体的直接需求也得到满足。我们可以认为，公共服务在本质上与公共产品等同，但在外延上，公共服务大于公共产品，也更加强调供给者的公民本位理念以及与需求者之间的互动关系。

（二）基于均等化视角理解基本公共服务

即使在目前新公共管理运动和公共服务提供方式多元的趋势下，政府仍然是基本公共服务的“最终”供应者，对全体公民的基本人权和生存发展状态负有终极责任。相对于一般公共服务而言，基本公共服务的特殊之处在于：它解决的是政府在特定阶段应提供何种公共服务的问题，是政府在一定历史时期提供公共服务的阶段性目标。理解基本公共服务应把握这样三点。

其一，基础性。基本公共服务对应的是社会公众的低层次、直接的、迫切的公共需求，是与人权、民生直接相关的公共服务，国家必须承担责任并予以切实保障。安体富等（2007）认为，基本公共服务是指“与民生密切相关的纯公共服务，除去基本公共服务以外的服务，都属于一般公共服务，如行政、国防、高等教育、一般应用性研究等"①。赵佳佳（2011）认为，"基本公共服务是基于民生层面提出的，旨在通过发展社会建设以供给覆盖全体公民、满足公民对公共资源最低需求的服务，具有较强的改善民生的目的性。"②

其二，同质性。不同地区、不同阶层和不同收入水平的公民都能无差异地获得和享受同样质量的基本公共服务。陈海威、田侃（2007）认为，"基本公共服务是以保障公民基本人权为主要目的、以均等化为主要特征、以公共资源为主要支撑的公共服务，其提供对全体公民中的任何一员都是一样的，具有无差别、均等化的特点。"③

其三，阶段性。基本公共服务的范围存在一个动态的发展过程，会随着时间、地点的变化而变化，并且基本公共服务的提供要与一定的经济发展水平和公共财政能力相适应，也与社会的共同价值信念有着密切联系。中国（海南）改革发展研究院（2008）认为，"基本公共服务规定的是一定阶段内公共服务应该覆盖的最小范围和边界。"④

基于以上理解，无差别、均等化的特点以及再分配效应使基本公共服务成为保障人权、促进社会和谐的有效手段。从这个角度看，在政府提供的众多公共服务中，纳入基本公共服务体系的公共服务的供给水平应该均等化。

2006 年 10 月 8 日，中共十六届六中全会审议通过的《关于构

---

① 安体富、任强：《公共服务均等化：理论、问题与对策》，载《财贸经济》2007 年第 8 期，第 49 页。

② 赵佳佳：《财政分权与中国基本公共服务供给研究》，东北财经大学出版社 2011 年版，第 5 页。

③ 陈海威、田侃：《我国建立基本公共服务体系问题探讨》，载《党政论坛》2007 年 12 月号，第 42 页。

④ 中国（海南）改革发展研究院：《百姓民生——共享基本公共服务 100 题》，中国经济出版社 2008 年版，第 12 页。

建社会主义和谐社会若干重大问题的决定》中强调“完善公共财政制度，逐步实现基本公共服务均等化”。2008 年 2 月 23 日，胡锦涛总书记在中央政治局第四次集体学习时指出，“建设服务型政府，要围绕逐步实现基本公共服务均等化的目标，形成惠及全民的基本公共服务体系。”2010 年 10 月 18 日，党的十七届五中全会审议通过的《中共中央关于制定国民经济和社会发展第十二个五年规划的建议》进一步强调，“逐步完善符合国情、比较完整、覆盖城乡、可持续的基本公共服务体系，提高政府保障能力，推进基本公共服务均等化。”可见，基本公共服务均等化已成为中央和社会普遍关注的焦点问题。

当前形势下，政府要实现基本公共服务均等化必须明确几个问题：谁与谁之间应该均等化？哪些方面应该均等化？均等化的阶段目标如何确定？笔者认为，基本公共服务均等化首先必须考虑的是区域和城乡层面，因为中国最突出的矛盾就是经济发展的地区差距和二元结构下的城乡差距。基本公共服务均等化的内容应涉及底线生存、公众发展、基本环境和基本安全四个方面。政府应建立动态的均等化目标：首先，建立最低保障性基本公共服务体系；其次，逐渐扩大到“大致均等”的水平；最后，全面实现结果均等。

为进一步理解均等化的阶段性要求，可以从技术性质、生产消费性质、受益范围等方面对基本公共服务进行再分类。首先，按照政府供给的技术性质可将基本公共服务分为纯基本公共服务和准基本公共服务。前者主要是指政府供给的制度性和节约性的基本公共服务，如义务教育、公共卫生、公共安全等；后者指的是部分允许市场机制参与供给的基本公共服务，如交通运输、邮电通讯等。其次，按照基本公共服务的生产消费性质可以分为生产性、消费性和综合性三类。生产性基本公共服务相当于一种生产要素，是一种中间投入品，如公共基础设施；消费性基本公共服务相当于一种单一消费品，是一种终端产出，如社会保障；综合性基本公共服务介于前两者之间，兼具生产性和消费性，如基础教育。

至此，理解基本公共服务均等化，应该把握以下三点：其一，基本公共服务强调的是“底线均等”，这一目标会随着社会需求的变化和经济发展，依据财政能力不断调高，使区域之间、城乡之间、群体之间的基本公共服务差距逐步缩小。短期内，政府应该着重关注西部地区、农村地区和弱势群体，保证他们能够享受最低标准的基本公共服务。其二，基本公共服务供给应坚持以政府为主导。一方面，基本公共服务供给领域的市场失灵和社会失灵决定了政府必须担起“托底之责”，保障全体公民的基本人权；另一方面，政府主导并不等同于政府垄断，均等化也并不意味着所有的基本公共服务都由政府无偿供给①。其三，基本公共服务均等化是一个动态过程，在目前财力有限、体制不健全、多重差异并存的复杂国情下，只能依据经济发展水平和政府财力，分阶段确定基本公共服务的内容和目标，逐步扩大服务供给范围，提高公共服务质量。

学术界对于基本公共服务、公共服务的关注具有多角度、多层次的特点，在《国务院关于印发国家基本公共服务体系“十二五”规划的通知》文件中列出了九类基本公共服务，本书主要基于两个基本认识来确定关注的主题：一是从人的最基本的需求来探求基本公共服务核心与关键的内容，而不求全面的内容描述；二是从我国财政实践层面来分析保障这些基本公共服务的逻辑起点是基于社会公平。因此，本书中重点关注教育、医疗卫生、养老等最基本的公共服务，同时，农村生产设施及生活设施的部分服务也是本书研究关注的重点。

四、研究方法、技术路线与内容安排

在众多关于农村的研究文献或政策研究中，田野调查是最流行也是最能获得第一手资料的研究方法，本书中主要是从财政视野探

---

① 石化龙、王文涛：《选准路径求均等——基本公共服务均等化与财政制度创新研讨会综述》，载《中国财政》2009年第1期，第47页。

讨我国农村基本公共服务的财政保障机制，其任务是，一方面要对过去发生的财政支出做出一个较为科学、客观的认识；另一方面也应从受益主体出发，探讨所发生的财政支出具体产生了哪些效应，还存在哪些需要改进的环节。基于此，本书中主要采取如下研究方法。

（一）研究方法

1. 计量实证分析方法。本书第3~7章是实证分析部分，其中包括现代计量实证分析，主要运用现代计量方法中的横截面和时间序列计量模型、多方程分析中的向量自回归与向量误差修正模型就基本公共服务的财政支出对农村经济增长的动态效应、农村基本公共服务财政支出最优规模测算、财政分权视野下的经济增长、基本公共服务与财政分权关系等进行实证分析；同时，还就基本公共服务供给中资金争夺、省直管县财政体制与农村基本公共服务运用博弈分析方法对参与各主体进行分析；本书中还结合我国的财政支出实际，运用DEA分析方法对农村基本公共服务财政投入的绩效进行测算与评价。

2. 实地调研、访谈与统计分析方法。在抽样实地调查中，本书中主要以经济发展水平为区分线，分东、中、西部及直辖市四种类型进行抽样，分农村基本公共服务的需求、农村基本公共服务供给中政府财政作为及其评价、农村基本公共服务中其他供给、农村基本公共服务项目选择与评价四份问卷展开。对税费遵从与农村基本公共服务供给、财政转移支付与农村基本公共服务供给、基本公共服务投入的微观影响因素、“一事一议”与农村基本公共服务供给等进行实地调查，取得基础数据后再运用Logstic模型进行分析。

（二）研究技术线路图

本书以农村基本公共服务财政保障机制为主线，具体突出财政在基本公共服务供给中的主导地位，从历史经验与现实中找出我国农村基本公共服务财政保障机制的经验与教训，再根据当前的形势，从实证的角度具体分析财政收入保障机制、财政投入决策保障机制、财政体制保障机制与农村基本公共服务的关系以及农村基本公共服务的现实状况。研究过程中，突出对现有文献的梳理，提出研究假设，再根据实地调查、问卷取得的基础数据及我国各类统计年鉴中公开的数据，运用现代计量分析方法及统计方法进行实证分析和数据处理，检验理论研究假设与案例分析，为最后政策设计提供客观依据。基于此，本书研究遵循的研究技术线路图如图 1-1 所示。

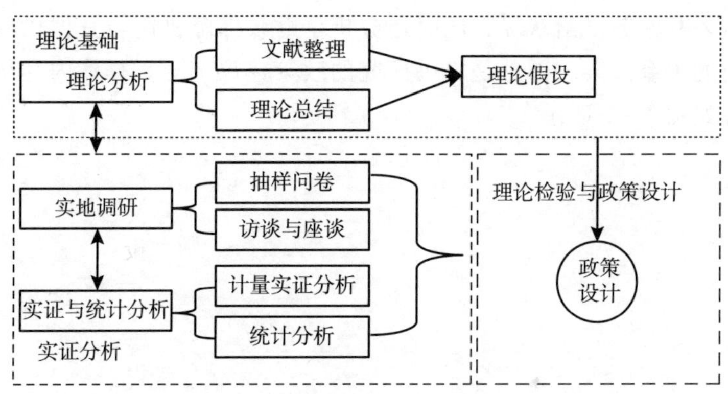

图 1-1　农村基本公共服务财政保障机制研究的技术路线图

（三）研究内容安排

本书主要分三部分九章内容。第一部分为理论部分，具体包括：第 1 章为常规性介绍，主要介绍本书研究的理论与现实意义、简要的文献综述及研究方法、技术线路图及研究内容。第 2 章为理论依据。其内容安排主要遵循这样一个基本逻辑：农村基本公共服务与社会福利间的关系、财政保障农村基本公共服务的逻辑、财政作用的机理是什么、财政保障机制的基本构成及其与农村基本公共服务的关系。第二部分为实证部分，主要由计量与统计分析、案例分析构成，包括第 3~7 章，从收入保障机制具体分析了农村基本公共服务与税费遵从、农村基本公共服务的财政支出与经济增长的动态分析、农村基本公共服务的财政支出绩效评价、资金博弈分析、财政支出的最优规模测算、转移支付与农村基本公共服务；投入决策机制包括投入决策的微观因素、投入决策的宏观因素及公共精神培育与农村基本公共服务；财政体制机制包括财权配置与农村基本公共服务、财政分权下的经济增长与农村基本公共服务、财政分权与基本公共服务、省直管县与农村基本公共服务；案例分析中主要以江西为例分析"省直管县" + "转移支付"模式、"省直管县" + "市管县"模式、"省直管县" + "以县为主"模式下农村基本公共服务供给状况；同时还分析了财政保障机制与其他供给机制间的关系。第三部分是本书研究的政策建议部分。具体内容结构安排如图 1 – 2 所示。

理论研究
农村基本公共服务与社会福利
财政保障的基本逻辑
作用机理
财政保障机制与基本公共服务间的关系
财政的公共性
现代政府的主要职责
我国未来的经济增长
实证分析
计量与统计分析
收入保障机制
1. 农村基本公共服务与税费遵从
2. 农村基本公共服务的财政支出与经济增长的动态分析
3. 农村基本公共服务的财政支出绩效评价
4. 资金博弈分析
5. 财政支出的最优规模测算
6. 转移支付与农村基本公共服务
投入决策机制
1. 投入决策的微观因素
2. 投入决策的宏观因素
3. 公共精神培育与农村基本公共服务
财政体制机制
1. 财权配置与农村基本公共服务
2. 财政分权下的经济增长与农村基本公共服务
3. 财政分权与基本公共服务
4. 省直管县与农村基本公共服务
案例分析
1. "省直管县" + "转移支付" 模式
2. "省直管县" + "市管县" 模式
3. "省直管县" + "以县为主" 模式
政策设计

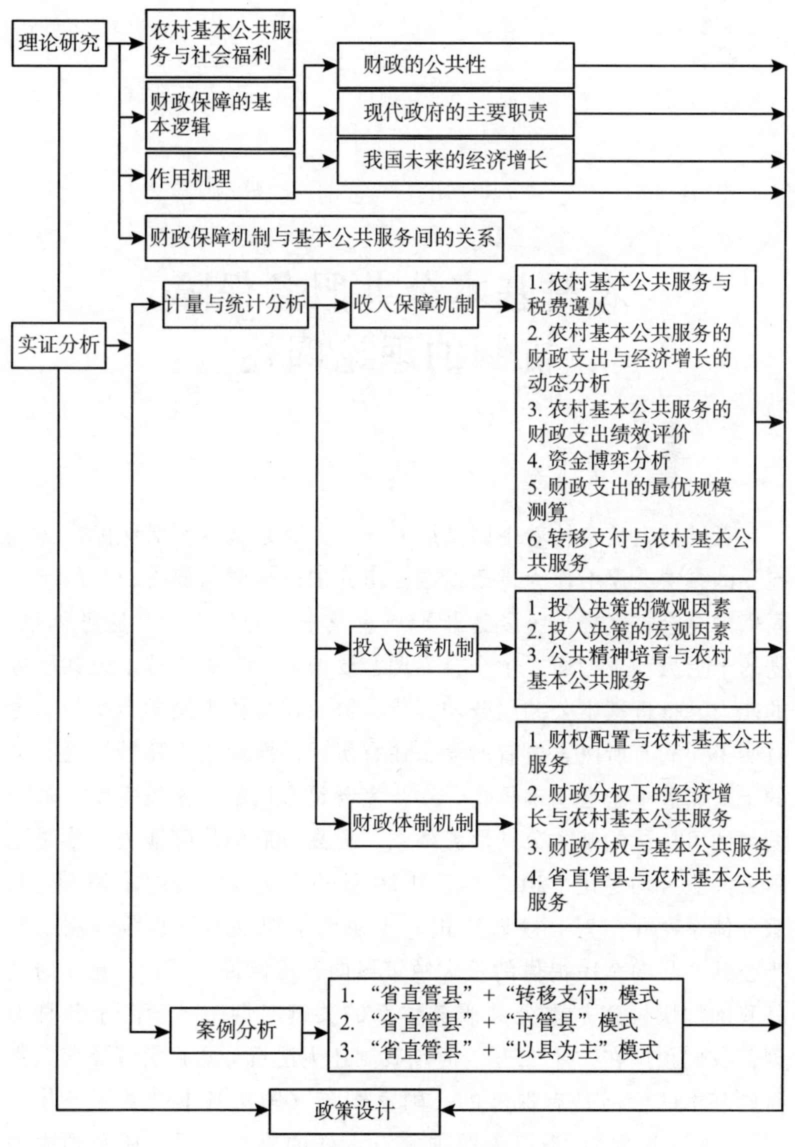

图 1－2　内容安排示意图

2.

农村基本公共服务保障机制的理论阐述

百姓的生活牵挂着中国高层领导，尤其是基本生活保障，更是在党的多次会议上作为重要议题提出并加以研究与部署，党的十六届六中全会首次提出，要逐步形成惠及全民的基本公共服务体系；党的十七大和十七届二中全会强调，要增强政府提供基本公共服务的能力、推进基本公共服务均等化，努力使全体人民学有所教、劳有所得、病有所医、老有所养、住有所居，推动建设和谐社会；党的十七届五中全会明确提出，逐步完善符合国情、比较完整、覆盖城乡的可持续的基本公共服务体系，提高政府的保障能力，推进基本公共服务均等化。2012 年 7 月 20 日颁布实施的《国家基本公共服务体系“十二五”规划》进一步明确了把基本公共服务制度作为公共产品向全民提供的重大政策导向，可以说，“十二五”时期是我国加快构建基本公共服务体系的关键时期。尽管由于各种原因，我们预期在“十二五”时期我国还无法百分之百实现覆盖，但百姓基本的生活是有保障的，国家颁布《国家基本公共服务体系“十二五”规划》，不仅表明国家负责任的决心，而且还必须由财政兜底。那么，我们思考的问题是，从理论研究层面来考察，农村基本公共服务与社会福利水平之间存在何种关系？财政保障农村基本公共服务的基本逻辑是什么？财政保障机制与农村基本公共服务间的关系如何？

2.1 农村基本公共服务财政与社会福利

公共权力作为整个社会的控制器，其职责在于提供公共服务及社会正义的核心价值，正如经济学家指出的那样，“公正是社会制度的首要品格”①，在中国经济高速增长的今天，多种价值观念交织融合，混淆了人们的视线与判断，而政府最紧迫的任务就是实现真正的公平增长，使居民能够一同分享经济增长的果实，感受来自政府关心所带来的社会福利增进。

一、居民收入差距的扩大影响了居民对政府社会福利改善的感受力

社会财富多并不意味着社会福利水平就高，相反，如果较多的社会财富被较少数人以不同的方式占有，即便个人或家庭从绝对量上占有较多的社会财富，其幸福值也未必有较大改善。从20世纪90年代开始，我国社会中收入分配不公的现象日趋严重，居民间、城乡间及行业间的差距持续扩大并引发消费萎缩和居民主观幸福感下降等问题，民众心态和学者研究表明我国居民的再分配偏好②已到了较高水平（潘春阳、何立新，2011），但是，缩小居民收入差距不仅仅是为了实现道德层面的公平，而是有着更为深远的经济含义。因此，在探究缩小居民收入差距的税收政策的形成过程中，必要的前提是厘清导致居民收入分配差距扩大的原因。顾名思义，居民收入分配差距主要是指居民在收入分配方面所形成的差距，理论

---

① J. Rawls. *A Theory of Justice*, Revised Edition, The Belknap Press of Harvard University Press, 1999, P. 1.

② 再分配偏好是指民众对收入再分配的支持力度，是反映民众对社会收入差距忍让程度的一个指标，再分配偏好的提高反映出民众对当前收入分配状况的不满。

上一般用基尼系数来度量分配的不公平程度，但是，差距的大小还受到来自居民主观心理感受因素的影响，因此，导致居民收入分配差距扩大的原因总体上来说可以从收入与支出两个方面来探究其成因。

首先，从收入方面来看，居民收入来源及其增长速度有限。尽管近些年来城乡居民人均收入均有不同幅度的增长，但居民收入在国民收入初次分配中的占比却连年下降，存在明显的“一高一低一适中”特点，即：政府所得比较高，居民所得比较低，企业所得比较适中。多数研究者认为，只要提高居民收入在国民收入初次分配中的比重，收入差距等诸多问题就可迎刃而解。从长远及市场经济发达经济体的成功做法来看，这确实是解决问题的好策略。但我们又发现，调整国民收入初次分配比重绝非一日之功，日益扩大的居民收入差距不仅制约了我国经济发展，更对社会产生了一定的不良影响。笔者认为，从居民个体的收入角度来分析，两个市场（产品市场和要素市场）存在的不对等是制约收入增长的主要因素。由于惯性抑或其他原因，政府对经济干预的强势不仅影响了一般居民依靠自身要素获取收入，在某些领域甚至形成新的功能性剪刀差，而且政府凭借其在市场中的地位，对一般中小企业经营者也形成了威胁，挤占了其生存空间及获利能力。因此，总体而言，一方面居民收入来源及其增长速度有限；另一方面却出现财富快速集中及集中后出现的社会不适感现象。

其次，从支出角度来看，居民的实际支出增大及其支出预期没有得到较好改善。对于一般居民而言，其赖以生存的所有资源基本是依靠自身要素换取货币后再到市场中交易获得，一般居民只能用在要素市场中获得的不公平报酬到产品市场中按照市场交易规律给付市场价，显然，一般居民入不敷出完全是因为两个市场的不对等使然。同时，对于一般的中小企业经营者而言，其收入尽管比一般居民会有所改善，但在企业经营过程中要面对较高的市场交易成本，这间接地影响其收入增长的可持续性。而对于全体居民尤其是城镇居民而言，除了这两类支出外，还需要承担较高的公共服务成本。

从上述居民的一收一支情况可以看出，居民收入差距扩大的原因固然很多，但如果政府在假定其他条件不变的情况下，可从基本公共服务入手改善居民的社会不适应感，提升幸福感知力。而反之，如果财政政策作用不到位，则这种差距的扩大势必会严重影响居民心里感受幸福的能力，从而加大日后财政调控的难度。

二、政府公共服务供给与居民纳税遵从的基本关系

财政是庶政之母，税收更是国家机器的奶娘，这只表明了政府与财税间的单向关系，而在正常的经济社会中，税收的用途成为公众关注问题的另一方面。在市场经济较为成熟的经济体内，税收—公共支出间的直接对应关系与政府之间形成了良性的循环关系，居民对税收的表达态度从被动变为主动，居民普遍享有较好的公共服务。

包括文化、制度等因素的多种因素是影响纳税遵从的重要因素，但是，随着经济的发展与社会的进步，人们越来越发现税收与公共服务之间应该存在某种“对价关系”，且它们间的等价程度将在很大程度上决定着公众的纳税遵从度。一般而言，政府公共服务供给与纳税遵从之间存在正向的相关关系，在公共服务供给数量较为充分、质量较好的国家内，公众偷逃税的概率大为降低，纳税遵从度普遍较高；而在公共服务供给数量与质量次之的国家内，税收征管成本、偷逃税率往往较高且屡禁不止。

公共服务是提高人的可行能力的重要条件。人类的发展实际上可以认为是个人的全面发展，而人要实现全面发展，在健康、教育、就业、环境、人口、社会保障、安全等公共服务方面有着共同的诉求，更为重要的是，这些公共服务不仅在经济上具有强烈的外部性，而且单个的个人无法通过自身能力来享有高质量的公共服务。因此，在一定范围内，由政府有组织地通过税收方式来提供这些公共服务，不仅具有经济逻辑性，更合乎政权生存的逻辑，高质

量的公共服务如果由政府来提供，可以促使整个国家公众可行能力得到极大提升，公众往往会选择纳税遵从来表达对政府公共服务的良好评价。

纳税遵从度的高低是纳税人评价政府提供公共服务优劣的客观指标。在现代国家里，政府是服务型政府，政府与公众间的权利与义务相互间形成一种契约式关系，其权利的大小完全来自于公众的授权，为公众提供应有的公共服务是这种契约关系的重要内容。维克赛尔认为，公共服务的供给应通过个别税收来筹资，且每人在总税额中应纳份额应与他从该公共物品消费中所享有的效用价值相等①。因此，在现代税收理论中，税收通常可以看成是公共服务的价格，是纳税人为了改造世界的必要生产条件而向政府支付的“社会成本”，纳税人接受政府公共服务强制税收融资的前提条件是其支付的税额与其所享用的公共服务效应大体匹配，其基本关系如图2－1所示，好的政府提供的公共服务可以促使政府部门与纳税人建立良好的互动关系，进一步，如果纳税人从公共服务中得到的效应与其所承担的税收负担不匹配，不利于提高其可行能力时，纳税人可能会选择纳税不遵从来表达其对公共服务的评价。

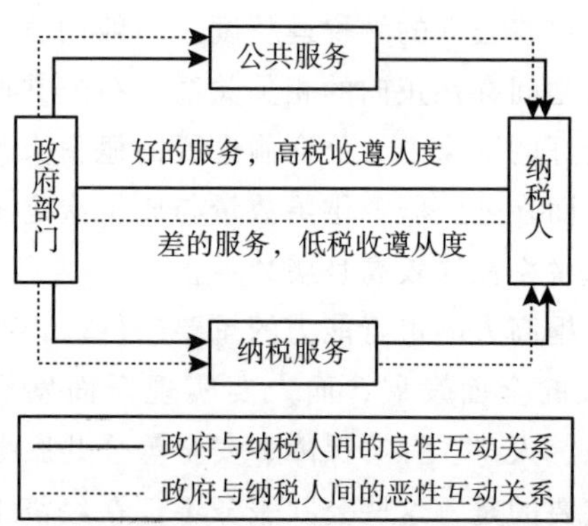

图2－1　政府提供公共服务与纳税遵从度间的基本关系

① 刘宇飞：《西方财政学》（第二版），北京大学出版社2003年版，第112～113页。

政府提供公共服务更有利于体现和实现社会公平。一是可以促使社会公平的实现，政府公共服务是对服务消费者的补贴，可以缩小居民收入差距，也可以保障低收入群体的基本生活，还可以为各个市场经济主体提供一个健康发展的市场环境。二是可以促使税收公平的实现，随着公民依法纳税意识的增强和税收意识的改变，在公民依法纳税与政府提供公共产品、服务这对互换关系之间，大家更关注政府提供的公共产品和服务的能力与水平（岳树民，2006），否则就违背了税收公平的原则。当前宏观经济形势下，我国公众主观幸福感的下降与包括医疗、教育、养老、生产成本及未知情况下的生活成本在内的“大额刚性支出”有密切关系，假定公共服务成本降低，“大额刚性支出”额度预期将大大降低并在较长时期内保持稳定，这不仅有利于生产者信息的自由流动，降低社会交易成本，也有利于消费者消费信心的建立，促进经济的健康发展，增强社会的公平感，从而提升纳税遵从。

因此，从上述论述中我们知道，公共服务尤其是基本公共服务的供给主要是通过影响居民感知幸福力与纳税遵从进而表达自己对政府公共服务供给的评价，而如果政府能够通过财政手段，改变现有财政支出中的某些结构偏向，居民的上述两方面行为将有利于政府目标实现，也有利于社会整体福利的改进。

2.2 财政保障农村基本公共服务的逻辑

随着我国市场经济的加速发展，市场化进程中出现了一些事关百姓基本生活、基本教育、基本医疗、基本卫生服务等方面的问题，与其他成熟市场经济体相比，我国的供给不仅存在总量偏少的问题，更存在较为严重的地域差异。因此，在实践领域与理论研究领域都要求政府能够担当提供基本公共服务的重任，尤其是要加大对农村地区的投入，因为我国目前正处于利益关系调整的关键时期，无论是日益突出的城乡差距、区域差距或社会阶层之间的差距都与基本公共服务的不均等直接相关。然而，基本公共服务又不是单纯的经济范畴内的问题，而是涉及政治学、伦理学等多个学科的命题。我们有必要对政府利用财政手段在现有背景下保障农村基本公共服务的逻辑进行探讨。

一、逻辑之一：公共性是财政的天然属性

历史经验表明，在一个由多级政府构成的国家中，通畅的中央、地方关系无疑会促进改革的顺利进行并取得较好的改革绩效，反之，则会影响改革进程甚至造成混乱，而要处理好中央、地方关系，制度经济学家认为关键在于协调好两者间的财政关系，因为政府是一种将经济外部性内部化的组织，财政不过是为保证这一组织正常运行的金融手段而已。在处理中央、地方财政关系方面，多数国家的成功经验是：要取得良好的经济发展绩效与提高公共品供给效率，在政治与经济上同时实行分权是一个不错的选择。然而，中国独特的财政分权模式与政治垂直管理体制是否也能取得较好的绩效呢？中国经济发展的事实对此给出了明确的答案。但是，我们需要探究的是，究竟是什么原因导致了中国的财政分权模式与政治垂直管理体制的相容性及支配着中国财政体制改革的逻辑？有学者认为，中国特色的制度安排，即政治垂直管理体制中的官员 GDP 考核方式实际上提供了一种类似“蒂布特”式的地方竞争是其成功的主要激励机制（Qian and Roland，1998）。

（一）中国财政体制演进中财政公共性的逐渐回归

对于中国财政体制的演进，基于研究目的的不一致，分类方法也不一致，例如，吕炜（2003）将我国的财政体制演进分为“以放促活”（1978 ~ 1994 年）、“分税立制”（1994 ~ 1998 年）与“多重磨合”（1998 年至今）三个阶段①，而一般的分类标准是按照我

① 吕炜：《中国经济转轨进程中的财政制度创新逻辑》，载《世界经济》2003 年第 10 期，第 44 ~ 49 页。

国财政体制的变革特征归为“传统的统收统支体制”、“分灶吃饭体制”与“分税分级预算管理体制”三种主要体制。

以改革的基本内容与时间为区分标志，改革开放后我国的财政体制演变基本可以分为四个主要阶段：第一，延续与继承阶段（1978～1980年）。这段时期仍采用统收统支体制，其主要特征是中央政府集中管理，这在保证政令统一、集中财力建设方面发挥了巨大作用。缺陷在于中央统管容易挫伤地方与企业的积极性和创造性。第二，放活与改革阶段（1980～1993年）。这是中国式分权体制的主要形成时期，改革以中央“放权让利”为主要特征，以增强地方理财积极性与企业创造性为目标，事实证明，这种体制确实充分发挥了地方政府与企业的积极性，加快了经济发展，但同时也出现了一些问题，因此，1988年重新对包干制进行调整，在新的包干体制改革中出现了包括“收入递增包干”、“总额分成”、“总额分成加增长分成”、“上解递增包干”、“定额上解”和“定额补助”六种包干方法，地方政府都扩大了财权财力，国民经济分配向地方政府与企业倾斜。但是，我们注意到，单纯的“中国分权式”改革并没有在“收、支”两方面同时展开，而且由于“支”方面改革的相对滞后直接导致了“两个比重”[①] 失调，致使国家宏观调控困难，急需重新对财政体制做出调整。第三，纠偏与软着陆阶段（1994～1998年）。其主要特征是分税分级，纠偏主要是针对“两个比重”偏低问题，而软着陆主要解决的是1988年以来的经济过热与通货膨胀问题，从后者看来，削弱地方财权抑制投资过热似乎具有某种必然性，但为了保持政策的相对连续性，采取分税分级的做法又似乎体现了中央政府维持地方部分财权的意图，只不过与此前的任意支配权相比，此时的财权任意支配权被上收了，但地方理财积极性仍然存在。第四，明细与改革阶段（1998年至今）。这是

---

① 一是国家财政收入占GDP的比重过低；二是地方财政收入占总收入的比重过大或者中央财政收入占全国财政收入的比重偏低。

分级分税预算管理体制的完善，其主要特征是财政公共性凸显。从经济大环境来看，在我国经济软着陆后，经济发展又遇上了亚洲金融危机冲击，财政必须在其中发挥作用，但发挥作用又涉及中央与地方的财政关系调整，如果说此前我国财政体制改革主要是规范政府间财政分配关系的话，那么1998年以后的财政体制改革则主要是重新调整财政干预领域，是在实现基本公共服务水平均等化的基础上，实现财政公平，促进地区经济和谐均衡发展。

改革开放以来，我国经济呈现出鲜明的市场化改革趋势，相应地，作为经济体制改革重要组成部分的财政体制改革[①]也出现了明显的公共化趋势，并且两者相互促进、相互支持，成为我国取得"增长奇迹"的关键性因素。从上述四个基本阶段的财政体制演进来看，我国财政体制一直处于调整与改革之中，无论是从"统收统支"到"分灶吃饭"，还是从"分级分税"到"现代公共财政体制"，在历经30多年的改革过程中，可以说财政改革所走过的正是一条公共之路，财政体制改革终于在探索成功改革之路的进程中逐步回归到公共性方面。就这一层面意义来说，财政保障基本公共服务供给既是其应有之义也是我国财政体制改革的必然结果。

（二）公共性是财政的天性

公共性的回归促使我国财政体制改革取得成功，但改革为何要回归到公共性？公共性是否是财政与生俱来的一种属性？我们从现实与理论研究两重视角来对此进行考察。

1. 现实视角。财政本来就是公共的，即便是在资本主义社会的前社会形态内，财政也具有公共的特性，例如战争和祭祀、王室费用和公共工程等支出都具有公共性。然而，就财政收支来说，这种公共性具有历史性，同时又是一个动态发展的过程，在不同的政治经济条件下和历史发展的不同阶段，其实现形式和存在范围是不完

---

① 陈共：《1994年税制改革及分税制改革回眸与随想》，载《地方财政研究》2005年第1期，第4~7页。

全相同的，它以这样或那样的方式渗透于国民经济之中，公共性没有取得独立、完整的形式，而其真正取得独立、完整的形式是在资本主义自由竞争时期。因此，在我国建立社会主义市场经济框架后要求建立的公共财政体系实际上可以看做财政公共性在我国发展的必然结果，此前出现的所谓“越位分配”或“缺位分配”问题只是扭曲地表现着财政的公共性。发展的必然结果也好，扭曲表现也好，总之，只要存在财政，则财政与公共性就天然地存在着某种联系。

2. 经济理论研究视角。从经济理论的研究对象来考察，早期西方学者对财政的研究基本界定为收、支两个方面，但随着经济的发展，理论研究已大大超越了收、支内容，但不管理论如何演进，我们都能找出财政公共性的影子。以自由竞争的资本主义时期作为理论溯源的时间界限，我们发现在斯密的名著《国富论》中就形成了较为系统的财政体系，他认为，国家经费（国防费、司法经费、公共工程和公共机关的费用）主要来源于各种赋税和公债，其中的国家经费所包含的内容基本都具有公共的特性。及至后来包括大卫·李嘉图、约翰·穆勒、西斯蒙第、阿·马歇尔在内的著名经济学家在其著作中都涉及过财政问题，其中西斯蒙第还对把财政定义为如何征收和管理这种不属于个人而属于公共所有的国民收入的科学知识。到了 20 世纪 30 ~ 40 年代，财政研究进入了凯恩斯主义时代，在凯恩斯的整个体系中，他除了系统论述国家干预经济外，在财政方面还详细论述了税收、支出、公债、预算等重要问题，突出了国家干预公共领域的重要性。美国著名财政学家马斯格雷夫曾多次强调财政已不是包含税收和支出的那套政策，而是涉及资源利用、收入分配和就业水平，并且如果将财政定位为公共部门经济学所引起的误解也会趋于减少。因此，从这一简要的财政研究范围的梳理来看，财政学具有公共性，而且随着经济的发展与理论研究的深化这种公共性正逐步扩大并得到加强。因此，从经济理论研究来看，财政公共性一直是理论关注的核心与重点，或者说财政学自其产生以来根本没有怀疑过公共性是其应有之义。

理论来源于现实，有什么样的现实就必然会引发人们对其进行理论上的思考，财政学的研究也是如此，现实中，财政公共性的演进规律就是从不完整、非独立形式走向独立与完整，并逐步成为财政的天性，而这种天性在我国财政体制改革的进程中正逐步得到体现，财政保障基本公共服务的能力正逐步得到释放。

（三）以供给公共服务为己任的财政将使其公共性得到更充分体现

经过 30 多年的改革，财政体制变革成了经济发展中的关键因素，发生了一些根本性的变化，例如，建立了分税分级的财政分权体制；税收调控市场的领域范围不断拓宽；预算体制产生了本质变化；财政管理与宏观调控注重微观主体与多种政策工具的市场干预效果等。但是，在类似“蒂布特”式的竞争中，地方政府所主导的改革也产生了一些需要进一步改革的问题。有经济学家指出，从经济学的角度看，一个国家或地区的经济增长绩效最终是由资源配置效率决定的，而中国的财政分权也主要是通过提高资源的配置效率而不是引致更多的投资来提高经济增长率的（林毅夫、刘志强，2000），然而，胡书东等人的研究表明中国的经济增长是以牺牲公共政策效率为代价的。也就是说，尽管在改革探索中我们发现了竞争这种良好的资源配置机制，也发现了凸显财政公共性、提供更多的公共品是改革成功的必要条件，但在过去的改革中，我国经济增长却又损害了公共品的供给效率。幸运的是，在 1998 年以后的财政体制改革中，这种情况逐渐得到重视并在某种程度上提高了公共品的供给效率。对此，有学者（吕炜，2003）认为，如果说 1994 年的财税体制改革是第一次按照市场经济原则进行分配关系调整的话，那么 1998 年以后的政策效果体现了体制实践的意义，反映了体制效率，当然，这种体制实践还存在一些不足，有待进一步完善，但已经搭建了的公共财政基本框架，在当前的社会主义新农村建设、服务型政府构建、基本公共服务供给、城镇化建设等战略任务进程中无不围绕基本公共服务而展开，可以说，由政府供给公共服务将使财政的公共性体现得更加充分与彻底。

二、逻辑之二：农村基本公共服务与我国未来的经济增长

从宏观经济学的角度来看，经济增长决定于总供给与总需求，总供给的增长依赖于潜在产出的增长和生产成本的降低；总需求的增长依赖于居民消费、政府支出、投资和净出口四个部分的增长。从供给层面来看，潜在产出的增加与成本的降低在短期内是很难改变的；而从需求层面来看，通过一系列正确的政府支出政策措施安排，需求有可能在短期内恢复并促使经济增长，但要形成经济持续增长的动力则依赖于居民消费、投资与净出口，而居民消费与净出口归根结底是居民消费需求。因此，经济的自主性增长动力来源于潜在产出的增长、生产成本的降低以及居民消费的扩展。就我国目前的情况而言，通过提高人力资本、强化自主创新等来降低生产成本与增加潜在产出是一个长期努力过程，居民消费中净出口也很难在短期内恢复。因此，我国经济在很长一段时间内的自主性增长因素必将来自于国内居民消费的贡献。

2010 年，我国经济发展继续前行且取得不俗成绩，GDP 达到 58791 亿美元，成为仅次于美国的第二大经济体，国际货币基金组织认为中国经济增长对全球经济增长发挥着重要作用，在 2010 年内对全球经济增长的贡献超过 1/4，而这种贡献主要来源于国内强劲的需求拉动①，可以预计，随着我国经济“V”形态势的回升及美国等主要贸易伙伴国经济复苏步伐慢于中国复苏步伐，我国未来内需增长是社会总需求的主要贡献源。自 1996 年成功“软着陆”后，在相当长的时期内，我国经济的发展主要依赖“三驾马车”的

① 王晓：《国民经济开局良好，全年经济尚存变数》，载《中国经济报告》2011 年第 3 期，第 88 页。

贡献，但在2008年危机后，我国单一的经济增长源已难以持续，政府投资不仅面临财力约束，更面临效率约束，内需成为我国未来经济增长源不仅是国内外经济形势变化的结果，更是经济持续、健康、稳定发展的必然选择。然而，我国消费率尤其是居民消费率偏低无法支撑GDP的持续增长，2009年最终消费对GDP的拉动为4.6个百分点，对GDP的贡献率达52.5%；资本形成对GDP的拉动为8.0个百分点，对GDP的贡献率为92.3%；净出口全年呈负拉动作用，对GDP的拉动为-3.9个百分点，贡献率为-44.8%[①]。显然，作为中间需求的政府投资规模过大，不仅会消耗更多的社会资源，也会产生一些结构性问题，甚至直接给宏观调控带来矛盾性困境。因此，回归到以最终消费需求来引导经济增长的路径成了某种必然。然而，我国居民消费的启动与扩大还面临一系列结构性因素制约，从理论上分析，提高收入、降低边际消费倾向是比较现实的一条路径，近几年来，我国城乡居民收入持续增加，内需问题一直困扰政策决策层。如何进一步扩大内需，解决的出路还在于谨慎预期与社会交易成本两个方面，笔者认为，就目前的情况来看，降低社会交易成本在某种程度上不仅会产生收入效应，更有利于建立居民的稳定预期，从而产生释放性消费能力。而要实现这一点，良好的基础设施与公共服务是必要条件，通过多年来的努力，我国基础设施有了较大的改善，但与之同等重要的公共服务没有得到明显有效的改善。因此，在外需萎缩、政府投资需求面临经济启而不动甚至导致更深层次的结构性老问题的时候，通过降低公共服务成本来提高居民最终消费率就提上了议事日程。公共服务是市场经济的基础，是决定居民消费的重要因素，“十二五”时期，我国应进一步扩大政府公共服务支出规模，大力调整收入分配结构，统筹协调公共服务发展与社会转型、经济增长，为居民消费扩大和国民经济

① 统计局：《2009年资本形成对GDP贡献率达92.3%》，http：//www.cnii.com.cn/xxjj/content/2010-02/03

平稳较快增长创造良好的条件[①]。从实际政策操作层面来看，投资与消费作为撬动经济发展的两个重要工具，投资率往往会得到重视，尤其是经历1998年及此后多年的积极财政政策调控之后，我国经济增长有过多依赖政府投资的趋向，国内居民消费需求、外需对经济增长的贡献较小，尤其是国内居民消费，近年来不升反降，以最终消费率来看，1978年我国最终消费率为62.1%，2000～2003年最终消费率分别为61.1%、59.8%、58.2%和55.5%，到了2007年这一比率更是下降为49%，近10年来我国这一比率平均为58.5%，远低于世界平均消费率[②]，从经济学原理来看，偏低的消费率不仅不能支持产业结构升级，更难为经济走出低谷提供可持续性的动力。

居民消费尽管受到来自收入之外的其他多重因素的影响，但从根本上来看，绝对收入及消费者预期是影响居民消费的两大主要因素，假定居民收入不变，公共服务成本的高低将直接影响居民的收入状况与其对未来支出的预期，其内在的机理依然是通过需求与供给来传导的。

（一）公共服务对扩大居民消费的内在机理

1. 公共服务成本降低将直接对居民产生替代效应与收入效应。居民消费效用的大小大致来自于两类产品：一是公共产品；二是私人品。按照萨缪尔森的均衡条件，居民消费效用大小在假定私人品不变的情况下取决于公共产品的贡献，而公共品成本的高低左右着边际替代率之和与边际转化率。因此，如果降低公共服务的成本，将直接产生替代效应与收入效应。在产生收入效应的情况下，公共品与私人品两者间的比价关系没有发生改变，但在较高预算线下实现均衡，对经济将会起到一定的拉动作用；而在替代效应的情况

---

① 王蕴、卢岩：《"十二五"时期完善公共服务扩大居民消费的思路与建议》，载《中国经贸导刊》2010年第17期，第10页。

② 资料来源：《中国统计年鉴（2008）》与《中国统计摘要（2008）》，世界平均消费率为78%～79%。

下，即便在居民收入不增加的情况下，替代效应的发生也容易改变消费者的消费决策，一方面消费者因为替代效应可能会增加对私人品的消费，另一方面也可能增加对公共品的消费，而无论哪类产品的消费，其对经济增长的贡献来自于消费者的自愿选择，消费者偏好得到尊重不仅会促使经济增长而且会使经济在正常的轨道中健康运行。

2. 公共服务成本的降低将直接稳定居民的消费预期。在成熟的市场经济体内，绝对收入或相对收入的增加将有利于增加消费，但其暗含的前提是制度较为健全，消费者面临的未来不确定性较少。经济学家布兰查德、费舍尔将消费者在面临不确定性时推迟消费、增加储蓄的行为称为“预防性储蓄”。我国学者（尉高师、雷明国，2003）认为，消费需求萎靡不振不仅有来自收入的制约，根源在于经济转型导致的居民对未来“大额刚性支出”额度的预期过高，这种“大额刚性支出”可以延伸为包括医疗、教育、养老、生产成本及未知情况下的生活成本，它们与其他预算支出共同改变着居民的长期预期和消费倾向（孙永军、刘国辉，2010）。假定公共服务成本降低，“大额刚性支出”额度预期将大大降低并在较长时期内保持稳定，预期的改善将不仅产生收入效应与替代效应，更重要的是将直接改变消费者的消费决策，释放消费能力。

3. 公共服务成本的降低有利于改善消费与生产环境。政府作为公共服务的供给主体之一，提供的公共服务包括直接硬性的公共服务类产品与制度类的软性公共服务类产品，而消费环境的改善直接得益于制度类公共服务的供给。政府加强市场秩序的管理与强化在医疗卫生、社会保障、教育、科学、文化等领域的公共服务供给，既利于生产者信息的自由流动，降低其社会交易成本，也利于消费者消费信心的建立，提高居民消费质量。

我们就上述三种情况用图 2－2 来说明公共服务与居民消费间作用关系的内在机理机制。

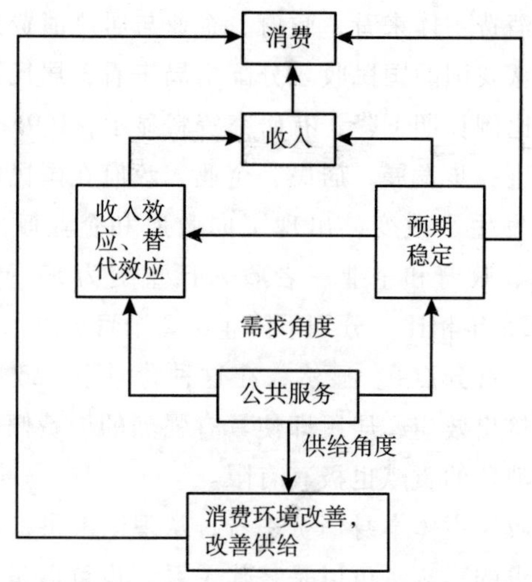

图 2-2　公共服务与居民消费间的内在机理

（二）公共服务对当前居民消费需求的四种挤出效应

公共服务供给尽管从理论上说可以由政府提供也可以由私人提供，但从各国的实践来看，政府供给仍然是主导，那么，政府行为如何必然反映到公共服务供给及其消费？从理论上来分析，政府支出与民间消费通常表现为替代、互补关系，即所谓的挤出与挤入效应，挤出效应是分析财政支出政策时常用的一个名词，但在这里，我们的含义是，在总量既定的情况，一方面消费或者收入的增加必然损害另一方面的消费或者收入。近年来，我国公共服务类的价格不断上涨，对居民消费产生了较大影响。当然，服务类价格适度上涨在某些方面还会产生较好的效应，例如对缓解就业压力、调整经济结构和转变经济发展方式都有着重要作用。但我们还应看到，大多数服务项目与居民生活密切相关，价格上涨过快，会迫使居民不得不以较高的价格购买服务，这不但挤占了居民其他方面的消费需求，削弱消费能力，还直接影响广大居民的生活质量和物价总水平的稳定。

首先，从消费主体来看，政府、企业与居民消费是三大重要的消费主体，但从我国的国民收入分配格局来看，居民可支配总收入占国民总收入比例长期下降，有研究资料显示，1996~2007年，随着我国经济的进一步发展，居民、企业、政府在国民收入初次分配过程中的占比发生了改变，出现了向政府和企业倾斜的趋势，到2007年，居民、政府和企业三者收入比重变为57.9%、19.5%和22.6%，与1995年相比，分别下降了7.2个百分点、提高了4.3个百分点和1.9个百分点①。显然，在这种背景下，政府与企业对居民的收入存在挤出效应，居民即使具有强烈的消费倾向，但在收入约束下，其对消费的贡献也极其有限。

其次，从政府主体本身消费来看，从理论上讲，政府消费规模对居民消费需求的影响，可以是替代关系，也可以是互补关系，但政府消费来源于税收、债务及相关的费用，税负和债务融资占用了居民可支配的消费资源，从而降低了政府消费对居民消费的引致（促进）效应，减弱了政府通过扩张性财政政策刺激经济、带动内需的乘数效应。也就是说，不考虑其他因素，假定居民与政府一样进行消费，但居民承担的税、费的轻重将直接制约其消费能力与消费意愿，政府消费过高将对居民消费具有明显的挤出效应。

再次，从主体的支出结构来看，政府公共支出结构也对居民消费存在挤出效应。我国地方政府对基础设施拥有较强的支出偏向，中国式财政分权促使地方政府更多地关注经济增长而非收入分配，政府投资相对于提供公共服务而言在短期内更能带动经济增长，因此，“重投资、轻服务”财政支出结构就成了某种必然（吕炜，2010），支出结构不仅存在挤出效应，更重要的是，按照官员偏好提供的所谓“公共服务”产生了严重的效率损失与群分效应（王永钦等，2007），这些设施与居民的日常生产生活关联性并不强，

① 王远鸿、施发启：《居民收入增长应与宏观经济增长相匹配》，载《上海证券报》2010年2月25日。转引自 http：//finance. eastday. com

居民在教育、住房、医疗、养老等方面的过度负担严重挤占了居民在其他消费品方面的消费。

最后，从公共服务类的价格形成机制来看，在我国提供公共服务类的机构主要是政府部门或国有企业，价格并不是真正反映了市场供给与需求，其间还承载了部分社会功能成分，公用事业和服务产品价格遭到扭曲，社会功能的强化对居民自身消费产生了挤出效应。

（三）公共服务成本过高是导致挤出效应的重要原因

改革开放以来，我国消费保持了较快的增长速度，但消费率自20世纪80年代后总体呈下降态势，尤其是2000年后急速下降，经济增长的动力主要来自于政府投资驱动。但上述分析告诉我们，这种经济增长模式已不具有可持续性，由居民自主性消费驱动经济已成必然。然而，从我们当前来分析，制约居民消费的因素仍然存在。有学者研究认为，我国目前居民消费的“棘轮效应”十分明显，收入水平的提高尽管有利于居民消费的增长，但其弹性较小，居民对未来仍缺乏明显的稳定预期，消费倾向比较保守。① 可用图2－3来概括。

导致居民消费不振的因素是多方面的，但收入尤其是居民可支配收入是居民消费的前提，居民是否消费，首先必须保证收入增长。从我国目前的情况来看，居民收入确实有增长而且增长速度还算平稳，但为何居民消费难以启动呢？从目前的研究情况来看，主流观点有两种：第一种观点认为，居民可支配收入下降不应从收入在各阶层中的内部分布中求解，真正的原因应在于居民可支配收入占国民可支配收入的比例下降，改变国民收入分配格局、提高居民收入占比应是改革的方向（李扬、殷剑峰，2007）。第二种观点认为，城市化进程缓慢是主因，因为存在天然的工农收益率差异，城

① 孙成浩、耿强：《是谁拖累了中国的居民消费——来自财政分权的视角》，2009年。

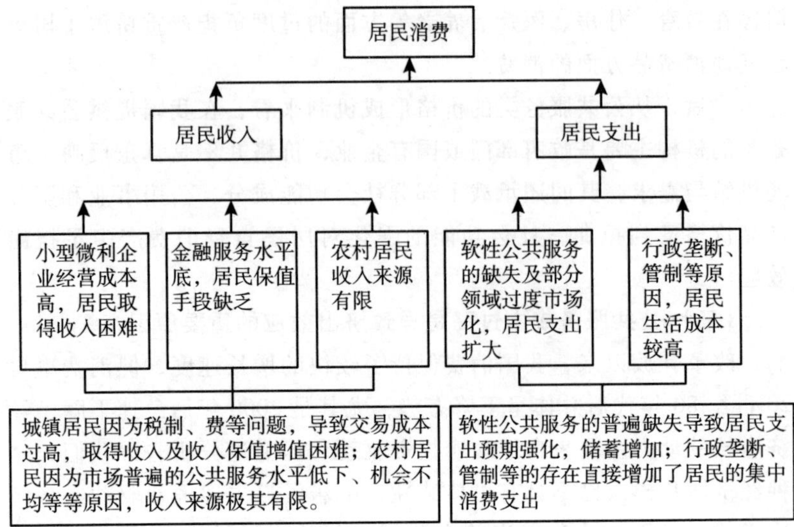

图 2－3　我国居民消费不足的原因解析

镇化进程缓慢不仅阻碍人们获得正常的工资收入，还有可能导致财富快速集中，从而降低边际消费倾向，也即收入分配差距越大，边际消费倾向越低，而且农村内部收入差距扩大对农村居民消费倾向的影响更大。笔者认为这两种观点都有道理，但从现实来看，要改变国民收入中的居民收入占比或者加速城市化进程绝非短期能为之，而是一国经济发展进程中逐步解决的问题。即使我们按照这两种设计来着手改革，经济也很难在 3～5 年或更短的时间内形成良性的发展机制。笔者认为，消费需求的启动在于公共服务成本过高，它不仅影响了居民收入的形成，也影响了支出。

从收入形成来看，当前我国城镇居民面临投资渠道偏少及企业经营困难、盈利微薄的窘境，导致这种情况的原因是深层次的，但税收制度无形中增加了“小微”企业的经营困难，沉重的税负压力已大大侵蚀了企业经营利润和资本留存，也影响到了企业投入再生产和增强市场竞争力的能力，显然，作为所有者的自然人也很难利用分得的税后利润来促进消费。对于不从事企业的自然人而言，工资等收入的积累由于资本市场的欠发达与金融服务业的滞后，相对的闲散资金也找不到合适的保值、增值渠道，消费也自然因此受到制约。对于广大的农村居民来说，农业收入与非农业收入在国民收入初次分配格局基本不变的情况下，也很难在短期内给消费结构转换与升级提供持续的增长动力。

从支出来看，政府投资“铁路、公路、机场”等硬性基础设施的狂热偏好使得居民在医疗、教育、养老方面背负了重担。首先，从医疗来看，我国居民普遍有过“看病难，看病贵”及看病过程中的“三长两短”遭遇，农村有过之而无不及，导致这种状况的原因之一就是政府的公共卫生投入偏少和卫生资源配置不合理，居民在其中承担的部分太大。其次，教育也占据了居民收入的一大部分。据统计，在我国贫困农村，教育支出占家庭净收入的15% ~20%，扣除家庭食物、住房、健康等必不可少的其他支出后，教育支出占剩下的可支配收入的比例达1/2左右（UNDP，2003）。最后，社会养老保障体系尚未完全建立影响居民扩大消费。工业发达国家能够保持较高消费率，是因为其社会保障体系完善，因而减弱了人们的预防性储蓄动机，相反，我国居民只能通过低消费来自身承担费用或者增强预防动机。据统计，“十一五”时期，我国城镇居民的平均消费倾向有下降的态势，2010年城镇居民平均消费倾向为70.5%，比2005年下降5.2个百分点，而净储蓄率①不断上升，2010年城镇居民净储蓄率为11.1%，比2005年上升7.6个百分点，五年间有四年净储蓄率均逐年攀升，而平均消费倾向则逐年下降，居民消费意愿有所下降②。

因此，如果我们通过增加财政在上述方面的投入，改变现有的财政支出结构，降低公共服务成本，即便在现有收入不增长的情况

---

① 净储蓄率 = 城镇居民人均储蓄余额/城镇居民人均可支配收入，其中，城镇居民人均储蓄余额 = 当年城镇居民人均存入储蓄款 - 当年城镇居民人均提取储蓄款。

② 《全国城镇居民收支持续增长　生活质量显著改善——“十一五”经济社会发展成就系列报告之九》，http：//www.stats.gov.cn/tjfx/ztfx/sywcj/t20110307_402708357.htm

下，居民收入也相对增长，预防性动机将会明显减弱，消费热情将会迸发，经济增长的主要动力将来源于居民消费的驱动，经济增长将进入一个良性循环。

2.3 财政保障机制与农村基本公共服务供给的作用机理

前已述及，在基本公共服务的供给中，政府的作用不可或缺，尤其是在我国城乡差距尚存较大差异的背景下，财政不仅会对经济产生积极作用，同时，通过具体的工具也能改变个体的经济行为，从而达到建立和谐社会的目标。那么，财政政策是如何发挥作用的？同时，作为一个政策体系，财政政策还包括什么样的具体政策或保障机制呢？

一、财政政策的作用原理

由财政来保障基本公共服务的实现，其基本着眼点在于通过有针对性的收、支政策以及与收、支有关的相应政策影响社会财富分配结构和分配制度进而影响个体的经济行为，从而达到促进资源的有效配置，保障人最基本的需求。其作用机制是，通过改变财政支出结构、加大转移支付力度等调整财政资源在全社会的分配状况，对特殊群体给予倾斜，引导个体做出正确判断与决策，从而直接贯彻中央政府的政策，达到实现社会财富分配合理化及社会秩序正常化的目标，保证社会协调发展。其传导过程的特点有：第一，政府根据社会经济形势制定具体的基本公共服务供给政策，具体对个体产生影响；第二，财政政策的作用过程既是信息传递过程同时又是具体方案的实施过程，政府通过政策发出信息，企业根据信息发出状况接收信息并调整自身的行为；第三，财政政策作用的过程是一个“双赢”的均衡状态，政府通过政策作用实现了既定的政策目标，个体通过接收政府信息改变了自身的行为，满足了对基本公共服务的需求。其作用原理如图 2－4 所示。

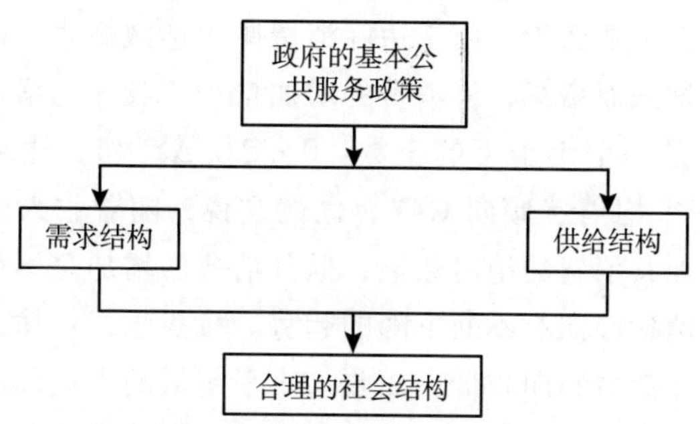

图 2－4　财政政策作用基本公共服务基本原理

因此，从图 2－4 来分析，如果假定政府所制定的政策是符合合理社会结构调整的，那么合理的社会结构能否实现则取决于宏观经济的微观基础——微观个体是否愿意接受政策，并切实据此调整自身的经济行为。财政的基本公共服务政策主要是通过需求和供给两个中介发挥作用，进而对微观决策主体的行为产生影响，最终促进合理社会结构的调整与形成。

（一）政府的基本公共服务政策对需求的影响

基本公共服务的改善对国内需求进而对经济增长的正常机制形成有很大的作用。国内需求持续扩大的基础是公平的收入分配，而基本公共服务供给状况如何则是评判收入分配公平程度的一个重要指标。在市场经济条件下，如果任凭市场在分配领域发挥作用，则财富分配过分悬殊和社会成员的两极分化是不可避免的，但这对于社会进步和人的全面发展来说是一个大的缺陷，且这种现象长时间存在将会引起社会的不稳定，最终也会导致经济增长的波动或停滞。因此，政府的调节收入分配政策将对国内需求产生极大影响。而在我国当前环境下，政府提供基本的公共服务不仅利于控制日益扩大的财富分配不均，更利于刺激居民消费。政府利用转移支付政策的作用原理在于利用收入分配政策来改变需求，最终达到改变社会财富分配结构的目的。综观世界各国的政府财政转移支付政策，大部分是将其作为改变收入差距的一种重要政策工具来使用。在凯恩斯理论中，一般认为，由于边际消费倾向递减规律，消费将随着现期收入的增减而增减，但消费的增加量小于收入的增加量，即边际消费倾向是一个小于1的正数：$0 < \Delta C/\Delta Y < 1$；边际消费倾向 $\Delta C/\Delta Y$ 小于平均消费倾向 C/Y。也就是说，随着收入的增加，人们虽乐于增加其消费的绝对数额，但其消费的增加总不如收入增加得快，边际消费倾向有不断下降的趋势。按照这一规律，收入水平越高的人边际消费倾向越低，而收入水平越低的人边际消费倾向却越高。因此，在其他条件不变的情况下，边际消费倾向与收入分配差距的大小有着很强的关联性，收入分配差距越大，则边际消费倾向越低。同时，政府利用纵向的转移支付，直接供给基本公共服务，降低农民在基本公共服务领域的开支额度，间接增加了农民收入，从而也改变了社会财富的分配状况。因此，政府财政转移支付对低收入者的支持，实际上是降低富人的边际消费倾向而提高穷人的边际消费倾向，在缩小收入差距的过程中改变了相对较穷人群体的经济行为。

（二）政府的基本公共服务政策对供给的影响

人的基本公共服务得到了满足，不仅会改变其自身的经济行为，同时也会降低社会成本，为经济的进一步增长提供更好的条件。在整个社会经济活动中，为整个生产提供“共同的生产条件”不仅包括硬性的基础设置，同时也包括软性的基础设施。马克思曾经把生产条件分为共同生产条件和特殊生产条件两类：一类是“以机器的形式直接进入生产过程的那类成本”；另一类是指“具有铁路、建筑物、农业改良、排水设备的那种固定资本”[①]。马克思的意思是：作为共同生存条件的固定资产，它不能被某单个生产者独家占有，它不是独占性地处在某个特殊的生产过程中，不能被当做

① 《马克思恩格斯全集》（第46卷下），人民出版社1980年版，第238页。

商品一次性地出卖。换而言之，它具有公用性、非独占性和不可分性，这些特性决定了它具有公共物品的特性。显然，与劳动力相关的教育、医疗、养老等基本公共服务则属于软性的基本公共服务，其供给状况如何则直接对社会供给结构产生影响。因此，财政政策之于社会生产的影响关键在于它的外溢性，通过改善社会的公共生产条件使得相关社会经济活动的进入成本降低，进而带动国民经济发展。

二、财政保障机制的基本构成及与基本公共服务供给间的关系

农民尽管从表面上远离了政治中心，但是农民拥有无可比拟的政治资源①，如果农民对政府提供的公共服务满意，则政府的终极价值才能得以实现与巩固。但由于历史等种种原因，我国公共服务尤其是农村的基本公共服务供给并没有达到令人满意的状况，因此，增强政府的主动性，充分利用财政政策为农村社会及其成员提供优质的基本公共服务，成为现代政府与传统权利政府的最大区别。那么，财政保障机制由哪几部分构成呢？它们与基本公共服务供给间存在何种关系呢？历史上，我们又是如何处理这种关系的呢？

（一）财政保障机制的基本构成

种种现实表明，农村基本公共服务由财政来保障，首先，一个基本前提就是财政要相对比较充盈，在关乎基本公共服务的领域，由于政府的主导地位，财政投入是一个绕不开的话题，专家、学者无一不提及财政投入的重要性。数据显示，近年来政府对公共服务的财政投入显著增加：2009～2011年，新医改三年投入逾1.2万亿元，并且是在原先基础上的增量投入；2001～2010年，公共财政教育投入年均增长20.2%，高于同期财政收入年均增长幅度；“十一

① 李容：《中国农业科研公共投资研究》，中国农业出版社2003年版，第127页。

五”期间，各级财政对五项社保基金的补助达 7219 亿元，年均增长 19%，其中中央财政补助年均增长 20%①。因此，财政的收入保障机制是一个重要机制。当然，笔者本意不是基本公共服务供给的所有成本都需要由财政来保障，财政收入保障的机制是在基本公共服务供给过程中，通过财政的介入与作用，充分发挥各利益主体的主观能动性，各方全面参与基本公共服务供给，提升基本公共服务的水平与质量。

其次，在有收入保障的前提下，提供什么样的及多少基本公共服务，则涉及的是农村基本公共服务投入决策机制。尽管我国目前经济发展较好，财政收入增长较快，但这种发展是不均衡的，而且与发达国家相比，我国仍处于较落后的经济发展阶段，用发达国家或者中等发达国家居民所享有的基本公共服务水平或我国欠发达地区用发达地区农民所享有的基本公共服务水平作为参照是欠妥当的，因此，应根据我国经济发展的平均水平，合理确定财政投入量，建立健全表达机制，引导农民对所需要的基本公共服务自觉进行排序，逐步建立一个投入有效率、决策有秩序的农村基本公共服务投入决策机制。

最后，从我国现有政策执行来看，由于 1994 年分税制改革的不彻底性，政府间财权、事权并非匹配合理，前些年地方政府在基本公共服务供给方面承受了较大的财政压力，近些年来，由于政府尤其是中央政府转移支付力度的进一步加大，中央政府面临较大财政压力的同时又养成了地方政府的依赖心理并滋生了社会不良现象。因此，在有财政投入及需求表达两种机制的基础上，涉及政府间财权、事权的预算管理体制需要进一步明晰，有可能的话，可以通过最高权力机构将其固定下来，减轻地方政府面临的“双向”逼迫压力。

---

① 中国劳动保障新闻网：《基本公共服务：重在财政投入，难在机制创新——解读〈国家基本公共服务体系“十二五”规划〉》，2012 年 7 月 24 日。

（二）三种机制与基本公共服务供给间的关系

财政保障机制是一个系统，但这种系统中收入保障、投入决策及预算管理机制是最基本的三种机制。如前所述，收入保障机制是基本公共服务中绕不开的话题，因此，它是首要条件；如果没有投入决策机制，则投入再多的钱，一来没有效率导致投入低效，二来农民对供给的基本公共服务不满意，因此，投入决策机制是关键条件；如果没有预算管理体制，则中央政府财政压力显著增大，且会导致投入低效、监督成本加大。因此，三种机制是农村基本公共服务中最基础性也是必不可少的机制。

有了良好的收入保障机制，可以强化政治契约理念。现代政府一般都强调公共服务，而这种公共服务的供给则是来自公众的委托，因此，在公共服务供给中，政府是主导，但公众是主体，政府接受公众的监督，公众也要支持政府工作，两者相辅相成，也只有在这种理念的指导下公众才能有很好的税收遵从度，政府也会按照税收—公共支出的范式来安排好公共支出。同时，有了政府的主导作用，财政投入会带动与基本公共服务相关联的各利益主体投入的积极性，降低政府管理成本，也解决了基本公共服务前期启动资金。

有了良好的投入决策机制，可以提供与当前经济发展水平相适应的基本公共服务。基本公共服务享受是一个公民的基本权利，但享受权利的水平应与经济发展水平相匹配，我们不能奢望一夜之间就得到了发达国家或中等发达国家的水平，但也不可能一夜之间我们所享有的基本公共服务水平就急剧下降。目前，对基本公共服务的种种不利评价主要来源于社会成员间福利水平的不均与自身偏好表达的缺失。有了投入决策机制，广大的农民能够参与其中，根据自身实际情况，在政府的指导与帮助下，能够对所需要的基本公共服务按照实际情况做出排序，依次逐渐推进建设路径，避免无谓的叫喊与攀比。同时，更有利于减轻各级政府的财政压力。

有了良好的预算管理机制，可以妥善处理各级政府间的财政关系，形成合力的财权、事权匹配态势。我国历史上出现的“诸侯经济”也好，还是当前出现的“王爷”经济也罢，都是政府间财政关系未能得到妥善解决的集中表现，不同层次的政府应有不同的事权范围且有相对应的财权与之匹配，科学且符合实际的财、事之分不仅利于避免政府“拉锯式”的艰苦谈判，也利于从制度上杜绝地方政府制度外筹钱的“借口”，更有利于强化政府的职责，用法定的标准来评价地方政府的实际绩效也有了可靠的参照，从而有效避免由下而上的“等、靠、要”与财政资金划拨方面的共谋。

综上所述，我们可以用图 2-5 来刻画和表现财政保障机制与农村基本公共服务间的关系。

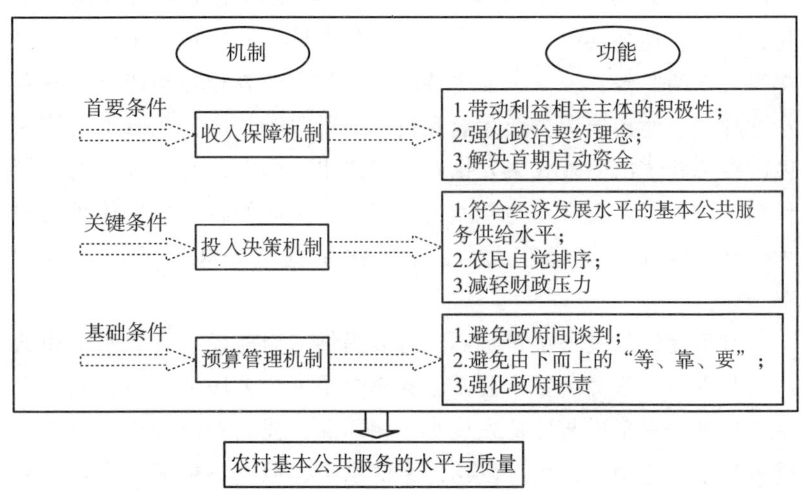

图 2-5　财政保障机制与农村基本公共服务间的关系

（三）农民与国家关系特征的演变

农村基本公共服务供给的不足，削弱了农民发展农村经济与增加收入的物质基础，从而限制了农民收入的增长；农民收入增加受限，又反过来影响农村基本公共服务的供给，也即陷入了“基本公共服务供给不足导致收入不足，收入不足又导致基本公共服务供给不足”的恶性循环。因此，在我国农民与国家的关系特征经历了由汲取到给予的一个漫长演变过程，恶性循环在逐步健全上述三种机制的过程中正慢慢步入良性循环。

1. 人民公社时期：国家对农民的隐性汲取。新中国成立初期，国家工业基础薄弱，综合实力较弱，为了稳固刚刚建立的政权，迅速摆脱经济落后的局面，国家借鉴了苏联的经济发展模式，采取优先发展为军事服务的重工业的战略措施。限于当时的国内外环境，我国不可能通过对外扩张的方式完成资本的原始积累，因而不得不通过内向型自我剥夺完成资本原始积累，而农民首当其冲成为资本原始积累的主要贡献者。

（1）在义务上，农民无限支持着国家工业化。农民对国家的支持主要通过以下三个方面进行的：一是通过农业税；二是通过免费提供劳动力和农副产品；三是通过工农业产品价格“剪刀差”[①]。据测算，1953～1978年，农民通过“剪刀差”向国家工业化贡献的金额达5100亿元，约占同期农业净产值的1/3（许经勇，2008）；如果加上农业税以及农民免费提供的劳动力和农副产品，那么，我们可以得知，在实现集体化的20年中，农民大约有1/2时间是无偿劳动。

（2）在权利上，农民受到国家的歧视。通过城乡分割的户籍制度将整个社会划分为农业人口和非农业人口，从而使中国形成城乡分离的二元社会结构，与城市市民相比，农村沦为“二等公民”，他们被钉死在土地上和集体经济组织中，不能自由流动。国家对于城市及其居民是一种政策，对农村及其居民又是另外一种政策：在经济上，各种资源和利益向城市倾斜；在政治上，城市领导农村。在这种歧视性的制度安排下，农民成为只向国家尽义务而无从享受相应权利的义务人。

---

① 价格“剪刀差”指工农业产品交换中价格偏离价值的差额，即工业产品的价格高于其价值、农产品的价格低于其价值所形成的价格差，其实质是工农业产品的不等价交换。

总之，人民公社时期，国家与农民之间基本上是“剥夺”与“被剥夺”的关系。国家通过以土地为核心的生产资料集体化对农业生产和农产品流通进行严格的计划与控制，在此基础上，利用工农产品“剪刀差”和农业税费从农业获取用于支援工业发展的资金。然而，在“三级所有、队为基础”的人民公社体制下，农民个人只是集体经济组织内的生产者，并不直接承担负担开支，所以，农民负担处于“隐性化”的状态，农民没有切身的负担感受。

2. 家庭联产承包责任制时期：国家对农民汲取的显性化。家庭联产承包责任制的实行使得人民公社体制失去了支撑基础而最终解体，农民也从高度控制的人民公社体制中解放出来，获得了空前的生产自主性和人身自由权，农民的私有财产权也得到了长足的发展。但是，这一时期，国家与农民的“剥夺”与“被剥夺”的关系依然没有改变。

这时期，国家对农民的汲取主要通过以下三个方面：首先，农业税与农业特产税；其次，三提五统两工；最后，工农业产品“剪刀差”。据统计，至 2000 年，农民承担的税费总额达 1359 亿元，比 1990 年的 469 亿元增长 1.89 倍。其中，农业税收负担增长 4.28 倍，村级提留增长 0.62 倍，乡级统筹增长 1.29 倍，其他收入增长 4.70 倍，农民人均负担增长 2.01 倍，农民税费负担占农民收入的比重上升到 7%～12% 之间。另外，1979～1994 年，国家通过工农产品价格“剪刀差”的形式，从农民手中筹集到的资金达到 15000 亿元（许经勇，2008）。

人民公社的解体，取而代之的是乡镇政府，并同时设立了乡镇财政。但由于乡镇财政收入的不足，来自中央的转移支付又有限，国家赋予了地方政府征收税费的权力，于是乡镇政府将其开支转嫁给所管辖的农民。“交够国家的，留足集体的，剩下都是自己的”农村分配方式，使得农民的负担主体由集体变为农户个体，农民的负担也由此而显性化。

3. 农村税费改革时期：国家对农民的少取。农村税费改革以来，党中央提出了构建和谐社会和建设社会主义新农村，把解决农民负担问题放在解决“三农”问题的首位。农村税费改革期间，国家主要通过以下三个方面来减轻农民负担。

首先，农村税费改革的“三取消、两调整、一改革”、2004 年取消的农业特产税以及逐步取消的农业税，使得农民的负担大大降低。通过税费改革，农民人均负担减少，缴纳的其他税费降低，税费支出占当年农村人均纯收入的比重快速下降。

其次，国家大幅度地提高了农副产品的价格，使得其增幅高于工业品价格的增加幅度。虽然在我国城乡二元经济结构没有完全改变的情况下工农产品的价格“剪刀差”不会完全消除，但整体上来看，这种价格“剪刀差”呈现不断缩小的趋势。

最后，为了彻底减轻农民的负担，国家还从价格上给农民直接进行补贴。对农民提供的价格补贴，在一定程度上缩小了工农产品价格“剪刀差”，提高了农民的收入，间接地减轻了农民的负担。据统计，仅 2004 年，农民从粮食直补、良种补贴和购置更新大型农机具补贴（即“三补贴”）中得到的收入达 140 亿元，人均达到 16 元。其中，种粮农民直补 116 亿元，13 个粮食主产区的良种补贴金达 28.5 亿元。

总之，农村税费改革期间，随着中国工业化进程进入中后期发展阶段，一方面，我国的第二、第三产业已经有了足够的能力承担工业化后期的资本积累任务；另一方面，长期以来，对农民的明征暗取，加重了农民的负担。在农民迫切需要减轻负担，而国家又有能力去减轻农民负担的情况下，国家与农民的关系也由过去的“巧取豪夺”变成了少取。

4. 农村综合改革：国家对农民的给予。为了巩固税费改革成果，夯实农业发展基础，促进农民减负增收，强化农村基础设施和公共服务，加快推进社会主义新农村建设和统筹城乡发展，国家决定推进农村综合改革。农村综合改革期间，国家已进入“工业反哺农业、城市支持农村”的发展阶段，国家与农民的关系也转变为

“给予”与“被给予”的关系。农村综合改革期间，国家财政用于“三农”的支出不断增大，到 2011 年，国家财政对“三农”的总支出超过 25000 亿元，其中，中央财政对“三农”的支出，由 2006 年的 3397 亿元增加到 2011 年的超过 10000 亿元，五年大约增加 2 倍。

综上所述，农村基本公共服务供给状况的变化过程大致为：人民公社的供给状况良好→家庭联产承包责任制期间的严重不足→税费改革期间的稍有改善→农村综合改革的大大增强。而农民对国家的贡献也经历了从人民公社时期和家庭联产承包责任制期间的贡献很大到农村税费改革和农村综合改革的贡献较小的变化。在人民公社期间，农民对国家的贡献较大，农民所获得的基本公共服务也较好；家庭联产承包责任制期间，农民对国家的贡献依然很大，但农民所获得的基本公共服务却严重不足；农村税费改革期间，农民对国家的贡献减小，农民所获得的基本公共服务也不足；农村综合改革后，虽然农民对国家的贡献减小，但农民所享受的基本公共服务却相对比较完善。

3.

农村基本公共服务的财政收入保障机制的实证分析

近年来，我国财政收入增长比例远高于 GDP 增长速度，但是居民难以体会到财政收入高速增长为其所带来的公共福利增长，当然，居民福利感受是一个主观概念，福利增长与否存在价值判断的难题，但从我国历年来财政支出结构中我们可以发现，与公共福利相关的各类财政支出无论是相对额还是绝对额都呈现增长趋势，但是与其他类财政支出相比，福利增长存在群分效应与效率损失。显然，多数纳税人并没有从财政收入高速增长中获得应有的回馈。财政是庶政之母，但同时也是政府提供公共物品的源泉，过低的纳税回馈率不仅影响着纳税人的纳税遵从心理和动机，降低纳税遵从度，更会影响到整个国民经济的正常运行及和谐社会的构建。因此，单纯从收、支其中任何一方面来观察问题都可能失之偏颇，本章的基本分析逻辑是从支、收两个角度来论述农村基本公共服务财政收入保障机制。

3.1 农村基本公共服务支出方面的实证分析

基本公共服务需要财政的支持，我国政府在财政预算安排上始终把保障基本公共服务放在突出位置，但是，由于多种原因，财政支出的经济建设偏好制约了有限的财政资金对基本公共服务的投入（夏杰长，2008）。因此，财政支出结构的调整与优化是未来我国农村基本公共服务改善的重要途径之一。

一、农村基本公共服务供给与税费遵从的实证分析

在多年来我国的研究文献中，对于税收遵从的研究多是集中于考察税收收入规模与纳税主体间的关系，而事实上，通过观察税收与公共支出间的关系更有利于改善税收遵从。在我国农村，由于天然的“两把剪刀差”的影响，农村的收、支存在严重不对称，一味地寄希望上级政府通过转移支付来增加基本公共服务的供给确实存在难度，因此，如果我们换一种思维，从通过改善公共服务供给入手，通过基本公共服务的改善提高农民对财政收入的贡献度，进一步提升公共服务质量。导致纳税主体间的纳税遵从差异的原因是复杂的，但对政府公共服务的评价是其纳税遵从的核心因素。这里所涉及的税是广义的税，公众所缴纳的各种税、费，即表现为公众的直接给付但没有得到直接的对等物，因此，本书中称为税费遵从度。

1. 研究假设。从理论上分析，无论政府提供了多好的基本公共服务，公众总会有以不纳税的代价而从公共服务中获取利益的冲动（阮家福，2008），在众多的文献中，“搭便车”似乎成了公共品供给中一道难以逾越鸿沟。在实际公共服务的供给中，当前一般采用国家、地方政府与个人等几方共同负担的成本分摊机制，而当个人或家庭所承担的成本较高时，公众一般会采取逃避的方式来寻求答案。据此，提出如下假设：

假设 1　基本公共服务的供给成本与公众的税费遵从呈反向相关关系，即基本公共服务公众负担的份额越大，其税费遵从度也就越低。

公众的税收意识受到政府公共服务供给的影响。在一项调查研

究中，调查结果显示，纳税人在不同的年龄阶段对纳税的感觉呈现"S"形曲线，但总体上公众对政府税收的印象是良性的。[①] 显然，纳税人的好感与政府公共服务密不可分。近年来，征税机构以申报纳税和优化服务为基础，以计算机网络为依托，集中征收，强化管理，在优化纳税服务、促进纳税遵从方面做了实质性工作，数据显示，"十一五"期间，全国纳税申报率由2005年的96%提高到2010年的99.44%，国家税务局系统纳税申报率达到99.52%。[②] 但是，税收收入的直接上升对公众的税费遵从度是否有很大的改善呢？实际上，政府提供公共服务的数量与质量直接关系到纳税人的公平感，并直接影响其纳税遵从决策。基于上述分析，提出如下假设：

假设2　基本公共服务质量越好，公众越倾向于选择税费遵从。即基本公共服务与公众的税费遵从呈正向相关关系。

在实际经济生活中，不同的纳税人在纳税遵从方面存在较大的差异。例如，在个人所得税的征收中，工薪阶层往往纳税遵从度较高，据一项问卷调查显示，当前我国高收入者纳税不遵从现象比较严重（包括有意逃税和无意漏税）（李林木，2011）。一般来说，基层政府基本公共服务供给效率直接影响着公众对社会公平及税收公平的判断，如果基层政府工作人员态度认真，办事踏实，为百姓着想，对政策解释细致，则公众对其认同度较高，也会全力配合基层政府工作人员的工作。据此，提出如下假设：

假设3　基本公共服务的效率与税费遵从呈正相关关系。即基本公共服务的供给效率越高，公众对基层政府的工作就越认同，其税费遵从度也就越高。

2. 调查方案设计和样本选择。根据上述假设，本调查方案主要

---

① 王锐、孟成培：《进一步的愿望：基础公共服务与社会保障加强——税收问卷调查结果反映杭州市民信任政府但仍有期盼》，载《浙江统计》2008年第1期，第21～23页。

② 国家税务总局网站：《我国税收征管的基本目标及模式》。

采用入户调查、发放调查问卷的形式来获取基础数据。调查问卷的上半部分是被调查家庭（户主）的基本情况，主要包括家庭地位、性别、家庭年收入、家庭支出、家庭年收入主要收入来源、家庭成员数、文化程度。下半部分根据对农村基本公共服务政策的认知程度、基本公共服务的供给成本、农户的负担状况、对基层政府服务的认同度、对所提供的基本公共服务的满意度、对不纳税或不缴费的态度等因素设计了如下问题：(1) 我国农村基本公共服务政策的认知情况。(2) 获取政策的途径主要包括哪些？(3) 不纳税或不缴费是否会对基本公共服务产生影响？(4) 对政府税、费的用途是否清楚？(5) 缴费或报账的程序是否复杂？(6) 基本公共服务供给需要排队吗？(主要是村落提出的公共服务项目是否能够及时得到上级政府的回应) (7) 排队的时间有多长？(8) 纳税或缴费方便吗？(9) 基层政府工作人员的态度如何？(10) 对基层政府工作人员在执行国家政策上是否满意？(11) 你所纳的税或缴纳的费用与基本公共服务方面是否价值相当？(12) 你的家庭能否承担目前所规定的税、费比例？(13) 你是否发现与你情况相当的农户，其负担轻于你，或享受了较好的基本公共服务？(14) 第 13 种现象普遍吗？ (15) 对第 13 种现象会进行查处吗？其惩罚力度有多大？(16) 你认为经济发展水平对基本公共服务供给的影响程度如何？

每个问题下设五个基本选项，对农户税费遵从最有积极影响的为 1，而最有消极影响的为 5，1 ~ 5 选项赋值分别为 5、4、3、2、1。抽样问卷的初步思路为：以经济发展水平为区分线，分东、中、西部及直辖市四种类型进行抽样，对抽取的省份以省会为中心，大致抽取 2 ~ 3 个村并兼顾周边地区为主要调研地点展开问卷调研。在本次抽样中纳入调查的样本包括：北京市昌平、重庆市合川；东部地区包括广东的东莞、中山，浙江的萧山、温岭；中部地区包括江西的瑞金、湖口、崇义、弋阳、泰和、遂川六县；西部地区包括云南富民县（具体见表 3 - 1）。调查最后收回问卷 522 份，回收率为 87%，剔除填写不全、数据缺失情况，最后有效问卷为 487 份，占总发放问卷的81.17%。

表3-1　　样本分布及调查方式

类型	地区	调查方式与分数
直辖市	北京（昌平）	邮寄（50）
	重庆（合川）	邮寄（50）
东部	广东（东莞、中山）	东莞现场问卷（50）、中山邮寄（50）
	浙江（萧山、温岭）	现场问卷（50）
中部	江西（瑞金、湖口、崇义、弋阳、泰和、遂川）	六个县均为现场问卷（300）
西部	云南（富民）	邮寄（50）

3. 实证检验。

(1) 基本公共服务供给成本与公众税费遵从度。调查问卷中所涉及的16个基本问题都影响了公众对税费的遵从程度，它们之间具有较强的相关性，直接进行计量分析可能不客观，会导致某些重叠因素的双重或多重分析。因此，为消除这种影响，抓住主要因素，在具体分析中我们采用多元统计中的主成分分析法和因子分析法。

首先，判断是否适用因子分析法，从检验结果来看，所涉及因子的KMO值为0.864，Bartlett球形检验者是628.16，相对应的伴随概率为0.000，说明可以进行因子分析。根据因子分析的总方差解释表（见表3-2），提取特征值大于1的因子，合计5个，且累计贡献率达到67.157%，对原变量的解释具有相对集中的信息。为得到更为明确的信息，我们采用方差极大旋转法对因子载荷矩阵进行旋转，从旋转后的结果（见表3-2）来看，仅有第15个因子的载荷系数小于0.500，这说明我们所选择的五大因素确实对公众的税费遵从度有较好的解释力，初步判断假设1成立。

表 3-2　　公众税费遵从度影响因素的因子分析

影响因子	包含的因素	旋转后的因子载荷矩阵的因素载荷系数	各问题的得分均值	旋转后方差贡献率（%）	累积贡献率（%）	旋转后的特征值
基本公共服务供给成本	(3) 不纳税或不缴费是否会对基本公共服务产生影响？	0.687	3.794	17.662	33.102	2.883
	(4) 对政府税、费的用途是否清楚？	0.701	3.253			
	(12) 你的家庭能否承担目前所规定的税、费比例？	0.734	3.112			
	(16) 你认为经济发展水平对基本公共服务供给的影响程度如何？	0.665	3.452			
基本公共服务政策的认知程度	(1) 我国农村基本公共服务政策的认知情况。	0.731	3.157	14.914	41.370	2.317
	(2) 获取政策的途径主要包括哪些？	0.715	3.916			
基本公共服务供给及成本分摊的公平感	(6) 基本公共服务供给需要排队吗？	0.687	2.901	13.547	49.314	1.931
	(7) 排队的时间有多长？	0.594	3.614			
	(11) 你所纳的税或缴纳的费用与基本公共服务方面是否价值相当？	0.814	2.568			
	(13) 你是否发现与你情况相当的农户，其负担轻于你，或享受了较好的基本公共服务？	0.769	2.841			
基本公共服务供给中的“搭便车”行为及其惩罚	(14) 第 13 种现象普遍吗？	0.571	3.14	2.470	54.971	1.681
	(15) 对第 13 种现象会进行查处吗？其惩罚力度有多大？	0.435	3.18			

续表

影响因子	包含的因素	旋转后的因子载荷矩阵的因素载荷系数	各问题的得分均值	旋转后方差贡献率（%）	累积贡献率（%）	旋转后的特征值
基层政府公共服务的认同度	（5）缴费或报账的程序是否复杂？	0.764	2.742	8.161	67.157	1.347
	（8）纳税或缴费方便吗？	0.589	3.178			
	（9）基层政府工作人员的态度如何？	0.501	3.618			
	（10）对基层政府工作人员在执行国家政策上是否满意？	0.613	3.147			

其次，采用Logistic回归分析法对影响税收遵从的基本公共服务供给成本的影响因子、基本公共服务政策的认知程度、基本公共服务供给及成本分摊的公平感、基本公共服务供给中的“搭便车”行为及其惩罚、基层政府公共服务的认同度五大因素进行实证分析，结果显示（见表3-3），模型整体效果较好，拟合优度高，且P值都小于0.01，说明五大因素对税费遵从都有显著影响。回归系数越大说明该因子对税费遵从度的影响越大，从表3-3来看，基本公共服务供给成本越低，其赋值就越高。这说明原假设1成立，基本公共服务的成本是影响税费遵从的重要因素之一。

表3-3 基本公共服务对税费遵从影响的各因子的Logistic回归分析结果

影响因子的回归数据	基本公共服务供给成本（1）	基本公共服务政策的认知程度（2）	基本公共服务供给及成本分摊的公平感（3）	基本公共服务供给中的“搭便车”行为及其惩罚（4）	基层政府公共服务的认同度（5）	常数项
回归系数	2.357	1.601	1.003	1.320	1.273	0.601
Wald值	38.916	22.163	15.672	20.918	11.693	4.271
P值	0.000	0.000	0.001	0.000	0.000	0.036

（2）基本公共服务供给状况与税费遵从。本调查地区分为直辖市、东、中、西部四类地区，以农户是否遵从为因变量、以5个基本公共服务供给的影响因子作为自变量进行Logistic回归分析，考察不同地区的基本公共服务供给对税费遵从的影响。在5个税费遵从的影响因子中，前三个因素是公共服务供给质量因子，后两个是公共服务供给效率因子，如表3-4所示，实证结果表明，基本公共服务供给成本、基本公共服务政策的认知程度、基本公共服务供给及成本分摊的公平感对税费遵从都有不同程度的影响（其P值都在10%以下），说明假设2成立，但这三个因素在四类地区有不同的影响：①直辖市内的农户在三个效率因子中更关注地是基本公共服务供给中成本分摊的公平感，而对基本公共服务成本及政策认知关注较少，说明直辖市内政策宣传较好，群众对政策的掌握较为清楚，同时，由于政治上的优势，其基本公共服务供给一般不存在资金上的烦恼。②与直辖市农户相比，东部地区农户也关注基本公共服务成本分摊的公平感，但其对政策及成本的敏感度比直辖市要高。③与其他地区相比，中、西部地区有较多的相似性，两类地区基本公共服务供给质量的高低与基本公共服务的供给成本及政策认知有较高的相关性（其P值在0.01以下），对成本分摊的公平感的敏感性小于东部及直辖市地区，说明中、西部地区农户更关注基本公共服务的供给，而这种供给又与其成本及政策认知有较高的相关性。总体来说，公众是否选择税费遵从与基本公共服务质量有较大相关性，但不同地区有不同的影响，假设2成立。

如表3-4所示，我们还发现，在后两个基本影响因子中，基本公共服务供给中的“搭便车”行为及其惩罚、基层政府公共服务的认同度是基本公共服务中的效率因子，同样的道理，在四类地区中，排序在前的是直辖市与东部地区（其P值都小于0.01），说明直辖市与东部地区的基本公共服务供给中农户所关注的问题对其税费决策影响很大且得到了政府的直接正面回应；而这两个因子在中、西部地区的回归效果差于直辖市与东部地区，但其基层政府公共服务认同度的P值小于0.05，说明中、西部地区基层政府的工作还是得到了农户的认可，基本公共服务的供给效率有所改善，但是，在中、西部地区对基本公共服务供给中的“搭便车”行为及其惩罚还缺乏较有约束力与有效的手段。综合来看，公众对基层政府的工作越认同，其税费遵从度也就越高，因此，假设3成立。

表3-4　　不同地区基本公共服务对税费遵从影响的各因子的Logistic回归分析结果

	影响因子的回归数据	基本公共服务供给成本（1）	基本公共服务政策的认知程度（2）	基本公共服务供给及成本分摊的公平感（3）	基本公共服务供给中的“搭便车”行为及其惩罚（4）	基层政府公共服务的认同度（5）	常数项
直辖市	回归系数	1.483	1.107	0.832	1.036	0.729	0.522
	Wald值	6.208**	6.064*	1.983***	5.024***	0.921***	0.846*
东部	回归系数	3.285	3.032	1.722	1.843	1.927	1.643
	Wald值	13.022**	13.350**	9.032***	6.034***	4.832***	5.032**
中部	回归系数	3.103	1.204	0.946	2.014	1.924	1.821
	Wald值	10.626***	1.8322***	0.533*	9.052*	6.024**	6.032**
西部	回归系数	4.021	2.042	10.64	1.045	1.083	1.732
	Wald值	12.076***	15.93***	19.034*	9.046*	3.024**	5.531*

注：***、**、*表示回归系数在1%、5%、10%水平的显著水平。

4. 结论。上述是基于抽样调查的分析结果，尽管调查样本存在样本量小且不完全具有代表性等问题，但我们仍可从统计数据及计量分析中得出重要启示：基本公共服务供给受多种因素影响，而基本公共服务的供给程度如何则决定着农户税费遵从的选择决策。实证结果表明，直辖市、东部地区由于财力较好，农户更关注基本公共服务成本分摊的公平感、对“搭便车”行为的惩罚给其带来的税费遵从选择；而在中西部地区，基层政府的工作、基本公共服务供给的成本、政策宣传等则影响着农户的税费遵从决策。因此，从这一层面来看，要改善农户的税费遵从度，则必须改善基本公共服务供给，直辖市、东部地区应从基本公共服务成本分摊的公平感、对“搭便车”行为的惩罚等方面入手，中西部则应从基本公共服务供给成本、基层政府的工作、政策宣传等方面入手，改善基本公共服务，从而提升农户的税费遵从度。

二、农村基本公共服务财政支出的绩效评价

经过改革开放后经济的持续发展，我国各项社会事业也快速发展，农村潜在的基本供给服务需求正处于释放阶段，部分基本公共服务已经或正得到各级政府的高度重视与支持，财政支持力度连年增大，农村基本公共服务得到明显改善，根据有关调查，86.5%的农民对中央出台的涉及基本公共服务的惠农政策感到满意或十分满意（中国（海南）改革发展研究院，2007）。但是，我国地区间经济水平差异较大，农村基本公共服务水平层次不齐，财政支出力度的加大是否取得了应有的政策预期效果呢？加大财政对农村基本公共服务领域的投入力度，增加财政投入总量，固然是解决问题的方法，但是，忽视财政投入的效率问题，不仅会降低公共服务质量，更可能导致地方对中央财政的依赖。尽管近些年来我国财政收入总体形势比较乐观，但是我国正处于社会转型的关键时期，如何分配财政资金，尤其是如何将有限的财政资金投入基本公共服务领域，通过效率增进与质量提升来满足广大群众逐渐释放的基本公共服务需求，就成了迫切需要解决的问题。基于此，旨在建立科学、合理的绩效评价管理体系，提高财政资金使用效益的《财政支出绩效评价管理暂行办法》于2011年4月2日发布实施。

在财政支出效率评价方面，运用非参数的数据包络分析法（DEA）对政府绩效进行评价成为近几年国内外研究的热点。崔元峰（2006）借助DEA对财政农业支出资金绩效、政府绩效等进行评价。彭国甫（2005）运用模糊综合评价模型，对湖南省11个地级州市政府1995～2002年的公共事业管理绩效进行了实证研究。朱玉春、乔文（2010）等运用DEA方法对全国28个省份的农村公

共服务效率进行了实证分析，测算了农村公共服务综合技术效率、纯技术效率和规模效率，并对其变异系数进行估算。孙璐（2007）等利用因子分析与数据包络分析方法对长江三角洲地区 16 个城市的公共服务效益进行对比分析，在对公共品供给效率测算的基础上，利用 Tobit 模型对影响公共品供给效率的因素进行研究。徐崇波、梅国平（2010）以江西县、市为样本，建立了一套适合评价我国农村公共产品供给绩效的评价体系和评价指标。陈晶璞（2011）运用 DEA 研究通过公共服务财政支出绩效评价更好地提升公共服务水平，提高财政工作在实现基本公共服务均等化方面的效率。显然，我国目前运用 DEA 方法对财政投入进行研究的较多，主要集中于总体性或者分项的公共服务的生产效率和技术效率，对农村公共服务尤其是基本公共服务的投入效率评价问题的研究并不多。笔者试图重点利用 DEA 方法对 2008 ~ 2010 年全国农村地区基本公共服务财政投入进行实证分析，测算农村公共服务综合技术效率、纯技术效率和规模效率，并简单探讨农民意愿对于基本公共服务财政投入的意义以及如何提升农村基本公共服务和农民满意度。

（一）模型选择与数据获取

1. 模型选择。目前，我国应用较为广泛的绩效评价方法主要有成本—效益分析法、比较法、因素分析法、最低成本法、公众评判法、层次分析法等。本书中采用数据包络分析法（DEA），与其他统计方法相比，数据包络分析法在处理多输入多输出问题上具有特别的优势。首先，DEA 是以决策单元的输入输出权重为变量，模型采用最优化方法来内定权重，从最有利于决策单元的角度进行评价，从而避免了确定各指标的权重所带来的主观性。其次，DEA 不必事先确定输入和输出之间可能存在的某种显式关系，这就排除了许多主观因素，克服了错用生产函数的风险，因而具有很强的客观性。

本书中数据包络分析法采用最基本的 C^2R 模型，用于多输入多输出同类决策单元的有效性评价。假设有 n 个评价单元（在 DEA 法中称为决策单元，即 Decision Making Unit，DMU），DMU_j（$j=1$，2，3，…，n）中每个决策单元都有 m 项投入 $X_j=(x_{1j}, x_{2j}, \cdots, x_{mj})$，$s$ 项产出 $Y_j=(y_{1j}, y_{2j}, \cdots, y_{mj})$，它们分别表示“耗费的资源”和“工作的成效”。第 j 个 DMU 的效率评估模型如下：

$$\begin{cases}\max h_j = \left(\sum_{r=1}^{n} U_r \times Y_{rj}\right) / \left(\sum_{i=1}^{m} V_t \times X_{tj}\right) \\ \text{s. t.} \left(\left(\sum_{r=1}^{s} U_r \times Y_{rj}\right) / \sum_{i=1}^{m} V_t \times X_{tj}\right) \leqslant 1 \\ V=(V_1, V_2, \cdots, V_m)^T \geqslant 0 \\ U=(U_1, U_2, \cdots, U_s)^T \geqslant 0\end{cases}$$

其中，V 和 U 分别是输入和输出的权向量。则总输入和总输出之比 h_j 反映决策单元的有效性。它被称为 DMU_j 的效率评价指数。权向量是待定的，它们的每一个分量都是非负的。

若线性规划的解满足效率评价指数等于 1（$h_j=1$），则称决策单元为弱 DEA 有效（C^2R）；如果输入和输出的最佳权向量大于 0，而且效率评价指数等于 1，则称决策单元为 DEA 有效（C^2R）。

为了便于检验 DEA 的有效性，一般考虑上述模型的对偶模型的等式形式（带有松弛变量且具有非阿基米德无穷小）：

$$\begin{cases}\min\left[\theta - \varepsilon \sum_{t=1}^{m} S_i - \varepsilon \sum_{r=1}^{s} Sr^+\right] \\ \text{s. t.} \sum_{j=1}^{n} X_{tj}\lambda_j \times Y_{rj} + Si^- = \theta X_{tj} \\ \sum_{j=1}^{n} Y_{rj}\lambda_j - Si^+ = Y_{rj}(\lambda \geqslant 0; Si^- \geqslant 0) \\ Si^+ \geqslant 0\end{cases}$$

其中，ε 为阿基米德无穷小；θ 为决策单元 DMU_j 的有效值，即投入相对于产出的有效利用程度；$s+$，$s-$ 为线性规划问题的松弛变量；λ_j 为相对于 DMU_j 重新构造一个有效 DMU 组合中 j 个决策单元 DMU_j 的组合比例。

在 C^2R 模型中，①当 $\theta=1$ 且 $s+=s-=0$ 时，则该决策单元为 DEA 有效，即在原投入 x 的基础上获得的产出 y 已达到最优；②当 $\theta=1$ 且 $s+\neq0$ 或 $s-\neq0$ 时，则称该决策单元为 DEA 弱有效；③当 $\theta<1$ 时，则称该决策单元为 DEA 无效。

2. 数据获取。笔者认为，农村基本公共服务是一个多投入、多产出的生产系统，且涉及教育、医疗卫生、社会保障等基本方面。因此，本书中选择了 2008～2010 年全国各省（直辖市、自治区）农村基本公共服务的投入产出数据，测算其技术有效性。为了体现客观公平性，主要选取义务教育、医疗卫生以及社会保障和就业这三项最基本的公共服务作为对象，在遵循 3E 原则（经济性、效率性、效果性）的基础上进行研究，得出基本公共服务财政支出绩效评价指标体系。选取的指标分为两类：一类是投入指标；另一类是产出指标。在义务教育方面，投入指标选取预算内义务教育经费占财政支出比重（X_1）、预算内义务教育经费占 GDP 比重（X_2）、当地义务教育经费占总义务教育经费比重（X_3）；产出指标选择当地职业初中毕业率（Y_1）、当地平均初中生师比（Y_2）、每 10 万人口小学平均在校生数（Y_3）；在医疗卫生方面，投入指标选取医疗卫生经费占财政支出比重（X_4）、医疗卫生经费占 GDP 支出比重（X_5）、当地医疗卫生经费占总医疗卫生经费比重（X_6），产出指标选取当地卫生机构数（Y_4）、当地医疗机构床位数（Y_5）、每千个人口卫生人员数（Y_6）；社会保障方面，投入指标选取社会保障和就业经费占财政支出比重（X_7）、社会保障和就业经费占 GDP 比重（X_8）、当地社会保障和就业经费占总社会保障和就业经费比重（X_9）；产出指标选取年末每百人中参加城镇养老保险人数（Y_7）、年末每百人中参加城镇基本医疗保险人数（Y_8）、年末参加失业保险人数（Y_9）。具体见表 3－5。所有原始数据来源于《中国农村统计年鉴》和《中国统计年鉴》，运用的基本软件是 MAXDEA 5.0 软件，分别对义务教育、基本医疗卫生、基本社会保障和社会文化事业的财政投入的相对有效性进行评价。

表 3-5　　农村基本公共服务财政投入绩效评价指标体系

系统		状态	要素
农村基本公共服务财政投入绩效分析体系	义务教育财政支出绩效指标	义务教育投入指标	预算内义务教育经费占财政支出比重（X_1）
			预算内义务教育经费占 GDP 比重（X_2）
			当地义务教育经费占总义务教育经费比重（X_3）
		义务教育产出指标	当地职业初中毕业率（Y_1）
			当地平均初中生师比（Y_2）
			每 10 万人口小学平均在校生数（Y_3）
	基本医疗卫生财政支出绩效指标	基本医疗卫生投入指标	医疗卫生经费占财政支出比重（X_4）
			医疗卫生经费占 GDP 支出比重（X_5）
			当地医疗卫生经费占总医疗经费比重（X_6）
		基本医疗卫生产出指标	当地卫生机构数（Y_4）
			当地卫生机构床数（Y_5）
			每千个人口卫生人员数（Y_6）
	基本社会保障财政支出绩效指标	基本社保投入指标	社会保障和就业经费占财政支出比重（X_7）
			社会保障和就业经费占 GDP 比重（X_8）
			当地社会保障和就业经费占全国总经费比重（X_9）
		基本社保产出指标	年末每百人中参加城镇养老保险人数（Y_7）
			年末每百人中参加城镇基本医疗保险人数（Y_8）
			年末参加失业保险人数（Y_9）

注：以上各投入产出指标的数据分别来源于《中国统计年鉴》（2009～2011 年各年），全国省（自治区、直辖市）2008～2010 年投入指标和输出指标的初始数值不再列示。

（二）实证结果

运用数据包络方法测算全国各省（自治区、直辖市）2008～2010 年间的基本公共服务财政投入的相对效率，表 3-6 给出了评价值，表 3-7、表 3-8、表 3-9 给出了测得的 2008 年、2009 年、2010 年全国各省（自治区、直辖市）基本公共服务的综合技术效率（Technical Efficiency，TE）、纯技术效率（Pure Technical Efficiency，PTE）、规模效率（Scale Efficiency，SE）的数据，并且指示出了是处于规模递增（irs）、规模不变（crs）还是规模递减（drs）。

1. DEA 效率分析的总体考察。由表 3-6 我们知道，在义务教育方面，属于 DEA 有效的地区有上海、浙江、福建、广东、海南、河南、西藏、青海、宁夏、重庆、四川这 11 个省（自治区、直辖市）；而属于弱 DEA 有效的地区有天津、浙江、山东、江西、辽宁、贵州这 6 个省（自治区、直辖市）；其余 14 个省（自治区、直辖市）均为非 DEA 有效。从规模收益变化状况来看，DEA 有效的地区一直属于规模收益不变状态，规模收益均为递增的地区有北京、河北、山西、吉林、黑龙江、陕西 6 地；规模收益均为递减的地区只有安徽、贵州、甘肃 3 地。而天津、江苏、山东、内蒙古地区三年期间先从规模收益不变转变为规模收益递增状态；江西、湖南两地先由规模收益递减转变为规模收益不变；湖北、辽宁两地由规模收益递增转变为规模收益不变；云南、广西两地由规模收益递增转变为规模收益递减；新疆从规模收益递减转变为规模收益递增。

表 3－6　2008～2010 年全国基本公共服务财政投入 DEA 效率评价价均值

省、自治区、直辖市		义务教育				医疗卫生				社会保障和就业			
		TE	PTE	SE	RTS	TE	PTE	SE	RTS	TE	PTE	SE	RTS
东部	北京	0. 752	0. 785	0. 957	irs	1. 000	1. 000	1. 000	drs = > crs	1. 000	1. 000	1. 000	crs
	天津	0. 995	1. 000	0. 995	crs = > irs	1. 000	1. 000	1. 000	crs	1. 000	1. 000	1. 000	crs
	河北	0. 884	0. 900	0. 982	irs	1. 000	1. 000	1. 000	crs	0. 326	0. 514	0. 635	irs
	上海	1. 000	1. 000	1. 000	crs	1. 000	1. 000	1. 000	crs	0. 987	1. 000	0. 987	drs
	江苏	0. 934	0. 964	0. 969	crs = > irs	0. 920	1. 000	0. 920	irs	0. 979	0. 989	0. 990	irs
	浙江	1. 000	1. 000	1. 000	crs	0. 817	0. 869	0. 940	irs	1. 000	1. 000	1. 000	crs = > irs
	福建	1. 000	1. 000	1. 000	crs	0. 835	1. 000	0. 835	irs	0. 735	1. 000	0. 735	irs

续表

省、自治区、直辖市		义务教育				医疗卫生				社会保障和就业			
		TE	PTE	SE	RTS	TE	PTE	SE	RTS	TE	PTE	SE	RTS
东部	山东	0.957	1.000	0.957	crs = > irs	1.000	1.000	1.000	crs	0.609	0.719	0.847	irs
	广东	1.000	1.000	1.000	crs	0.984	1.000	0.984	irs	1.000	1.000	1.000	crs
	海南	1.000	1.000	1.000	crs	1.000	1.000	1.000	irs = > crs	0.737	0.823	0.895	crs = > drs
中部	江西	1.000	1.000	1.000	drs = > crs	0.630	0.725	0.870	irs	0.367	0.544	0.674	irs
	河南	1.000	1.000	1.000	crs	0.925	1.000	0.925	drs	0.366	0.475	0.772	irs
	湖北	1.000	1.000	1.000	irs = > crs	0.764	0.817	0.935	irs	0.348	0.450	0.772	irs
	湖南	1.000	1.000	1.000	drs = > crs	1.000	1.000	1.000	irs = > crs	0.302	0.436	0.693	irs
	山西	0.851	0.868	0.981	irs	1.000	1.000	1.000	crs	0.314	0.457	0.687	irs
	安徽	0.963	0.974	0.989	drs	0.683	0.746	0.915	irs	0.315	0.493	0.639	irs
东北	辽宁	1.000	1.000	1.000	irs = > crs	1.000	1.000	1.000	irs = > crs	0.416	0.421	0.987	drs = > irs
	吉林	0.858	1.000	0.858	irs	0.811	0.868	0.934	irs	0.470	0.544	0.865	irs
	黑龙江	0.798	0.997	0.800	irs	0.858	0.890	0.964	irs	0.455	0.513	0.888	irs
西部	云南	0.862	0.895	0.963	irs = > drs	0.582	0.650	0.896	irs	0.203	0.472	0.431	irs
	西藏	1.000	1.000	1.000	crs	0.902	1.000	0.902	irs	0.473	1.000	0.473	irs

续表

省、自治区、直辖市		义务教育				医疗卫生				社会保障和就业			
		TE	PTE	SE	RTS	TE	PTE	SE	RTS	TE	PTE	SE	RTS
西部	陕西	0.801	0.804	0.996	irs	0.693	0.770	0.900	irs	0.291	0.447	0.651	irs
	青海	1.000	1.000	1.000	crs	1.000	1.000	1.000	irs = >crs	0.182	0.241	0.758	irs
	宁夏	1.000	1.000	1.000	crs	1.000	1.000	1.000	crs	1.000	1.000	1.000	crs
	重庆	1.000	1.000	1.000	crs	0.786	0.952	0.825	irs	0.385	0.481	0.801	irs
	四川	1.000	1.000	1.000	crs	1.000	1.000	1.000	crs	0.341	0.525	0.649	irs
	贵州	0.894	1.000	0.894	drs	0.587	0.695	0.845	irs	0.340	0.726	0.468	irs
	甘肃	0.875	0.923	0.947	drs	0.737	0.827	0.891	crs = >irs	0.262	0.428	0.613	irs
	内蒙古	0.934	0.960	0.973	crs = >irs	0.781	0.935	0.836	irs	0.391	0.509	0.767	irs
	广西	0.862	0.895	0.963	irs = >drs	0.608	0.671	0.906	irs	0.338	0.481	0.704	irs
	新疆	0.712	0.727	0.980	drs = >irs	0.911	0.920	0.991	drs = >irs	0.537	0.681	0.789	irs

注：SE（规模效率），TE（技术效率），STE（综合效率），PTE（纯技术效率），irs（规模递增），crs（规模不变），drs（规模递减）。

在医疗卫生方面，三年期间均达到DEA有效的地区有天津、河北、上海、山东、山西、宁夏、四川这7个地区；弱DEA有效地区为北京、江苏、福建、河南、西藏这4地；其余20个地区均为非DEA有效。而规模收益方面来看，同样，DEA有效地区均为规模收益不变；规模收益均为递增的地区有江苏、浙江、福建、广东、江西、湖北、安徽、吉林、黑龙江、云南、西藏、陕西、重庆、贵州、内蒙古、广西这16个地区；规模收益均为递减的地区只有河南。而北京先由规模收益递减转变为规模收益不变；海南、湖南、辽宁、青海、均由规模收益递增转为规模收益不变；甘肃由规模收益不变转为规模收益递增；新疆由规模收益递减转为规模收益递增。

在社会保障方面，三年期间均达到DEA有效的地区有北京、天津、广东、宁夏4地；非DEA有效地区有上海、福建、西藏3地；其余24个地区均为非DEA有效。而规模收益方面，三年间均属规模收益递增的地区有河北、江苏、福建、山东、江西、河南、湖北、湖南、山西、安徽、吉林、黑龙江、云南、西藏、陕西、青海、重庆、四川、贵州、甘肃、内蒙古、广西、新疆这23个地区；均属规模收益递减的地区只有上海。浙江地区先由规模收益不变转为规模收益递增；海南地区先由规模收益不变转为规模收益递减；辽宁地区先由规模收益递减转为规模收益递增。

2. 区域间DEA效率变化的具体考察。观察表3－7、表3－8、表3－9列示的2008年、2009年全国基本公共服务财政投入的绩效评价，我们可以看到各省份都在经历着细微的变化，但总体的变化趋势是效率越来越好且较为明显。西部地区的变化幅度要大于中部，而中部的变化幅度要大于东部。这是因为东部基本公共服务的技术水平和效率水平本身就较高，且基础公共服务设置也更为健全，所以技术水平进一步提升的难度要大于中西部地区，相对而言，中西部地区由于经济发展水平和基本公共服务规模都较为落后，其技术效率变化幅度自然更大。而2008～2010年某些省份的规模变化状态为先处于规模递增状态而后处于规模递减状态，这有可能是前期公共服务财政投入过少而后加大公共服务财政投入，却未发挥出其应有的作用及效益。

从表3－7、表3－8、表3－9中还可以看到，上海、江苏、广东、浙江等经济实力强劲的省份在义务教育、医疗卫生和社会保障这三个方面均属于DEA有效或弱DEA有效。在DEA有效的方面，如上海的义务教育和医疗卫生服务，还有浙江的义务教育、社会保障和就业服务，处于规模收益不变的状态，其投入产出已经达到了最优阶段。而弱DEA有效的方面，如天津的义务教育和江苏医疗卫生服务，都存在投入过多或产出不足的特点。而其余非DEA有效的方面，例如湖南、吉林等地，这说明其地区的基本公共服务状况相对不足，财政的投入并没有得到充分的利用，产出不足，表明了这些地区农村公共服务体制的缺陷。

表3-7 2008年全国农村地区基本公共服务财政投入DEA效率状况

省、自治区、直辖市		义务教育				医疗卫生				社会保障和就业			
		TE	PTE	SE	RTS	TE	PTE	SE	RTS	TE	PTE	SE	RTS
东部	北京	0.786	0.833	0.944	irs	0.986	1.000	0.986	drs	1.000	1.000	1.000	crs
	天津	1.000	1.000	1.000	crs	1.000	1.000	1.000	crs	1.000	1.000	1.000	crs
	河北	0.873	0.881	0.991	irs	1.000	1.000	1.000	crs	0.344	0.488	0.704	irs
	上海	1.000	1.000	1.000	crs	1.000	1.000	1.000	crs	0.999	1.000	0.999	drs
	江苏	0.988	1.000	0.988	irs	0.916	1.000	0.916	irs	1.000	1.000	1.000	crs
	浙江	1.000	1.000	1.000	crs	0.767	0.830	0.924	irs	1.000	1.000	1.000	crs
	福建	1.000	1.000	1.000	crs	0.821	1.000	0.821	irs	0.664	1.000	0.664	irs
	山东	1.000	1.000	1.000	crs	1.000	1.000	1.000	crs	0.667	0.755	0.883	irs
	广东	1.000	1.000	1.000	crs	0.902	0.941	0.959	irs	1.000	1.000	1.000	crs
	海南	1.000	1.000	1.000	crs	0.824	0.882	0.934	irs	1.000	1.000	1.000	crs

续表

省、自治区、直辖市		义务教育				医疗卫生				社会保障和就业			
		TE	PTE	SE	RTS	TE	PTE	SE	RTS	TE	PTE	SE	RTS
中部	江西	0.990	1.000	0.990	drs	0.679	0.767	0.885	irs	0.336	0.575	0.584	irs
	河南	1.000	1.000	1.000	crs	0.887	1.000	0.887	drs	0.405	0.443	0.916	irs
	湖北	0.902	0.922	0.979	irs	0.770	0.811	0.949	irs	0.296	0.435	0.681	irs
	湖南	0.887	0.889	0.998	irs	0.861	0.878	0.980	irs	0.243	0.404	0.602	irs
	山西	0.893	0.903	0.989	irs	1.000	1.000	1.000	crs	0.324	0.488	0.663	irs
	安徽	0.897	1.000	0.897	drs	0.685	0.716	0.957	irs	0.316	0.523	0.605	irs
东北	辽宁	0.970	1.000	0.970	irs	0.791	0.857	0.922	irs	0.354	0.355	0.998	drs
	吉林	0.773	0.913	0.847	irs	0.671	0.716	0.938	irs	0.375	0.504	0.744	irs
	黑龙江	0.640	0.834	0.767	irs	0.664	0.716	0.928	irs	0.468	0.520	0.900	irs
西部	云南	0.879	0.883	0.995	irs	0.527	0.653	0.806	irs	0.189	0.484	0.392	irs
	西藏	1.000	1.000	1.000	crs	0.965	1.000	0.965	irs	0.709	1.000	0.709	irs
	陕西	0.766	0.770	0.995	irs	0.749	0.819	0.914	irs	0.280	0.450	0.622	irs
	青海	1.000	1.000	1.000	crs	0.812	0.813	0.999	irs	0.557	0.592	0.941	irs
	宁夏	1.000	1.000	1.000	crs	1.000	1.000	1.000	crs	1.000	1.000	1.000	crs

续表

省、自治区、直辖市		义务教育				医疗卫生				社会保障和就业			
		TE	PTE	SE	RTS	TE	PTE	SE	RTS	TE	PTE	SE	RTS
西部	重庆	1.000	1.000	1.000	crs	0.725	0.898	0.808	irs	0.329	0.546	0.603	irs
	四川	1.000	1.000	1.000	crs	1.000	1.000	1.000	crs	0.225	0.421	0.535	irs
	贵州	0.809	1.000	0.809	drs	0.618	0.731	0.846	irs	0.313	0.816	0.383	irs
	广西	0.800	0.817	0.980	irs	0.730	0.804	0.908	irs	0.368	0.817	0.450	irs
	甘肃	0.777	0.782	0.993	drs	1.000	1.000	1.000	crs	0.275	0.537	0.512	irs
	内蒙古	0.979	1.000	0.979	irs	0.872	0.953	0.916	irs	0.359	0.590	0.609	irs
	广西	0.800	0.817	0.980	irs	0.730	0.804	0.908	irs	0.376	0.817	0.460	irs
	新疆	0.741	0.758	0.977	irs	0.865	0.876	0.988	drs	0.630	0.839	0.750	irs

注：SE（规模效率），TE（技术效率），STE（综合效率），PTE（纯技术效率），irs（规模递增），crs（规模不变），drs（规模递减）。

表 3-8 2009 年全国农村地区基本公共服务财政投入 DEA 效率状况

省、自治区、直辖市		义务教育				医疗卫生				社会保障和就业			
		TE	PTE	SE	RTS	TE	PTE	SE	RTS	TE	PTE	SE	RTS
东部	北京	0.759	0.789	0.962	irs	0.986	1.000	0.986	drs	1.000	1.000	1.000	crs
	天津	1.000	1.000	1.000	crs	1.000	1.000	1.000	crs	1.000	1.000	1.000	crs
	河北	0.875	0.890	0.983	irs	1.000	1.000	1.000	crs	0.326	0.514	0.635	irs

续表

省、自治区、直辖市		义务教育				医疗卫生				社会保障和就业			
		TE	PTE	SE	RTS	TE	PTE	SE	RTS	TE	PTE	SE	RTS
东部	上海	1.000	1.000	1.000	crs	1.000	1.000	1.000	crs	0.987	1.000	0.987	drs
	江苏	1.000	1.000	1.000	crs	0.916	1.000	0.916	irs	0.979	0.989	0.990	irs
	浙江	0.995	1.000	0.995	drs	0.767	0.830	0.924	irs	1.000	1.000	1.000	crs
	福建	1.000	1.000	1.000	crs	0.821	1.000	0.821	irs	0.735	1.000	0.735	irs
	山东	1.000	1.000	1.000	crs	1.000	1.000	1.000	crs	0.609	0.719	0.847	irs
	广东	1.000	1.000	1.000	crs	0.902	0.941	0.959	irs	1.000	1.000	1.000	crs
	海南	1.000	1.000	1.000	crs	0.824	0.882	0.934	irs	0.737	0.823	0.895	drs
中部	江西	1.000	1.000	1.000	crs	0.679	0.767	0.885	irs	0.367	0.544	0.674	irs
	河南	1.000	1.000	1.000	crs	0.887	1.000	0.887	drs	0.366	0.475	0.772	irs
	湖北	0.977	0.989	0.988	irs	0.770	0.811	0.949	irs	0.348	0.450	0.772	irs
	湖南	0.939	0.944	0.995	drs	0.861	0.878	0.980	irs	0.302	0.436	0.693	irs
	山西	0.851	0.853	0.998	irs	1.000	1.000	1.000	crs	0.314	0.457	0.687	irs
	安徽	0.860	0.863	0.996	drs	0.587	0.674	0.871	irs	0.315	0.493	0.639	irs
东北	辽宁	0.984	1.000	0.984	irs	0.791	0.857	0.922	irs	0.416	0.421	0.987	irs
	吉林	0.812	0.927	0.876	irs	0.671	0.716	0.938	irs	0.470	0.544	0.865	irs
	黑龙江	0.741	0.885	0.837	irs	0.664	0.716	0.928	irs	0.455	0.513	0.888	irs

续表

省、自治区、直辖市		义务教育				医疗卫生				社会保障和就业			
		TE	PTE	SE	RTS	TE	PTE	SE	RTS	TE	PTE	SE	RTS
西部	云南	0. 898	0. 935	0. 961	drs	0. 527	0. 653	0. 806	irs	0. 203	0. 472	0. 431	irs
	西藏	1. 000	1. 000	1. 000	crs	0. 965	1. 000	0. 965	irs	0. 473	1. 000	0. 473	irs
	陕西	0. 806	0. 815	0. 989	drs	0. 749	0. 819	0. 914	irs	0. 291	0. 447	0. 651	irs
	青海	1. 000	1. 000	1. 000	crs	0. 812	0. 813	0. 999	irs	0. 182	0. 241	0. 758	irs
	宁夏	1. 000	1. 000	1. 000	crs	1. 000	1. 000	1. 000	crs	1. 000	1. 000	1. 000	crs
	重庆	1. 000	1. 000	1. 000	crs	0. 725	0. 898	0. 808	irs	0. 385	0. 481	0. 801	irs
	四川	1. 000	1. 000	1. 000	crs	1. 000	1. 000	1. 000	crs	0. 366	0. 467	0. 783	irs
	贵州	0. 885	1. 000	0. 885	drs	0. 618	0. 731	0. 846	irs	0. 340	0. 726	0. 468	irs
	广西	0. 860	0. 863	0. 996	drs	0. 730	0. 804	0. 908	irs	0. 313	0. 593	0. 528	irs
	甘肃	0. 858	0. 896	0. 957	drs	0. 707	0. 793	0. 891	irs	0. 262	0. 428	0. 613	irs
	内蒙古	1. 000	1. 000	1. 000	crs	0. 872	0. 953	0. 916	irs	0. 391	0. 509	0. 767	irs
	广西	0. 860	0. 863	0. 996	drs	0. 730	0. 804	0. 908	irs	0. 358	0. 591	0. 606	irs
	新疆	0. 761	0. 762	1. 000	drs	0. 865	0. 876	0. 988	drs	0. 537	0. 681	0. 789	irs

注：SE（规模效率），TE（技术效率），STE（综合效率），PTE（纯技术效率），irs（规模递增），crs（规模不变），drs（规模递减）。

表3－9 2010年全国农村地区基本公共服务财政投入DEA效率状况

省、自治区、直辖市		义务教育				医疗卫生				社会保障			
		TE	PTE	SE	RTS	TE	PTE	SE	RTS	TE	PTE	SE	RTS
东部	北京	0.752	0.785	0.957	irs	1.000	1.000	1.000	crs	1.000	1.000	1.000	crs
	天津	0.995	1.000	0.995	irs	1.000	1.000	1.000	crs	1.000	1.000	1.000	crs
	河北	0.884	0.900	0.982	irs	1.000	1.000	1.000	crs	0.326	0.514	0.635	irs
	上海	1.000	1.000	1.000	crs	1.000	1.000	1.000	crs	0.987	1.000	0.987	drs
	江苏	0.934	0.964	0.969	irs	0.920	1.000	0.920	irs	0.979	0.989	0.990	irs
	浙江	1.000	1.000	1.000	crs	0.817	0.869	0.940	irs	1.000	1.000	1.000	crs
	福建	1.000	1.000	1.000	crs	0.835	1.000	0.835	irs	0.735	1.000	0.735	irs
	山东	0.957	1.000	0.957	irs	1.000	1.000	1.000	crs	0.609	0.719	0.847	irs
	广东	1.000	1.000	1.000	crs	0.984	1.000	0.984	irs	1.000	1.000	1.000	crs
	海南	1.000	1.000	1.000	crs	1.000	1.000	1.000	crs	0.737	0.823	0.895	drs
中部	江西	1.000	1.000	1.000	crs	0.630	0.725	0.870	irs	0.367	0.544	0.674	irs
	河南	1.000	1.000	1.000	crs	0.925	1.000	0.925	drs	0.366	0.475	0.772	irs
	湖北	1.000	1.000	1.000	crs	0.764	0.817	0.935	irs	0.348	0.450	0.772	irs
	湖南	1.000	1.000	1.000	crs	1.000	1.000	1.000	crs	0.302	0.436	0.693	irs
	山西	0.851	0.868	0.981	irs	1.000	1.000	1.000	crs	0.314	0.457	0.687	irs
	安徽	0.963	0.974	0.989	drs	0.683	0.746	0.915	irs	0.315	0.493	0.639	irs

续表

省、自治区、直辖市		义务教育				医疗卫生				社会保障			
		TE	PTE	SE	RTS	TE	PTE	SE	RTS	TE	PTE	SE	RTS
东北	辽宁	1.000	1.000	1.000	crs	1.000	1.000	1.000	crs	0.416	0.421	0.987	irs
	吉林	0.858	1.000	0.858	irs	0.811	0.868	0.934	irs	0.470	0.544	0.865	irs
	黑龙江	0.798	0.997	0.800	irs	0.858	0.890	0.964	irs	0.455	0.513	0.888	irs
西部	云南	0.862	0.895	0.963	drs	0.582	0.650	0.896	irs	0.203	0.472	0.431	irs
	西藏	1.000	1.000	1.000	crs	0.902	1.000	0.902	irs	0.473	1.000	0.473	irs
	陕西	0.801	0.804	0.996	irs	0.693	0.770	0.900	irs	0.291	0.447	0.651	irs
	青海	1.000	1.000	1.000	crs	1.000	1.000	1.000	crs	0.182	0.241	0.758	irs
	宁夏	1.000	1.000	1.000	crs	1.000	1.000	1.000	crs	1.000	1.000	1.000	crs
	重庆	1.000	1.000	1.000	crs	0.786	0.952	0.825	irs	0.385	0.481	0.801	irs
	四川	1.000	1.000	1.000	crs	1.000	1.000	1.000	crs	0.341	0.525	0.649	irs
	贵州	0.894	1.000	0.894	drs	0.587	0.695	0.845	irs	0.340	0.726	0.468	irs
	广西	0.827	0.844	0.980	drs	0.608	0.671	0.906	irs	0.313	0.593	0.528	irs
	甘肃	0.875	0.923	0.947	drs	0.737	0.827	0.891	irs	0.262	0.428	0.613	irs
	内蒙古	0.934	0.960	0.973	irs	0.781	0.935	0.836	irs	0.391	0.509	0.767	irs
	广西	0.862	0.895	0.963	drs	0.608	0.671	0.906	irs	0.338	0.481	0.704	irs
	新疆	0.712	0.727	0.980	irs	0.911	0.920	0.991	irs	0.537	0.681	0.789	irs

注：SE（规模效率），TE（技术效率），STE（综合效率），PTE（纯技术效率），irs（规模递增），crs（规模不变），drs（规模递减）。

根据各地区对应的规模收益变化情况，在非 DEA 有效的省份中，我们可以发现处于规模递增的部分，如河北的义务教育服务和江西的医疗卫生服务，说明这些地区的基本公共基本服务规模过小，还拥有十分巨大的发展潜力和成长空间，应加强这些地区的农村公共服务财政投入，增加投资，优化资源配置；而对于其中一些西部欠发达地区而言，另一个原因可能就是经济发展落后，导致农村基本公共服务财政投入不足，若相应增大对于农村基本公共服务的财政投入，促使西部落后地区农村发展，预期可以达到带动其经济发展的良好结果。而面对处于规模收益递减阶段的省份，如河南省的医疗卫生服务、安徽省的义务教育服务，说明这些地区存在着不同程度的浪费资源的问题，对于此更为重要的是整合农村公共服务资源，限制盲目投资，重点关注财政投入在公共服务质量上的作用，缩小公共服务规模，调节投入资源要素的数量，关键是提高农村公共服务效率。

需要注意的一个问题是，从表 3－6 中可以看到类似于湖北省、浙江省等经济实力较强的省份在义务教育等某一方面技术效率或纯技术效率水平却较低。这说明可能与当地的各级政府对这方面的基本公共服务的重视程度和监督有关，当然，本身技术效率水平起点低也是有可能的，但这些地区技术效率提高的潜力和空间都很大。同时，对于青海、宁夏等地，优异的技术效率表现与其本身的经济发展水平不匹配，造成这种现象的原因可能是农村基本公共服务的财政投入要远远低于经济发达地区，导致在同等的投入产出效率下，并不可能带来显著的经济增长。

同时，另一个需要注意的问题是在表 3－6 中可以明显发现，在社会保障方面，类似于江西、河南等众多拥有大量人口的省份的技术效率很低。这与产出指标的选取有关，对于人口大省来说，每百个人中参加城镇养老保险或基本医疗保险的人数与拥有少数人口的省份相比是要落后很多的。

3. 项目 DEA 效率变化的考察。以三项基本公共服务为分析对象，将全国农村基本公共服务的DEA效率制作成折线图之后能够更好地观察得到前文中的结论。经过测算图3-1、图3-2、图3-3中的数据，可得义务教育方面平均技术效率为0.930，平均纯技术效率为0.954，平均规模效率为0.975；医疗卫生方面平均技术效率为0.857，平均纯技术效率为0.906，平均规模效率为0.941；社会保障和就业方面平均技术效率为0.524，平均纯技术效率为0.656，平均规模效率为0.772。可以明显看出，省与省之间的技术效率和纯技术效率差距较大，东部地区普遍高于中西部地区，且中西部地区一般是低于平均水平的。但平均技术效率表明，我国在合理利用资源、增加农村公共服务财政投入方面还需努力，同时在增加财政投入方面也要提高效率，这也是重点之一。

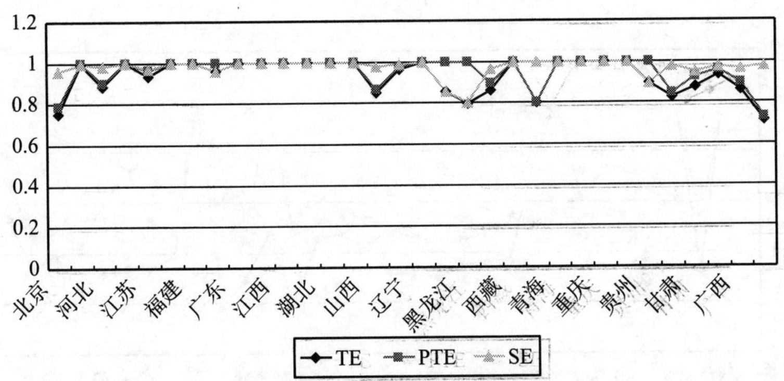

注：从左至右的省份分别为北京、天津、河北、上海、江苏、浙江、福建、山东、广东、海南、江西、河南、湖北、湖南、山西、安徽、辽宁、吉林、黑龙江、云南、西藏、陕西、青海、宁夏、重庆、四川、贵州、广西、甘肃、内蒙古、广西、新疆。

图3-1　义务教育服务绩效评价趋势图

（三）要结论

从全国农村公共服务总体的效率情况来看，中国各地区农村公共服务技术效率和规模效率尽管有所改善，但仍然存在改进的空间。

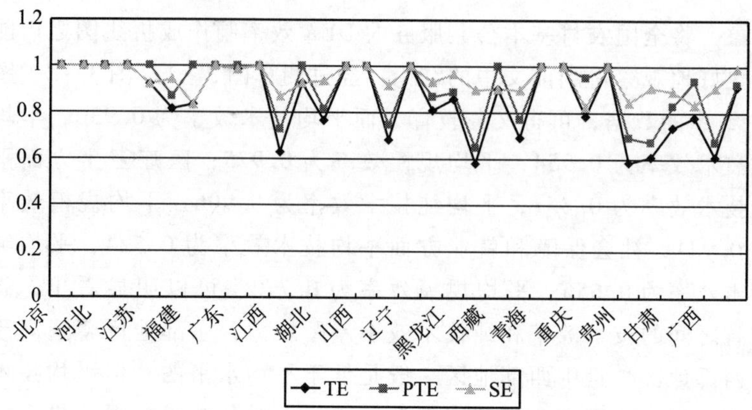

注：从左至右的省份分别为北京、天津、河北、上海、江苏、浙江、福建、山东、广东、海南、江西、河南、湖北、湖南、山西、安徽、辽宁、吉林、黑龙江、云南、西藏、陕西、青海、宁夏、重庆、四川、贵州、广西、甘肃、内蒙古、广西、新疆。

图 3－2　医疗卫生服务绩效评价趋势图

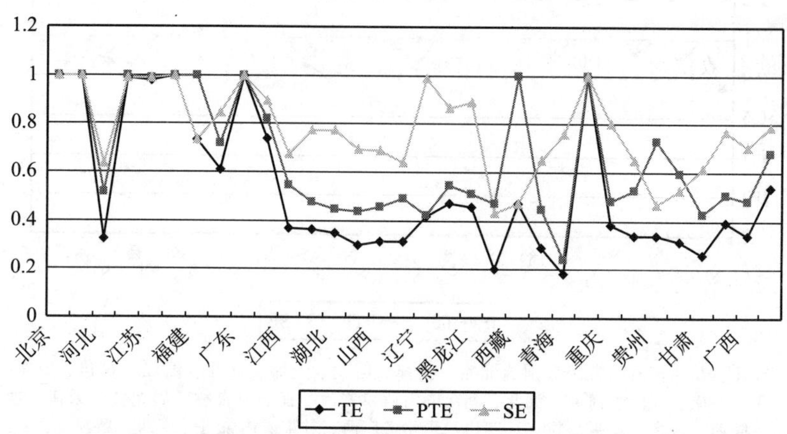

注：从左至右的省份分别为北京、天津、河北、上海、江苏、浙江、福建、山东、广东、海南、江西、河南、湖北、湖南、山西、安徽、辽宁、吉林、黑龙江、云南、西藏、陕西、青海、宁夏、重庆、四川、贵州、广西、甘肃、内蒙古、广西、新疆。

图 3－3　社会保障绩效评价趋势图

从统计分析来看，我们主要得到三点有益启示：第一，很多地区农村公共服务财政投入的技术效率和规模效率很难同时达到最优，表明中国在加快发展农村公共服务方面存在资源和资金未得到充分有效利用或者投入产出不足的问题。第二，部分省（自治区、直辖市）的农村公共服务规模过小，特别是西部欠发达地区，这些地区难以与其经济增长水平和技术水平同步变动，难以获得规模效益。第三，中、西部地区农村基本公共服务财政投入在技术效率方面与东部地区存在着明显的差异，东部地区农村基本公共服务的发展状况要远优于中、西部地区。

农村基本公共服务的改善在我国具有深刻的现实意义，在加强财政投入的同时，我们应根据不同的情况做出政策上调整：首先，在财政投入空间布局上，在总量增加的同时要适度向中、西部倾斜；其次，从投入结构上来看，部分省市（自治区）尤其是处于规模收益递减的地区，重点应优化资源的配置效率，增加基本公共服务的有效供给，对处于规模收益递增地区，要增加其投入总量；同时，在投入时间选择上，要区分有效与无效进行激励和惩罚，有效的要增加投入，无效的要积极改进，总结投入上存在的问题，为争取下一年度投入做出积极谋划。

当然，农村基本公共服务的投入效率受多重因素的影响，这里仅是从宏观上对各省（市、自治区）的财政投入效率进行了粗略测算，事实上，微观层面的研究尤其是对农户的入户调查或实验将更能刻画农村基本公共服务效率的影响因素及其影响程度。

3.2 农村基本公共服务资金筹集方面的实证分析

改善农村地区基本公共服务供给的数量与质量，除了在财政支出结构方面做出调整外，在当前财权上收趋势较为明显的情况下，地方政府收入增长渠道较窄，改善基本公共服务供给数量与质量就成了向上级“要政策、要资金”的合理理由。然而，资金分配中的各方博弈在缺乏严格制度监督下也衍生了诸多问题。

一、基本公共服务供给中资金争夺的博弈分析

目前，越来越多的现实案例显示地方公共服务供给的优劣与其向上级争取的资金多寡有密切的关系。1994 年分级分税预算管理体制改革后，中央财政收入占全国财政收入的比重大幅上升（从 1993 年的 22% 增加至 2010 年的 53% 左右），目前增值税中央和地方的分成比例为 75∶25，企业所得税的分成比例为 60∶40，中央集中的大量财权将通过财政转移支付来实现地方公共服务的供给，但是，转移支付分散在各部委，资金分配过程中的不健康行为时有发生，严重干扰、影响了中央政府基本公共服务政策的正常运行。

（一）信息不对称情况下无偿资金分配的博弈分析

在现存的财政转移支付制度中，一类是基本财力保障；另一类是专项补助。无疑，地方政府总会通过设定项目的形式来获取上级政府的资金支持。这里我们假定受助者主要为需要资金的村庄或者一个较大的组织，资助者主要是政府。

假定受助者在已经获取一种无偿资助的情况下，在没有对其所提供的项目信息进行核实或者在核实概率很小的情况下，它总是会力争再获取其他的无偿资助资金。资金提供者则主要关注的是其声誉是否提高了（假设也可以货币化）。因此，在双方的博弈结构中，参与双方即受助者和提供资助者有两种战略选择，即核实和不核实；欺骗和不欺骗。受助者获取资助的总收益在两种情况下分别表示如下。

在提供虚假项目信息未被核实时：$y+x$

被核实并被给予惩罚的情况下：$y-ax$

其中，x 是在提供虚假贫困信息后所获取的其他资助资金（$x>0$）；a 是在对虚假项目信息核实后所做出的惩罚的倍数，假设以货币表示（$a>0$）；y 是事先所获取的一种资助资金。x 是受助者决策的变

量和谋求的目标。而在核实项目信息的情况下，提供资助主体的收益为 $m-(y-ax)-c$；在不核实的情况下，其收益为 $m-y$。其中，m 表示为货币化的收益；c 表示为核实成本。则双方的博弈收益矩阵可以表示为图 3－4。

提供资助者

受助者	核实	不核实
欺骗	$[y-ax,\ m-(y-ax)-c]$	$[y+x,\ m-y]$
不欺骗	$[y,\ m-y-c]$	$[y,\ m-y]$

图 3－4

显然，双方的博弈过程不存在一个战略上的纯纳什均衡，博弈各方以某种概率分布随机行动。进一步假定提供资助者分别以 p 和 $1-p$ 的概率表示核实和不核实贫困信息的可能，给定 p，则受助者的预期收益分别如下。

采取欺骗时获取的预期收益：

$$(y-ax)p+(y+x)(1-p) \tag{3.1}$$

不采取欺骗时的预期收益：

$$yp+y(1-p) \tag{3.2}$$

令（3.1）等于（3.2），则 $p^*=\dfrac{1}{a+1}$。这表明，如果核实的概率 $p<p^*$，受资助者会选择欺骗；而当 $p>p^*$ 时，则选择不欺骗。

同理，假定受助者分别以 r 和 $1-r$ 的概率选择欺骗和不欺骗，则提供资助者选择核实和不核实的预期收益分别如下。

核实时的预期收益：

$$[m-(y-ax)-c]r+(m-y-c)(1-r) \tag{3.3}$$

不核实时的预期收益：

$$[m-(y+x)]r+(m-y)(1-r) \tag{3.4}$$

令式（3.3）等于式（3.4），则 $r^* = \frac{c}{(1+a)x}$，这就意味着，如果 $r < r^*$，提供资助者不会核实信息；但如果 $r > r^*$，资助提供者则会进行信息核实。

因此，双方博弈的混合纳什均衡是，$p^* = \frac{1}{1+a}$，$r^* = \frac{c}{(1+a)x}$。也就是说，在众多的项目申请中，有 $\frac{c}{(1+a)x}$ 比例的申请人会选择欺骗，提供资助者会随机地以 $\frac{1}{1+a}$ 的比例来核实各项目的信息，两者之间是一个此消彼长的博弈过程。

从上述博弈分析过程中我们可以得知，在实际操作过程中，之所以有些地方成了“项目专业户”，资金多得用不完，而有些地方盼望的“雪中送炭”始终来不了，那是因为项目申请中众多的机会主义和现实中对项目状况缺乏相应的信息甄别机制及对提供虚假项目信息的项目申请人缺乏严厉的惩罚手段。

（二）基层财政预算约束、项目申请人的风险取向与上级政府援助中的恶意行为

上级政府尤其是中央政府对落后贫困地区基本公共服务的资助一直是各方关注的焦点问题之一，它不仅关系到基本公共服务均等化的实现，更关系到和谐社会的构建及人们对幸福的感知能力。从客观角度来看，国家应该对最需要资助的村、组给予帮助，实现资金使用效率的最大化。

然而，在现实中，受助者的恶意行为可能使国家专项资金发生严重的目标偏离。受助者的恶意行为的危害毋庸置疑，从经济学的分析来看，只要恶意行为识别很难且预期收益大于成本，则这种行为不可避免，管理也难以决定对这种恶意行为应予支持还是抑制。在预算约束的软、硬条件下，村、组及需要资金的单位的风险取向决定了恶意行为发生的概率。

1. 国家专项资金授予中恶意行为的识别

受助者是否发生恶意行为与时代背景有很大的关系，两者事实上形成了一种恶性循环。随着时代的变迁，越来越多的村、组等需要资金支持的单位主动申请国家资助且都基本能够申请成功，这就给我们提出了一个问题，当申请资助的成本很低且获资助的概率很高时，申请人的恶意行为就在所难免，我们很难简单判断一项申请行为属于正常申请行为还是恶意行为。我们这里考察一个多次申报多次失败的情况且假定存在三种情况，即每次申请额随申请次数的增加呈递减、不变、递增三种趋势，下面我们探讨并识别三种情况中哪种情况属于恶意行为。

假定申报者风险中立，辖区内基本公共服务供给尚可，地区经济发展水平也不错，但在当前制度安排下，为追求经济发展取得更好绩效，向上“跑项目”也就成了某种必然。现假定存在一个类似的经济发展支出，资金需要分次缴纳，第一次缴纳额的现值为 β，如果项目发展理想，单位在未来获得较强的竞争能力并取得回报；如果项目发展失败，申报者选择继续投入，则第二次的资金投入额的现值为 $\lambda\beta$，如果成功，则停止投入，如果不成功，则继续投入且投入额的现值为 $\lambda^2\beta$，直至投入成功为止。

当 $0<\lambda<1$ 时，表示随投资次数的增加，发展的资本性投资额呈递减趋势；当 $\lambda=1$ 时，表示各次投资额不变，均为 β，如果每次投资间隔期相等且均发生在期初，一旦项目在第 t 次投资成功开始有回报，给单位带来的收益现值（在 t 期期末的现值）为 N。则截至第 n 次投入，企业已累计投入的总资金现值为：

$$X_n = B(\lambda^0 + \lambda^1 + \lambda^2 + \cdots + \lambda^n) = B\sum_{i=1}^{n}\lambda^{t-1}$$

设第 t 次投资失败的概率为 $p_t(0<p_t<1,\ t=1,\ 2,\ \cdots,\ n)$，成功的概率则为 $1-p_t$，假设 $p_1=p_2=\cdots=p_n=p$，且每次投资能否成功是独立事件，则投资 n 次成功的概率是 $p\ (n)\ =\ \sum_{t=1}^{n}p^{t-1}\ (1-p)$，投资 n 次仍失败，需要继续投资的概率是 $p(n-)=p^n$。

上面我们假定申报者是风险中立的，他们决策的基本依据之一是净现值最大化，按照这一规则，其净现值 V_0（i 为贴现率）为

$$V_0 = \lim_{n\to\infty}\left[\sum_{i=1}^{n} p^{i-1}(1-p)\frac{N}{(1+i)^{t}} + p^{n}\left(-\sum_{t=1}^{n}\beta\lambda^{t-1}\right)\right]$$

$$= \frac{(1-p)N}{1+i-p} - \frac{B}{1-\lambda}\lim_{n\to\infty}p^{n}(1-\lambda^{n})$$

第一，当 $0<\lambda\leqslant 1$ 时，$\lim\limits_{n\to\infty}p^{n}(1-\lambda^{n})=0$，得到 $V_0=\frac{(1-p)N}{1+i-p}>0$。其含义是，当随投资次数增加投资额呈递减或不变趋势时，采取持续投资略的净现值大于零，此时，申请不属于恶意行为。

第二，当 $\lambda>1$ 时，$\lim\limits_{n\to\infty}p^{n}(1-\lambda^{n})=\frac{\ln\lambda}{\ln p}\lim\limits_{n\to\infty}(\lambda\beta)^{n}$，而当 $0<\lambda\beta<1$ 时，$\frac{\ln\lambda}{\ln p}\lim\limits_{n\to\infty}(\lambda\beta)^{n}=0$，此时，$V_0=\frac{(1-p)N}{1+i-p}>0$，其含义是，随投资次数的增加，项目投资额呈递增趋势，但只要递增倍数 λ 或投资失败概率 p 小于一定限度，即 $0<\lambda\beta<1$，采取增资策略的净现值就大于零，此时，申请不属于恶意行为。而当 $\lambda\beta=1$ 时，$\lim\limits_{n\to\infty}p^{n}(1-\lambda^{n})=\frac{\ln\lambda}{\ln p}$，$V_0=\frac{(1-p)N}{1+i-p}+\frac{\ln\lambda}{\ln p}\left(\frac{(1-p)N}{1+i-p}>0,\frac{\ln\lambda}{\ln p}<0\right)$，此时，$V_0\geqslant 0$，或 $V_0<0$，而当 $V_0\geqslant 0$，即 $V_0=\frac{(1-p)N}{1+i-p}+\frac{\ln\lambda}{\ln p}\geqslant 0$，即：尽管投资次数增加，项目投资额呈递增趋势，但只要 $\lambda\beta=1$ 且 $V_0\geqslant 0$，采取持续投资策略的净现值大于零，此时，申请不属于恶意行为。而一旦 $V_0<0$，此时 $V_0=\frac{(1-p)N}{1+i-p}+\frac{\ln\lambda}{\ln p}<0$，申报者应放弃申请资助，如果申请，我们就可以认定其申请行为属于恶意行为（因为其是风险中立者）。

第三种情况，当 $\lambda\beta>1$ 时，$\lim\limits_{n\to\infty}p^{n}(1-\lambda^{n})=\frac{\ln\lambda}{\ln p}\lim\limits_{n\to\infty}(\lambda p)^{n}=-\infty$，此时，$V_0\to-\infty$，其含义是，随投资次数的增加，项目投资额呈递

增趋势，且递增倍数 λ 或投资失败概率 p 足够大，使得 $\lambda\beta>1$，此时净现值 $V_0\to\infty$，同理，这种情况申报者是不会申请资助的，如果申请，则属于恶意行为。

因此，根据上述分析，我们认为，如果申报者是风险中立者，则当 $V_0<0$ 时不会有申请中的恶意行为；而当投资额表现为递减趋势下，随着投资次数的增加，申报者的申请不属于恶意行为；当投资额表现为不变趋势下，随着投资次数的增加，申报者的申请也不属于恶意行为；当投资额表现为递增趋势下，随着投资次数的增加，当 $\lambda\beta\geqslant1$ 时，申报者的申请为恶意行为，而在其他情况下不属于恶意行为。

2. 基层财政预算约束对国家专项资金申请中恶意行为的影响。申报者的恶意行为除了受到来自社会大背景的影响外，基层财政预算也是决定是否会发生恶意行为的影响因素之一，当然，面对经济发展项目支出时，如果基层政府没有经济困难，也没有财政约束，则一般就不会发生国家专项资金中的恶意行为；如果基层财政没有经济困难，但面临较大的财政预算硬约束，则发生恶意行为的概率要高；当基层财政经济困难且面临较大的预算约束，通过其他途径很难筹集到相关资金时，发生恶意行为的可能性也不会太高。当然，在实际中，基层财政预算约束也仅仅是发生国家专项资金授予中的恶意行为的条件之一，申报者的主观意愿及管理者的态度、周围地区的示范等都可能对其行为产生重大影响，但其中最关键的因素就是基层财政预算约束是硬还是软。

当面临预算硬约束时，由于单位可用于发展的资金受限，申报者不能面对一次次投资失败而继续增资，他们的增资次数是有限的，恶意行为尽管会发生，但发生的概率与频率也将受到限制。

当面临软预算时，即申报者的各种投资计划会随着形势的变化而做出不同的变更且一般很难得到当地财政支持时，申报者就可能通过申请国家资金来替代地方政府的资助，由于预期当地财政经济状况不会发生困难，申报者的恶意行为会产生排挤效应并会持续下去，直到投资完成。

3. 主要结论。本部分主要讨论了风险中立态度的申报者是否发生恶意行为的几种情况，结论显示：风险中立者或风险厌恶者在 $V_0<0$ 情况下一般不会发生恶意行为；而当申报者投资额表现为递增趋势，当投资次数增加且 $\lambda\beta\geq1$ 时，申报者申请为恶意行为。同时，申报者是否发生恶意行为还与基层财政预算约束有关系。

由此，我们也得到一个重要的启示：与申报者一起制定科学、严谨的财政预算是避免恶意行为发生的重要前提，而有效执行与理解财政预算，有利于减轻基层财政的额外压力，也可避免国家资金授予中的恶意行为。

二、财政转移支付与农村基本公共服务供给

传统的财政分权理论认为，财政分权可以鼓励政府间的竞争，促使地方政府更关注本辖区居民偏好，从而改善地方公共服务的供给效率，促进社会福利水平提高（Oates，1972；Bird，1994）。但是，由于基本公共服务的外部性及地区间财政能力的差异，财政分权也可能会给农村基本公共服务供给带来负面影响。因此，无论是理论上还是实际操作方面都主张建立科学合理的政府转移支付制度来克服制度缺陷。我国现有的政府间转移支付制度是在 1994 年分税分级预算管理体制改革后建立并逐步完善的，由一般转移支付与专项转移支付两部分构成，这两种转移支付形式对我国农村基本公共服务供给产生了什么样的影响呢？据夏峰（2008）的一项调查显示，在其接受调查的对象中，有 37.6% 的专家与 57.1% 的县乡干部认为现行转移支付制度在促进农村基本公共服务差距缩小方面有明显效果；有 34.6% 的专家与 42.9% 的县乡干部认为现行转移支付制度扩大了农村基本公共服务的地区差距，同时，还有 27.8% 的

专家认为两者没有必然联系。① 郭庆旺、贾俊雪（2008）通过实证分析认为我国的中央财政转移支付资金分配总体上没有很好地估计到各地区的公共服务需求以及财政状况。② 这说明转移支付制度在促进农村地区公共服务供给方面确实还未能发挥其应有的作用。

（一）农村基本公共服务供给政策及具体开支：以江西省为例

我国通过现有的财政分权体制安排，对地方尤其是欠发达地区的财政缺口通过转移支付予以弥补，但带有很多强制成分，地方政府往往只是“照单办事”，缺乏应有的灵活性，甚至直接引发资金划拨上的不良行为。江西是我国中部欠发达省份之一，近年来，经济快速增长，财政收入也快速增长，政府加大对农村基本公共服务的投入，2009～2011 年，江西省在一般公共服务、教育、文化体育、社会保障与就业、医疗卫生及环境保护方面，年均增长在 10% 以上（具体参见图 3－5），农民从改革中得到了实惠。

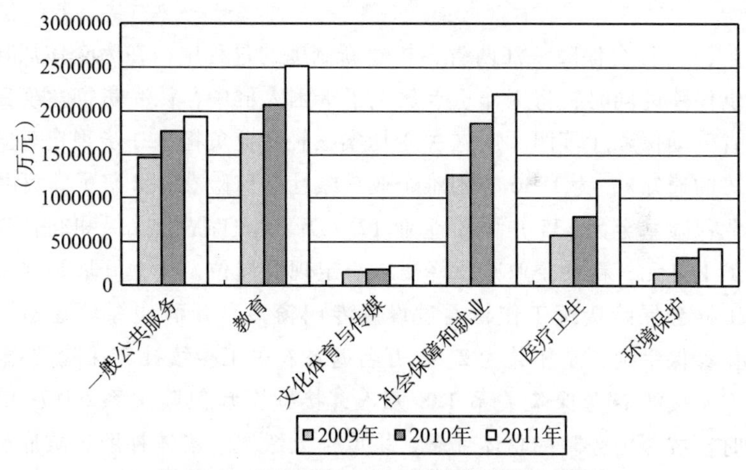

图 3－5　江西省基本公共服务财政投入情况

---

① 夏峰：《从三维视角分析农村基本公共服务现状与问题》，载《统计研究》2008 年第 4 期，第 6 页。

② 郭庆旺、贾俊雪：《中央财政转移支付与地方公共服务提供》，载《世界经济》2008 年第 9 期，第 81～83 页。

1. 总体情况。

（1）义务教育。江西省近年来加大义务教育投入，增加城乡义务教育发展经费，2010 年省财政新增安排 6000 万元支持城市义务教育阶段“大班改小班”建设，新增安排 5000 万元支持农村中小学配套设施和农村中学实验室建设，安排 3000 万元向城乡义务教育阶段学生免费提供地方课程通用教材；同时，扩大家庭困难学生资助范围，将“考取公办大学家庭困难学生每人一次性补助 5000 元”的政策扩大到国家统招民办高校和独立学院；加大对学生的资助力度，对公办学校高中阶段家庭困难学生与城乡困难家庭子女入读技工院校，符合条件的每人补助学费 4000 元，支持家庭经济困难的高校学生助学贷款，并建立助学贷款风险补偿金；改善义务教育教师待遇，对边远地区教师发放特殊津贴，对财政困难县（市、区）义务教育绩效工资实行专项补助，2010 年省财政安排 9 亿元。①

（2）社会保障。江西省在构建新制度的过程中，在为全体居民提供保障的同时，将工作重点放在了贫困人群中，认真贯彻落实江西省劳动保障厅等四厅局《关于切实减轻企业负担进一步稳定就业形势的通知》，为 1836 户困难企业缓缴社会保险费 4.2 亿元，运用失业保险基金为 335 户困难企业 12.7 万名职工提供社保和岗位补贴 1.1 亿元，帮助企业减负降压，稳定现有岗位。大力开展返乡农民工社会保险接续工作，通过设置专门窗口，开辟“绿色通道”，简化参保手续，全年共为 2.35 万名返乡农民工接续社会保险关系，其中，接续养老保险关系 1.8 万人，接续医疗保险关系 5587 人。同时，按照国务院的总体部署，采取个人缴费、集体补助、政府补贴相结合的筹资方法，在全省 11 个县（区）启动实施新农保试点工作，惠及 220 万农村居民，43 万年满 60 周岁农村老年人领取基础养老金，扩大了基本社会保险的覆盖面。2009 年、2010 年，江

① 资料来源：《江西统计年鉴》（2011 年）。

西全省有24个县（市、区）先后被列为全国第一、第二批新农保试点县（市、区）。2011年，又新增了53个新农保试点县（市、区），并同步在这77个县（市、区）开展城镇居民社会养老保险试点。至此，全省新农保覆盖农业人口2646万人，城镇居民养老保险覆盖城镇人口476万人，其中，原中央苏区县、国家贫困县实现了试点全覆盖。在各试点地区的精心组织、扎实推进下，新农保和城居保已经得到了广大群众的广泛认同，各地群众踊跃参保。到2012年4月底，全省77个试点县（市、区）城乡居民养老保险参保人数已达1401.43万人，累计个人账户收入28.09亿元，累计发放养老金27.67亿元。2012年，省财政已安排2012年度2476万城乡居民参保补贴资金4.63亿元，在尚未进入试点的23个县（市、区）开展城乡居民养老保险工作，将涉及1074万人口，覆盖60周岁及以上人口156万。[①]

（3）医疗卫生。江西省财政对医疗卫生领域的投入力度加大，人均卫生经费达到了200元，群众可以免费享受到政府提供的多项基本公共卫生服务，按照国家规范建立居民健康档案，居民规范化健康档案建档率达到8%。向居民提供健康教育和健康咨询服务，健康教育覆盖率达到80%以上。实施扩大国家免疫规划，为适龄儿童免费接种国家免疫规划疫苗，以乡镇（街道）为单位，国家免疫规划疫苗接种率达到90%以上，传染病防治取得明显进展，传染病疫情报告率达95%，及时率达95%，准确率达95%；非住院结核病人100%、艾滋病人70%得到规范的随访和治疗管理。加强孕产妇保健管理，规范化管理率不低于75%。对0~36个月婴幼儿进行保健管理，规范化管理率不低于70%。城乡居民可以享受到更加快捷、优质的医疗卫生服务。[②] 但是，全省医疗卫生情况相差较大，卫生资源分布也不均衡，主要体现在医疗机构、床位数、人均卫生

① 《新农保参保人数突破千万，今年实现江西省全覆盖》，人民网－江西频道，2012年5月25日。

② 资料来源：《江西统计年鉴》（2011年）。

经费等方面（具体参见表3－10）。在万人医疗机构数方面，全省平均达到了2个；在千人床数方面，全省平均达到了4张。

表3－10　江西省设区市卫生医疗服务基本指标比较

地区	人口	医疗机构数（个）	床位数（个）	当年卫生支出（万元）	万人医疗机构数（个）	千人床数	人均卫生经费（万元）
南昌市	4648898	822	18593	142355	1.79	3.99	0.03062
景德镇市	1576589	363	5253	42668	2.30	3.33	0.02706
萍乡市	1864278	220	5996	5224	1.18	3.24	0.00280
九江市	4789502	785	19905	21262	1.64	4.16	0.00443
新余市	1140308	202	3604	8923	1.77	3.16	0.00782
鹰潭市	1115406	364	2851	30210	3.26	2.55	0.02708
赣州市	8428813	1634	18507	5200	1.94	2.20	0.00066
吉安市	4830175	655	11536	39706	1.36	2.38	0.00823
宜春市	5484264	801	13780	6187	1.46	2.52	0.00112
抚州市	3905673	457	9250	4400	1.17	2.37	0.00114
上饶市	6537675	799	13811	144921	1.22	2.11	0.02217

2. 江西九江市A县义务教育发展中的财政支持政策。按照我国《义务教育法》的规定，义务教育是一种强制性教育，政府应该为每一名适龄儿童提供免费的义务教育。义务教育属于纯公共产品，应该纳入公共财政支出范畴。保障义务教育的持续、健康、均衡发展，不仅是教育部门的重要职责，也是财政部门的重要责任。

(1) A县义务教育基本现状。

①A县概况。近年来，A县县委、县政府坚持把发展教育事业作为推动经济发展和社会进步的基础工程，大力实施科教兴县战略，致力推动农村义务教育均衡发展，超前谋划，因地制宜，科学布局，建管并重，积极引导义务教育走内涵式发展道路，不断促进了县域内义务教育的均衡发展。A县国土面积669平方公里，人口30万，下辖5镇7乡2场122个行政村。2010年，全县国内生产总值64.31亿元，比2009年增长16.7%；财政总收入10.05亿元，

比2009年增长67.1%。财政收入年均增幅达51.5%。

②A县义务教育总体情况。

第一，总体概况。目前，A县共有各类义务教育阶段学校148所（个），其中，小学94所，小学教学点36个，初级中学13所，完全中学2所，九年一贯制学校2所，特教学校1所。义务教育在校学生37657人，其中，初中在校学生11903人，小学在校学生25754人。适龄儿童入学率100%，小学辍学率0.1%；适龄初中少年入学率100%，初中3年保留率96.5%。现有教职工2652人，其中义务教育阶段在编教师2068人。学校校园面积2280亩，校舍面积33.56万平方米。

第二，县二中、县二小、X小学、Y中学基本情况。

在校学生数量：县二中4800人，二小2100人，X小学1500人，Y中学630人。

生源情况：县二中农村学生占60%，县二小农村学生占80%；X小学、Y中学两所农村学校绝大多数为本乡镇学生。

转学生比例：县城学校为20%～30%，农村学校约5%。

毕业生走向：县二中初中毕业生基本升入本校高中，高中70%以上毕业生升入大专及以上院校；X小学毕业学生基本升入Y中学；Y中学毕业生升入县城高中约为65%。全县平均升学率50%。

办学投入：中央及省级投入92%，县级配套8%。

办学条件：学校校园面积、校舍面积、生均校舍面积等达到省定标准。音美体器材、图书、实验室器材、微机设备都按省定要求配备装备，能满足教育教学需要。

师资情况：城区小学教师本科以上学历60%，城区中学80%；农村小学40%，农村中学55%。农村小学教师的年龄较大，45岁以上占67%。县城学校教师在工资待遇上与农村学校同等，课时费或补课费略高于农村教师，3000～5000元/年。农村边远山区教师每月有津贴50～70元。

（2）A县义务教育与财政支持具体做法。

①调整布局，优化资源配置。为努力缩小城乡之间、校际之间的教育发展差异，科学合理配置教育资源，A县对全县学校网点布局进行了全方位、多层次的调整。调整工作采取“撤、并、降、扩、迁”的五字方针，稳步有序实施。撤：就是撤销办学条件差、办学效益低的学校和教学点。并：将规模小、布局不合理的学校合并，将小学高年级并入乡（镇）中心小学或实行村级联办。降：将地处边远山区、成班率低的小学降为教学点。扩：扩大中学、中心小学的办学规模。迁：将周边环境差、制约学校发展的学校迁入方便学生入学、周边环境好的新址，重新建设。至2008年，全县义教阶段181所学校整合为148所，将村级小学的高年级（4~6年级）全部并入乡（镇）中心小学，从而整合了教育教学资源，提高了办学整体效益，为义务教育均衡发展构建了新的平台。

从181所学校整合为148所，单看数字改变不是很大，但这一过程却是艰难的，既要考虑群众是否接受，还要取得各地政府的支持和同意，提高教育的效率。现在每个乡镇有一所初中和1~6年级的完全小学（管村里），高中全搬到县里（以实现教育均等），村5~6年级到县中心小学读书，有的村小学则只办1~2年级。

这种资源配置有效推动了A县教育事业的发展：一是教师队伍得到了优化，教师队伍结构得到了改善，素质得到了提高，培训教研得到了加强。二是教育资源得到了合理配置。村级学校撤并，学生全部集中到乡镇中心学校就读，撤并学校的电子计算机、乐器、体育器材等教学设备集中到乡镇中心学校，解决了以往教育资源严重浪费的问题，学校的条件也得到改善。三是教育公平得到了彰显。集中办学后，区域内义务教育阶段的学校办学水平有了很大提高，义务教育的公共性、普及性和基础性功能得到更好的发挥。

②加大投入，改善办学条件。在加快发展县域经济的进程中，A县始终突出教育优先发展位置，通过逐年加大教育投入，使全县中小学办学条件有了根本性的变化。

第一，注重软硬件建设，夯实基础。2006年至今，县财政教育总投入由当年的8000余万元增至2010年的18000余万元（其中用于校舍建设11000万元），其间，逐年实施：解决学生课桌椅；改水改厕、学生宿舍、学校食堂“三项整改”；“和谐校园”创建等工程，共拆除危房8000余平方米，新建校舍60000余平方米，充分改善了办学条件。广大农村中小学生（特别是“留守学生”）学习、生活条件得到进一步改善。同时，投入1200余万元用于农村薄弱学校音体美器材、图书、实验仪器、电教设施的添置，共添置体音美器材8000余件、图书5万余册，装配实验室和多媒体教室20间。现在农村每所学校都配有电脑，就连村级教育点也能够进行远程教育，使偏远地区的学生也能听到优秀教师的讲课。全县中心小学以上都装备了标准化实验室和计算机教室，所有学校都装备了多媒体设备，其中还为县二小每个班级装备了电子白板、投影电脑及数字展台等现代教学设备，实现了“班班通”。全县学校正由“安全校园”、“美丽校园”向“文化校园”、“数字校园”迈进。

第二，建设教育园区，促资源共享。作为全省推进城镇新区教育园区建设首批试点县，该县在新区规划土地615亩，已投入资金1.6亿元，完成校舍建筑面积9.47万平方米。已建成并投入使用的有A中学、第二小学、第二幼儿园和青少年校外活动中心等。2011年又启动了一所九年一贯制学校工程，计划投资5000万元，办学规模达3000人，预计2012年竣工。教育园区的建设，有效地解决了县城原学校“大班额”问题（原来小学最大班有90多人，现在平均接近60人/班），开辟了进城务工的农民工子女就近入学的绿色通道，实现了辖区儿童少年（尤其是农民工子女）由“有学上”到“上好学”的转变，创新了基础教育资源共享机制，促进了义务教育的均衡和公平。

第三，落实民生工程，减轻学生家庭负担。从2008年起，义务教育阶段免除了教科书书本费、杂费、择校费等，学校代收费项目只有省规定的作业本费（小学1~2年级每生6元、小学3~6年级每生8元、初中每生9元），实现了真正意义上的九年义务教育。

2011 年，为解决义务教育阶段学校学生寄宿生困难问题，该县共投入资金 188.15 万元，进一步提高了标准，2011 年小学生由 250 元/学期提高到 375 元/学期，中学生由 375 元/学期提高到 500 元/学期，有效减轻了家长的经济负担，彻底杜绝了学生因家庭贫困而辍学的现象。

③加大财政对教育投入，切实保证教育经费“三个增长”。多年来，县委、县政府切实履行发展教育事业的责任，按照“明确各级责任、中央地方共担、加大财政投入、提高保障水平、分步组织实施”的原则，坚持将教育作为优先支持领域，牢固树立依法保障教育投入的理念，保证教育经费支出达到法定增长水平。

第一，教育财政拨款的增长高于财政经常性收入增长。2008～2010 年财政经常性收入分别为 2.65 亿元、3.18 亿元、3.47 亿元，分别较上年增长 24%、20%、9%；教育财政支出为 1.0753 亿元、1.37 亿元、1.52 亿元，分别较上年增长 25.7%、27.4%、11%，分别高出 1.7、7.4、2 个百分点。三年来，教育支出分别占经常性收入的 40.5%、43.5%、43.8%，占乡镇支出的 60% 以上（总支出）。

第二，在校学生人数平均教育经费逐步增长。近三年，该县义务教育阶段公用经费每年上升一个台阶。2009 年公用经费标准为小学 300 元/生·年、初中 500 元/生·年，义务教育公用经费全年为 1228.9 万元；2010 年公用经费标准为小学 400 元/生·年、初中 600 元/生·年，义务教育公用经费全年为 1580 余万元；2011 年公用经费标准为小学 500 元/生·年、初中 700 元/生·年，全年公用经费为 1974 万元。从而有力地改善了义务教育阶段学校办学条件，提高了教育水平。

第三，教师工资水平不断提高。2008～2010 年教师工资性财政支出分别达到 8246 万元、9912 万元、11281 万元，平均月收入达到 2160 元、2350 元、2510 元（含绩效工资），教师工资性收入逐年增长。

A 县 2006～2010 年义务教育经费投入情况见表 3－11。

表 3-11　A 县义务教育经费投入情况（2006~2010 年）

单位：万元、人

年份	教育总投入	教师工资	免杂费	公用经费		校舍长校机制（维修、改造）		寄宿生生活补助		
				总额	其中：县配套	总额	其中：县配套	金额	其中：县配套	人次
2006	8153	5035	27.3	209		176.1	66.5	7.5		1500
2007	10623	7331	716.7	310.4		185.1	66.5	82.7		4100
2008	13281	8246		1228.9	98	208	66.5	211	16.9	6422
2009	15386	9912		1228.9	98	219.4	66.5	138	11	4498
2010	17299	11281		1579.15	127	219.4	66.5	188.15	15	4072

注："教育总投入"栏含县财政用于校舍建设 11204.1 万元、民间捐赠 50 万元。

从总体上看，A 县财政教育资金的投入与教育事业发展的需求仍显不足，短期内还不能实现财政性教育经费占 GDP4% 的目标，一定层面上也阻碍了义务教育学校发展的步伐，从该县实际情况可以看出，虽然财政总收入增长快，但刚性支出大，地方财政用于教育的投入仍然不足，对上级政府的转移支付制度仍存在较大的依赖性。

3. 江西省上饶市 B 镇的农村基本公共服务供给。B 镇位于江西省上饶市城郊，辖区总面积 69 平方公里，辖横路、管庄、双岭、盛源、细叶、李源、板桥、新溪 8 个行政村，154 个村小组，4315 户，人口 17160 人。耕地面积 21955 亩，人均 1.25 亩。计税面积 19311 亩，年粮食产量 1.121 万吨。它是中部地区村镇的典型代表。

（1）B 镇财政收支情况。从表 3-12 中可以看出，B 镇的财政收入由本级财政收入和补助收入组成，而本级财政收入主要是工商税收。我们知道，财政收入的增长归根结底取决于经济的增长，2007~2010 年 B 镇实现了经济的快速平稳增长，财政收入平均年增长率为 57.1%，2010 年国家加大对 B 镇的补助收入就是对其经济发展的肯定。

表 3-12　　B 镇财力情况（2007～2010 年）　　单位：万元

年份	2007	2008	2009	2010
本级财政收入	352.78	402	926.27	1250
补助收入	246.12	169.81	167.71	777.07
财政总计收入	598.90	571.81	1093.98	2027.07

从图 3-6、图 3-7 和表 3-13 可以看出，虽然近年来 B 镇财政支出每年高速增长，但 B 镇政府在医疗卫生服务方面的财政支出水平始终低下，从其财政支出结构图中我们发现，基层政府的主要开支形式是办公、农林水务与上解支出，真正落在基本公共服务方面的支出较少，上级财政补助收入基本以上解支出形式返还到上级财政部门，加之本级财政支出数量不多以及对医疗卫生的不重视导致该镇政府财政支出水平低下。2007～2010 年，该镇财政支出绝对数基本处于增长状态，但是医疗卫生支出绝对数基本不变，导致医疗卫生支出在全镇财政支出中的比重呈下降态势。

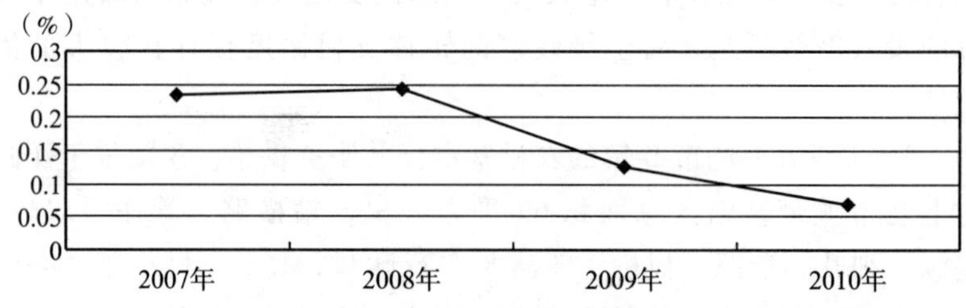

图 3-6　B 镇基本医疗服务支出在财政转移支付中的投入比重

表 3-13　　B 镇财政支出情况　　单位：万元

年份	2007	2008	2009	2010
全镇财政支出	328.62	402	353.58	1250
上解支出	270.28	169.81	740.40	777.07
合计支出	598.90	571.81	1093.98	2027.07

图 3-7 B 镇 2007 年财政支出结构图

（2）B 镇基本公共服务供给情况。B 镇义务教育由县统管，镇主要负责的基本公共服务就是医保政策，按照江西省的相关政策，B 镇在城镇居民基本医疗保险制度中，乡级财政补助给城市户口居民每人 120 元，农村户口居民每人 40 元；在城乡医疗救助制度中，主要是大病救助，对于享受低保居民，按其自费部分的 40% 予以报销。五保户自费部分报销比例是 50%，普通居民自费部分报销比例是 15%，一般报销情况见表 3-14，门诊报销不设起付线，每人每年 100 元封顶，报销比例在村级为 30%，乡级、县级及以上为 40%；大病门诊中精神病等 14 种大病，0 元起付，3000 元封顶（此项在 2012 年有调整）。

表 3-14　B 镇 2011 年新型农村合作医疗报销制度

医疗机构级别	乡级定点医疗机构	县级定点医疗机构	县外定点医疗机构	县外非定点医疗机构
起付线（元）	300	500	600	800
报销比例	300 以下 30%，300 以上 80%	65%	45%	35%

但是，在调查过程中，无论是政府工作者还是具体的参保农户，其最大的期望就是各方摊派的“份钱”中农户所缴纳的金额不

要变动，中央转移支付的金额可以变动，其主要原因在于：一是征缴难度较大；二是未报过账的农户意见较大；三是基层政府财政压力较大。

从上述省、县、镇三级农村基本公共服务供给中的资金筹集来看，不同政府对转移支付的依赖性程度不一，相对而言，县、镇基层政府的依赖程度较高。

（二）我国农村基本公共服务供给中政府资金来源

1. 中央财政是农村基本公共服务的重要资金来源。

从支出方面看，虽然我国在科教文卫等事业方面的支出既有中央财政承担的部分也有地方财政承担的部分，但支农支出以及农村基本公共服务建设的支出主要还在地方政府。

从收入方面看，进行分税制改革后，大部分财政收入都划入中央财政（1994 年，这也是分税制改革的第一年，我国中央财政总收入为 2906.50 亿元，地方财政总收入为 2311.6 亿元。中央财政与地方财政占财政总收入比重分比为 55.7% 和 44.3%），所以我国中西部地区大部分县的 1/2 以上财政支出都是靠中央财政转移支付提供资金来源。可以说，中央财政在缩小地区间的发展差距、促进地区间基本公共服务均等化方面确实发挥了重要作用。近年来，中央财政对于农村的公用基础设施建设、社会保障体系、农村医疗服务体系、农村义务教育等在财政上都给予了极大的支持。中央财政每年还安排专项资金支持农村居民最低生活保障制度建设。以新农合为例，2003 年，中央财政对中西部地区除市区以外的参加新型合作医疗的农民每年按人均 10 元安排合作医疗补助资金，并要求地方各级财政对参加新型合作医疗的农民补助每年不低于人均 10 元，农民为参加合作医疗也要履行缴费义务，但缴费多少依照个人情况而定。这也就意味着，中央财政对全国每个农村人口在医疗方面的财政支出一年为 120 元。2011 年 2 月 17 日，中国政府网发布了《医药卫生体制五项重点改革 2011 年度主要工作安排》。这份文件明确，2011 年政府对新农合医保补助标准均由上一年每人每年 120

元提高到200元，新农合政策范围内住院费用支付比例力争达到70%左右。

此外，分税制改革后，税源广的税种大多归中央收入，有利于加强中央的宏观调控实施，避免了包干制时期地方政府将财政收入着力于经济发展而忽视基本公共服务建设。中央财政通过财政转移支付来调节中西部地区的农村基本公共服务支出的问题，有效地促进了地区间基本公共服务均等化，而又不伤害地方的既得利益格局。同时，分税制实行后，流转税的主体税种列为中央收入或中央与地方共享收入，这有助于杜绝地方政府发展经济只着力于追求产值的增长、单纯依靠流转税的增加来增加财政收入的偏向，从而把地方发展经济的积极性真正引导到以提高经济效益为主的正确方向上，从根本上克服各地大搞重复建设、乱铺摊子、盲目上新项目等浪费财政收入以及“政府工程”的弊端。

2. 地方财政对农村基本公共服务的供给。地方政府包括省、市、县、乡四级政府，地方政府作为公共产品和公共服务的供给主体，主要责任是供给地区性公共产品，但事实上地方政府并没有承担起农村公共产品供给的责任。我国多年来在义务教育、公共医疗、社会保障、道路交通等方面实质上一直实行的是城乡分割的二元公共产品供给体制。农村地区实行“自给自足”的政策，城市公共产品主要由中央和各级地方政府提供。地方政府作为准公共产品的供给主体，没有相应地承担起农村公共产品供给的责任，而是按照“公共产品的受益原则”将公共产品供给的责任一级一级下推分解。大部分准公共产品，要么不能有效提供，要么最后由农民自己承担。例如，从教育经费的承担情况来看，城市义务教育一直由国家财政负担，而农村到2006年实现西部地区农村义务教育阶段中小学生免除学杂费，2007年扩大到全国农村。这部分经费也是由中央财政支出。在农村义务教育财政体制方面，虽然2001年将改革农村义务教育管理体制调整为“在国务院领导下，由地方政府负责、分级管理、以县为主的管理体制”，将政府投资的统筹主体从原来的乡提升到县，同时加大中央和省级财政对农村义务教育的扶持力度，强调了县级政府对农村义务教育负有主要责任，并且较为具体地规定和划分了中央与地方各级政府的投资责任，但农村义务教育的主要投资者还是中央，地方政府对于农村义务教育的支出较低，地方政府在财政收入大幅增长的前提下，教育、医疗等经费主要用于城市，剩下的小部分则用在占人口大多数的农村。而政府与社会支出的那部分卫生费用集中提供给事业单位、垄断型国有企业员工和大中城市的部分居民，公共产品供给严重失衡且水平低。

我国转移支付制度从中央层面看，确实发挥了巨大作用，可以说，近年来我国农村基本公共服务供给状况的改观主要得益于中央政府转移支付力度的加大。但我国农村基本公共服务供给确实又存在较大的改进空间，其问题是来源于地方政府的职责缺失吗？显然，板子打在地方政府这边确实有失公平，地方政府也希望自己管辖的一方百姓能够过上好日子，从表面上看，转移支付制度需要进一步加入更微观、细致的考察指标，增加一般转移支付的力度，另外，可能投入决策与预算管理的政府间财政关系也需要进一步明确改革的方向和目标。

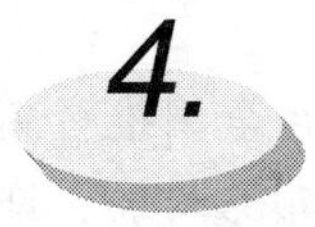

4. 农村基本公共服务的财政投入决策保障机制的实证分析

让农民能够有尊严地生活，政府提供的公共服务就必须改善。近年来，我国政府在各项公共服务领域投入了大量财政资金，农民生活状况也较以前有了很大改观，生活质量大大提升。然而，农村基本公共服务的供给是一个多方投入、多方受益的动态过程，政府、个人或家庭无疑是其中两个最重要的主体，其投入意愿、投入规模是否匹配决定着农村基本公共服务的供给水平与供给质量。本章主要就农村基本公共服务供给方面的决策影响因素分别从微观、宏观视角进行分析。

4.1 基本公共服务投入的微观影响因素分析

一、新农合农户参与意愿影响因素的实证分析

农村基本公共服务供给中出现的不均衡问题，直接表象就是其供给、需求未能自动实现均衡。其影响因素，既有来自微观需求方面的，也有来自宏观决策机制方面的。笔者主要以江西部分乡镇的农村合作为例，以入户调查的方式从实证的角度来刻画农村基本公

共服务供给中的微观影响因素。

我国自2002年开始农村合作医疗试点，2003年在全国推行新型农村合作医疗制度。但是，在这组数据背后包含了很多考验，期间，既有我们政府官员的担心，认为农村合作医疗历经沉浮，农民积极性是否依然存在？同时也包含了农民对政府的不信任，农民将钱交给政府，自己是否能真正受益？还包含了农民自身间的一种基本信任。从现行的制度设计来看，农村新型合作医疗制度本意是力图改善农村相对落后的医疗状况，较为合理地分配医疗资源，但从实际运行来看，原有的政策意图在实践中出现了诸多问题，如农村新型合作医疗中的三方筹资始终寻找不到均衡点，改革不同程度地出现了“自愿性困境”；农民参保的积极性除了与制度设计部分相关外，还与参与合作的人群中存在严重的道德风险相关，也与实际保障需求有关。上述问题的出现，真正的原因在于哪里？是什么原因影响了合作医疗制度的正常运行？

（一）数据来源及描述性分析

参加农村新型合作医疗，农民要承担部分费用，其他由各级政府分摊筹资。显然，农民是否参与受多种因素制约，例如个体特征、家庭收入因素、辖区内其他农民的行为以及其他外部力量，个体特征主要可以总结为受教育水平、身体状况、在家庭中的地位、年龄等。一般而言，文化水平较高的农民更倾向于为自己未来储蓄，而文化水平较低的农民则相对短视，宁愿过“今朝有酒今朝醉”的日子；经常性有医药开支的人比不经常性有医药开支的人更乐意接受合作医疗制度，因此，在现实中，老人、孩子及经常性有医药开支的群体更倾向于参加合作医疗；在家庭中的地位也是影响参加合作医疗的重要因素，一方面，如果是家庭的顶梁柱，则无论如何必须参加，为自己也为家庭增添了一份保障，另一方面，由于在家庭的地位，也容易说服其他成员支持自身的参保行为，不会引发家庭内部矛盾。另外，家庭收入通常也是影响农民参保的重要因素，通常情况是收入较高的家庭认为合作医疗不能为自己带来相应的医疗服务，因此，往往不愿意参加合作医疗；相反，收入较低的家庭反而更愿意接受合作医疗，因为在他们看来，有总比没有强。当然，社会是一个复杂的联合体，个体间的行为是相互影响的，邻里乡间的参保行为及其所享受的权利与义务会在坊间流传与评说，其间看得见的实惠或不经济都会成为农民参保与否的重要决策依据。外部环境也是影响农民参与合作医疗的重要因素，例如，如果政府强推政策并辅以相对应的说服教育工作，则农民的参保率较高；反之，如果由农民自身根据情况做出判断，则农民的参保率较低。

本书主要运用的数据是2010年7月在江西泰和县、井冈山市、吉水县、遂川四县（市）16个乡（镇）进行“农村基本公共服务”研究调查的基础上取得的，调查主要采取入户调查方式展开，按照每个县四个乡（镇）、每乡（镇）四个村委会进行混合抽样入户调查。具体方法为：首先，由问卷人对村民进行座谈，宣传本调查的意义；其次，通过自愿方式，由村民现场填写调查问卷，每位问卷人负责四个村委会（其中有8个村委会采用的委托发放问卷，收集后集中工作的方式进行）；最后，集中工作，整理问卷信息。这里以村委会为抽样单位，合计16个乡镇32个村单位，以每村发放20份调查问卷为基准（调查对象以户为单位，每户一人），合计发放640份，收回有效问卷468份，无效问卷172份，有效率为73.13%，其中，参保率的户数为521户，参保率为81.4%。问卷包含的基本内容有：一是被调查者的个体情况，例如性别、年龄、受教育水平、在家庭中的地位、身体状况及年基本医药开支出；二是家庭情况，包括收入情况、家庭规模、收入来源、家庭医药开支；三是对合作医疗制度的认识程度，包括了解程度、了解的途径、他人行为对自己的影响等。

1. 被访问者的个体特征。表4-1从五个基本方面描述被访问者的个体特征，除性别与投保不同相关外，其他四个因素与投保的关系密切相关：（1）从受访者的年龄来看，受访人群主要分布在20~30（含）岁、30~40（含）岁、40~50（含）岁三个年龄段，各自所占比例分别为29%、31.8%、34.6%，这说明村民大多都关心合作医疗制度，对政府的期望较高，而50岁以上的群体对这一制度较为冷淡，这与其所经历的农村起起落落的合作医疗制度改革有关，说明其对政府推行改革的信心仍处于恢复状态。(2) 从在家庭中的地位来看，受访者高达87%的都是户主，承担家庭的所有一切风险与责任，最希望能寻找到诚信、可靠、权威高的合作者。(3) 从身体状况及年基本医药开支来看，个体在劳动中出现生病现象很正常，一年9次上医院的频率不为过，可能还存在隐瞒不报情况，而一年的医药开支占家庭收入的比重大于10%的比例达27.1%，以家庭纯收入10000元计算，家庭成员一年1000元的医药开支基本符合实际情况，但大病情况除外。(4) 从受教育情况来看，11年以上（高中后参加过补习但没有考取大学的)、1~3（含）年（小学文化）的人群较少，分别占7.5%、5.6%，说明前者可以依赖自身收入弥补家庭医疗开支，而后者的冷淡主要归于对制度缺乏信心，而1~5（含）年（小学文化)、1~8（含）年（初中文化)、1~11（含）年（高中文化）所占比例分别为10.3%、36.4%、40.2%，说明医疗保障制度的受关注程度与受教育年限呈正相关关系，文化程度高不仅容易理解政府的政策，也乐意关注自身的利益。

表4-1 被访问者的个体特征

变量	比例（%）	变量	比例（%）
性别		身体状况及年基本医药开支出	
男	63.6	一年看病的次数超过平均值的	46.3
女	36.4	一年的医药开支占家庭纯收入的比重大于10%的	27.1
年龄（岁）		受教育程度（年，传统的小学5年，初、高中6年制）	
20~30（含）	29	1~3（含）	5.6
30~40（含）	31.8	1~5（含）	10.3

续表

变量	比例（%）	变量	比例（%）
年龄（岁）		受教育程度（年，传统的小学5年，初、高中6年制）	
40～50（含）	34.6	1～8（含）	36.4
50以上	5	1～11（含）	40.2
在家庭中的地位		11以上	7.5
户主	87		
其他	13		

2. 被访问者的家庭情况。如表4－2所示，就受访者回答的四个问题来分析，中等规模的家庭更乐意关注医疗制度改革，家庭规模在4（含）人、4～6（含）人的比例分别为39.3%、35.5%。从医疗开支来看，家庭医药开支年均在1000～3000元的家庭对制度的关注度最高，其受访人群比例接近1/2，这可从两方面得到解释：一是制度设计的本身主要关注大病，小病是否能在改革中继续得到关注，参保农民的利益是否能够得到尊重，是受访群众关注的核心；二是与农民收入有关，在农民收入提高途径较少的情况下，政府转移的收入就是自身赚取的收入，也能改善自身家庭的福利状况。从家庭纯收入的情况来分析，家庭年纯收入在1.2万～1.8（含）万元的家庭对合作制度关注度最高，比例高达47%，说明随着农民收入的提高及生活水平的改善对医疗服务的需求也在增长。就目前的农村情况来看，农民收入来源主要来自农业收入与家庭副业，由于地缘关系等，打工收入并没有成为农民增收的主要途径，相反，在近年来中央利好政策的激励下，很多外出打工的农民纷纷回乡种地或开展家庭副业劳动，这说明他们希望政府能与其一起抵御市场风险。

表 4-2 被访问者的家庭情况

变量	比例（%）	变量	比例（%）
家庭规模（人）		纯收入（万元/年）	
3（含）	16.8	0.6 以下（含）	11.2
4（含）	39.3	0.6~1.2（含）	36.4
4~6（含）	35.5	1.2~1.8（含）	43.9
6 以上	8.4	1.8 以上	8.4
家庭医药开支（元/年）		主要收入来源	
1000 以下	22.4	农业收入	37.4
1000~3000（含）	44.9	家庭副业	34.6
3000~5000（含）	19.6	打工	29
5000 以上	13.1		

3. 被访问者对合作医疗制度的认识程度。如何改进目前的合作医疗制度，其一个基本的前提是必须了解现行的政策设计，从受访群众的问卷情况来看，绝大多数群众对制度是有了解的，但很了解的较少，了解的途径主要是通过政府宣传与亲戚朋友传播，从广播电视等媒体得到信息的仅为 4.7%，这说明，农村政策的宣传最有效的方式仍然是传统的人人对话式的宣传，而且在农民对合作制度的关注中，政府是否承担更多的责任与药费是否公道居前两位，这说明农民一方面希望通过政府的参与来保障制度的可靠性、持续性、安全性及权威性，另一方面他们希望药费能够下降，如果得到的基金补偿被高额的药费消耗了，那么改革的支持度并不会太高，甚至受访群众还认为这是比基金安全性更重要的问题。在回答他人行为对自身的影响时，多数人认为存在一般的影响，影响较大与没有影响的各占 29%、24.3%，说明在选择是否参保时受访群众还是理性的，并没有严重的从众心理。具体见表 4-3。

表 4－3　　被访问者对合作医疗制度的认识程度

变量	比例（%）	变量	比例（%）
了解程度		了解的途径	
很了解	2.8	政府宣传	57
比较了解	29.9	亲戚朋友传播	38.3
有一定了解	43	广播电视等媒体	4.7
了解很少	16.8	对合作医疗的改革态度	
基本不了解	7.5	政府应多承担责任	43
他人行为对自己的影响		基金的公平性	19.6
影响较大	29	药费要公道	37.4
一般影响	46.7		
没有影响	24.3		

（二）模型与变量

1. 模型选取。农民有两种选择，即参与和不参与，因此，农村公共服务需求的多少在一定程度上反映了两者的比例关系，这就是广泛应用于民意测验中的机会比率，当这种概率是我们研究的主要问题时，可以选用的模型主要有 Tobit 模型、Probit 模型与 Logit 模型，笔者主要选用 Logit 模型。该模型是 McFadden 于 1973 年首次提出的。其采用的是 Logistic 概率分布函数。其形式是：

$$p_i = F(y_i) = F(\alpha + \beta x_i) = \frac{1}{1 + e^{-yi}} = \frac{1}{1 + e^{-(\alpha + \beta x_i)}} \tag{4.1}$$

对于给定的 x_i，p_i 表示相应个体做出某种选择的概率。

对（4.1）式作如下变换：

$$p_i(1 + e^{-y_i}) = 1 \tag{4.2}$$

对上式除以 p_i，并减 1 得：

$$e^{-yi} = \frac{1}{p_i} - 1 = \frac{1 - p_i}{p_i}$$

取倒数后，再取对数：

$$y_i = \log\left(\frac{p_i}{1 - p_i}\right)$$

所以有：

$$\log\left(\frac{p_i}{1-p_i}\right)=y_i=\alpha+\beta x_i \tag{4.3}$$

我们设定 Logit 模型中 p_i 为农户参加新型农村合作医疗制度的概率或者意愿，而 $1-p_i$ 为没有参加新型农村合作医疗制度的概率或意愿，则 $\frac{p_i}{1-p_i}$ 为两者发生的概率之比，即计量经济学意义上的机会概率，对（3.3）写出多元的情况，则为：

$$\ln\frac{p_i}{1-p_i}=Y=\alpha_0+\beta_1X_1+\beta_2X_2+\cdots+\beta_nX_n \tag{4.4}$$

我们可以知道，$\ln\frac{p_i}{1-p_i}$ 和 Y_{in} 不仅是 X 的线性函数，同时也是 β 的线性函数，X_1，X_2，…，X_n 为解释变量。

因此，相对于本书而言，我们建立的模型为：

$$\begin{aligned}\ln\frac{p_i}{1-p_i}&=Y_i\\&=\alpha_0+\beta_1 age+\beta_2 rol+\beta_3 cos+\beta_4 size+\beta_5 inc\\&\quad+\beta_6 edu+\beta_7 acn+\varepsilon\end{aligned} \tag{4.5}$$

2. 自变量选取与赋值。自变量的选取与说明。（1）年龄（*age*）。从理论上分析，年龄与参与合作医疗制度极为相关，年龄越大，其倾向性越强。（2）家庭中的地位（*rol*）。农户确定是否参与合作医疗与其在家庭中的地位有很大关系：一是户主，所承受的风险、责任更大，也更需要借助于政府的力量抵御风险；二是家庭中未来的支柱，一般参与的意愿也比较高。（3）生病情况（*cos*）。事实上，农户决定是否参与合作，不仅与其在家庭中的地位有关，同时还与其是否经常生病直接相关，经常患病且治病支出占家庭收入中较大比例的农户一般参与合作医疗制度的意愿较强。（4）家庭规模（*siz*）。家庭规模大小与参与意愿也有较大关系，一般在农村，三口之家的家庭结构较少，4~6 人的家庭较为普遍，同时也存在 6 人以上的较大家庭，在参与合作医疗制度的态度中，大家庭与小家庭都意愿不强，只有中等家庭的意愿较强，因为小家庭可以通过自身力量解决费用问题，解决实际过程中的投入—收益不对称问题；而大家庭因为顾及面较大，实质性参与的积极性也不高。(5) 农户家庭年纯收入（*inc*)。参与合作医疗农户花费占其本身收入的比重不高，因此，农户家庭年纯收入与是否参与关联度不强，实际上，家庭富裕的一般对参与合作医疗制度并不支持。(6) 受教育程度(*edu*)。教育程度高的农户不仅利于理解政府的政策，也利于其自身客观地认识病情与治疗方法，会更倾向于通过其他力量来帮助自己抵御风险。(7) 制度认识（*acn*)。制度的熟悉程度也是影响参与意愿的重要因素，从实际调研来看，农户参与的积极性主要是干部说教及邻里的实际效果，对制度的认识比较有限，一般而言，对制度认识越充分，就越能把握政策精髓，更有利于农户做出正确的选择。自变量选取与基本描述见表 4－4。

表 4－4　　　　　　　　自变量选取与基本描述

<table>
<tr><th>变量</th><th>名称</th><th>定义</th><th>预期符号</th></tr>
<tr><td rowspan="7">解释变量</td><td>年龄（age）</td><td>≤30 岁，赋值 1；30～40（含）岁，赋值 2；40～50（含）岁，赋值 3；50 岁以上，赋值 4</td><td>不确定</td></tr>
<tr><td>家庭中的地位（rol）</td><td>户主，赋值 1；非户主，赋值 0</td><td>+</td></tr>
<tr><td>生病情况（cos）</td><td>极少，赋值 1；少，赋值 2；一般，赋值 3；多，赋值 4；很多，赋值 5</td><td>+</td></tr>
<tr><td>家庭规模（siz）</td><td>≤4 人，赋值 1；4 人以上，赋值 2</td><td>不确定</td></tr>
<tr><td>农户家庭年纯收入（inc）</td><td>≤1.2 万，赋值 1；1.2 万～1.8 万，赋值 2；大于 1.8 万，赋值 3</td><td>不确定</td></tr>
<tr><td>受教育程度（edu）</td><td>小学文化，赋值 1；初中文化，赋值 2；高中文化，赋值 3</td><td>+</td></tr>
<tr><td>制度认识（acn）</td><td>较少，赋值 1；好，赋值 2；较好，赋值 3</td><td>+</td></tr>
</table>

（三）回归结果

应用 Eviews3.1 计量软件，得出回归结果，见表 4-5，从表 4-5 中我们可以知道，年龄（*age*）、家庭收入（*inc*）没有通过检验，从趋势来看，家庭收入甚至与参与意愿呈负相关，说明在农村新型合作医疗制度改革中，农户本身的收入在其中不是一个重要影响因素。家庭规模（*siz*）、制度认识（*acn*）通过检验，两者在 10% 的置信水平下具有较好的解释力，说明家庭规模与制度认识对农户参与新型合作医疗制度具有一定的影响。地位（*rol*）、生病情况（*cos*）、教育背景（*edu*）与农民参与意愿最为密切，系数分别为 2.231841、3.579229、2.853186，地位（*rol*）、生病情况（*cos*）在置信水平为 1% 的情况下通过检验，说明农户的家庭地位与生病情况对农户参保意愿的形成最为密切，而教育背景（*edu*）在 5% 置信水平下通过检验，说明农户的教育背景也有助于参保意愿的形成。

表 4-5　　回归结果

变量	系数	标准差	Z 统计量	概率
C（常数）	4.1953	1.2056	3.4571	0.0101
age（年龄）	1.046890	1.562102	1.53221	0.1042
rol（地位）	2.231841	1.010614	2.208402	0.0272
cos（生病情况）	3.579229	1.312098	2.727867	0.0064
siz（家庭规模）	2.204732	1.5013465	2.38331	0.0576
inc（家庭收入）	-2.102721	1.04578	-2.0712	0.12016
edu（教育背景）	2.853186	1.234700	2.310834	0.0208
acn（制度认识）	2.276167	1.291106	1.762960	0.0790
Mean dependent var	0.512821	S.D. dependent var	0.506370	
S.E. of regression	0.303224	Akaike info criterion	0.883161	
Sum squared resid	3.218071	Schwarz criterion	1.053783	
Log likelihood	-13.22165	Hannan-Quinn criter.	0.944379	
Avg. log likelihood	-0.339017	Avg. log likelihood	0.06210	
Obs with Dep = 0	119	McFadden R-squared	0.121053	
Obs with Dep = 1	521	Total obs	640	

（四）主要结论与政策建议

从上述实证与简要分析中，我们可以总结出以下三点有益结论。

1. 年龄、家庭收入与农户参与合作并没有积极的正向效应，可能的解释是，生老病死自有规律，且在农村，遇有大额开支，一般都是通过农户自身的血缘关系、社会关系等来解决，因此，大家一般认为年轻的因为自身年轻可以抵御来自自然的侵害而年老的参与合作所得到的回报也不足以弥补医疗费用等放弃参与合作。而在家庭收入方面，高收入农户认为自身有能力解决医疗费用，而低收入家庭认为即便参与实际上对真正问题的解决也无济于事，农户一般认为，只要参与了，政府就应该一包到底，不存在费用分摊问题。

2. 家庭规模、制度认识对农户合作意愿的形成具有一定的解释力，说明在农村家庭规模尤其是中等家庭有必要也有能力参与合作医疗，而在大家庭中，对于谁及是否全部参与合作医疗制度存在很大的分歧。同时，对制度的了解也影响了农户合作意愿的形成，从回归结果来看，与我们预期效果趋势基本一致，但由于我们实际工作中的问题，回归效果并不是十分明显，可能的原因还来自于农户自身，比如投入与收益的不对称、农户太忙没有时间去了解打听具体情况、其他参与户的实际体验与自身情况的对比等。

3. 家庭地位、教育背景、生病情况这三个变量与农民合作意愿显著正相关。首先，在家庭地位这个变量中（户主不是我们户口登记意义上的户主，而是在家庭决策中占有绝对地位的一方），我们并没有实际区分男、女，因为在农村很多妇女在家庭中的角色与传统的“主内”不同，她们广泛参与社会经济活动，也承担着越来越多的责任，在家庭中的地位越来越重要，因此，在参与合作方面，农户最基本的考虑是先让现在与未来潜在的户主先参与进去。其次，教育程度与合作意愿显著正相关。一般而言，教育水平较高，农民合作的意愿也较高，主要源于这一群体对于自身生活的平稳性有更大的关注，但是，教育水平高于一般或低于一般水平的，其合作意愿反而降低，这主要源于自身的原因，他们要么一味地情绪型抵制，要么没有意识到参与的重要性。最后，生病情况这个变量对合作意愿形成具有显著水平，可以看到，农户遇有情况并依赖制度解决了实际情况有助于提高农户的参保意愿。

二、新农保农户参与意愿影响因素的实证分析

据统计，截至2012年4月，江西省新农保覆盖农业人口2646万人，参保缴费人数达1044.9万人，已有290万年满60周岁的农民开始领取养老金。新农保范围的不断扩大给广大农户带来实惠，与此前相比，农户实际福利水平有较大改进。需要进一步明确的问题是，在整体福利改进的进程中，从微观角度来看，究竟是什么因素影响着农户的参与意愿？本部分主要以调查问卷形式来探究可能影响农村居民参保意愿的因素。

（一）调查设计与样本范围内新农保政策

本次问卷设置了22个问题，其中，单项选择题14题，多项选择题2题，填空题6题，共计有26个要求录入SPSS软件的相关因素。问卷问题分为三大类：一是个人及家庭基本特征；二是个人及家庭经济水平；三是对新型农村社会养老保险制度的认知与期望。重点选取如下地区进行调查：2009年江西省新型农村社会养老保险的第一批试点县（区）为11个，分别是新建县、于都县、永丰县、万载县、乐安县、新余市渝水区、婺源县、修水县、鹰潭市月湖区、浮梁县、芦溪县。2010年第二批试点县（市、区）为13个，它们是南昌县、庐山区、莲花县、靖安县、铜鼓县、龙南县、寻乌县、余干县、信州区、井冈山市、永新县、宜黄县、黎川县。2011年，全省又新增了53个试点县（市、区），至此，全省大多数县（市、区）都已覆盖了新型农村社会养老保险制度。本次调查对象从江西省范围内选取了9个县（市、区），它们分别是南昌市进贤县、南昌市湾里区、抚州市东乡县、上饶市铅山县、赣州南康市、新余市渝水区、九江市武宁县、吉安市永新县、宜春市靖安县。问卷的发放对象为16周岁以上的农村居民，在9个县（市、区）内共发放问卷400份，回收问卷

378 份，其中无效问卷 22 份，问卷有效率为 94.2%。

新型农村社会养老保险制度在江西省范围的基本政策大体一致，不论是在基金筹集渠道、养老金领取条件、缴费年限、缴费的基本档次设置还是在基金的管理模式、财政的分担机制方面都相对统一。只是在高缴费档次的设置和财政分担比例上略有不同。从缴费档次设置上来看，9 个地区的基本缴费档次和政府补贴水平都相同。从缴费 100 元补贴 30 元起步，每增加一个缴费档次多补贴 5 元，即缴费 100 元补贴 30 元，缴费 200 元补贴 35 元，缴费 300 元补贴 40 元，缴费 400 元补贴 45 元，缴费 500 元补贴 50 元。其中，湾里区和南康市[①]在五档之上还设置了更高的缴费档次，即 600 ~ 1000 元（每档 100 元）。由于实行的是多缴多得的激励政策，因此，当地农户的缴费档次越高，政府财政补贴的资金也越多，缴费档次的设立水平间接体现出了当地财政水平及政府对该项民生工程的投入和支持力度。省、县（市、区）财政负担比例不一，9 个地区的政府补贴政策都是 30 元/人/年的定标，但它们实行的省、区财政负担比不同。其中，进贤县[②]、湾里区[③]、东乡县[④]、铅山县[⑤]、武宁县、永新县实行的是全省普通标准的负担比例，即省财政与县（区、市）财政担负比例为 6∶4；南康市、渝水区[⑥]、靖安县[⑦]由于

---

① 南康市人民政府：《关于印发南康市 2013 年度城乡居民社会养老保险试点工作实施方案的通知》，2011 年 11 月 30 日。

② 进贤县人力资源和社会保障局：《进贤县新型农村社会养老保险和城镇居民社会养老保险试点实施方案》，2011 年 10 月 29 日。

③ 湾里区人力资源和社会保障局：《湾里区城乡居民社会养老保险试点实施方案》，2011 年 10 月 26 日。

④ 东乡县人民政府.《关于印发东乡县新型农村社会养老保险和城镇居民社会养老保险试点实施方案（试行）的通知》，2011 年 9 月 19 日。

⑤ 铅山县人民政府：《铅山县人民政府关于印发铅山县新型农村和城镇居民社会养老保险实施办法的通知》，2012 年 2 月 24 日。

⑥ 渝水区人力资源和社会保障局：《渝水区新型农村社会养老保险试点实施方案》，2009 年 11 月 20 日。

⑦ 靖安县人民政府：《靖安县人民政府关于印发〈靖安县新型农村社会养老保险试点工作实施办法〉的通知》，2010 年 11 月 8 日。

是西部政策延伸县，因而享受8∶2的省区财政负担比。

（二）调查对象的描述性统计

1. 调查对象的地区分布情况。本次调查共收回了356份有效问卷，其中，南昌市进贤县97份，南昌市湾里区20份，抚州市东乡县52份，上饶市铅山县30份，赣州南康市37份，新余市渝水区50份，九江市武宁县31份，吉安市永新县21份，宜春市靖安县18份。各地区有效问卷数量所占问卷总数的比例见图4-1。

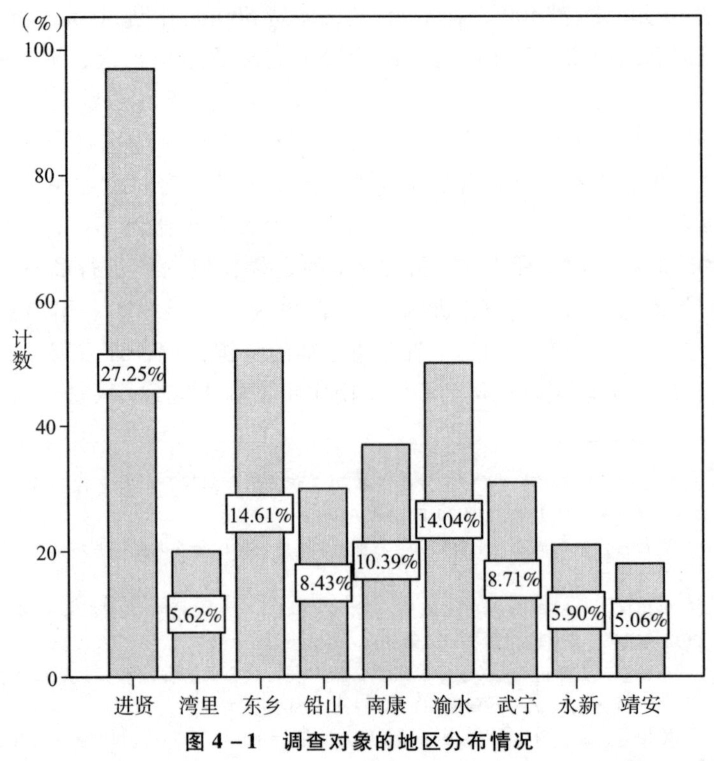

图4-1 调查对象的地区分布情况

2. 调查对象所属地区的经济发展情况。从表4-6中可以看到，被调查地区的年度财政总收入在2012年的排名情况（从高到低）

依次为：渝水区、南康市、东乡县、铅山县、进贤县、武宁县、永新县、湾里区、靖安县。最高的渝水区财政总收入为26.01亿元，最低地区为湾里区6亿元。财政收入是财政支出的重要前提，地区财政收入水平的高低在很大程度上决定了该地区在社会经济活动中向公民提供的公共物品和公共服务的数量与质量。因此，当地财政收入水平的高低会对新农保制度中的政府补助和集体补贴数量产生影响，从而可能进一步影响到农民的参保意愿。

表4-6　调查对象所在地区财政总收入情况　单位：亿元

地区	2010年	2011年	2012年
进贤	7.69	10.78	12.7
湾里	3.68	4.28	6.00
东乡	10.01	13.51	14.73
铅山	8.20	10.30	13.60
南康	7.69	11.00	15.00
渝水	18.29	24.56	26.01
武宁	5.40	7.53	10.01
永新	3.84	5.20	6.40
靖安	2.80	4.08	5.40

资料来源：由历年《江西统计年鉴》和各地政府《政府工作报告》整理获得。

据国家统计局江西调查总队的数据显示，2012年江西省农民人均纯收入为7828元，2011年为6892元，同比2010年增加了1103元，增幅比全国平均水平高1.2%，扣除物价水平后实际增长为13.2%[①]。笔者通过对近几年《江西省国民经济和社会发展统计公报》与《江西统计年鉴》整理后得到表4-7，即被调查地区近四年来的农民人均纯收入水平一览表。从表4-7中我们可以看到，

① 刘晓斌：《2012年我省农民人均纯收入增长13.6%》，http://www.jxagri.gov.cn/News.shtml?p5=180087，2013年1月28日。

2011 年，除未找到数据而缺少的渝水区和永新县外，只有进贤县、东乡县、武宁县分别以 8780 元、8285 元、6930 元的水平高于全省农民人均纯收入的平均标准，这也说明了本次调查地区的选择相对平均。

表 4－7　调查对象所在地区农民人均纯收入情况　单位：元

地区	2008 年	2009 年	2010 年	2011 年
江西省	4697	5075	5789	6892
进贤	5527	6053	6950	8780
湾里	/	5122	5690	6458
东乡	5566	6223	6874	8285
铅山	4254	4618	5327	6020
南康	3728	4059	4564	5064
渝水	5708	6235	7245	/
武宁	4439	4900	5401	6930
永新	4203	4484	4798	/
靖安	4356	4850	/	6592

资料来源：由《江西省国民经济和社会发展统计公报》和《江西统计年鉴》整理获得。

3. 调查对象的个人及家庭特征。

（1）性别和年龄。在本次调查中，男性有 229 人，占总样本比例的 76%；女性为 127 人，占总样本比例的 24%。从年龄结构上来看，年龄最小的为 17 岁，最大的为 84 岁，整个样本的年龄平均值为 41.47 岁，其中，年龄处于 40～49 岁的样本量最多，占整个样本比的 32.3%。具体见图 4－2。

（2）文化水平。图 4－3 反映了农户的文化水平分布情况，同时也反映了不同文化程度中的男女比例。我们可以看到，农村人口的文化水平还较低，有 69.4% 的对象都集中在小学与初中水平。文化水平标志着文化教育的发展和普及程度，是素质和正确意识形态形成的一个重要指标，较低的文化水平对农村养老意识的提升和新制度的普及推广都会带来阻碍。

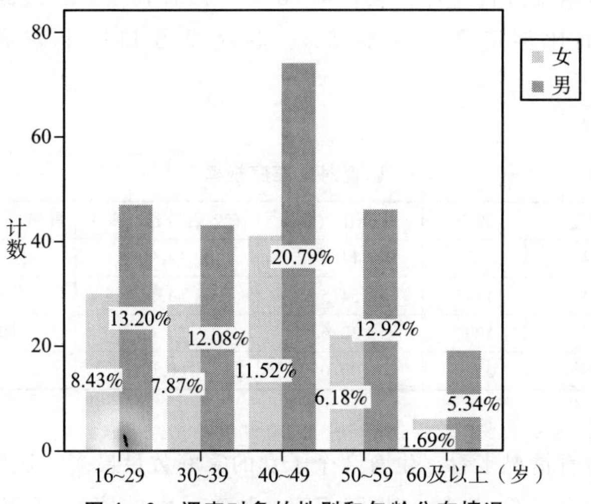

图 4-2 调查对象的性别和年龄分布情况

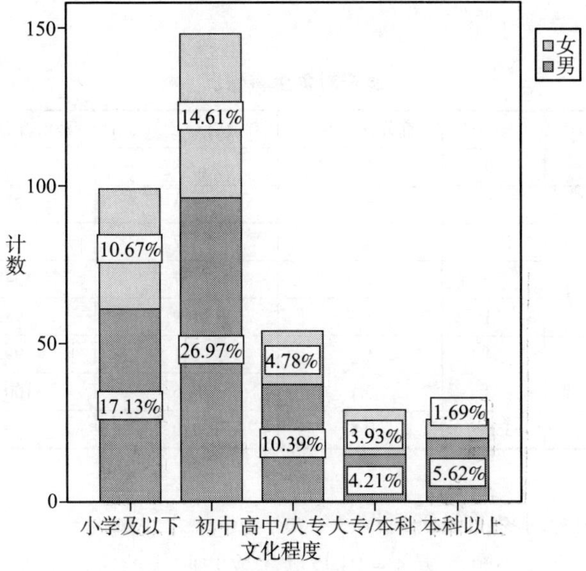

图 4-3 调查对象的文化水平

（3）家庭人口数量。本次家庭人口规模口径是按户籍本上每户在册人数情况进行统计，从表4－8中可以看到，家庭人数为4～5口之家的比例最高，为54.5%，其次是6口以上家庭，占到30.6%。

表4－8 调查对象家庭规模

家庭人口规模	频率	百分比（%）	有效百分比（%）	累积百分比（%）
1～3人	53	14.9	14.9	14.9
4～5人	194	54.5	54.5	69.4
6人及以上	109	30.6	30.6	100.0
合计	356	100.0	100.0	

从生育情况来看，生育2个子女的家庭数量最多，比例占到了总样本量的1/2以上，达53.7%；3个子女的家庭有70个，占19.7%；1个子女的家庭有65个，占18.3%。具体见表4－9。

表4－9 调查对象生育情况

子女数（个）	频率	百分比（%）	有效百分比（%）	累积百分比（%）
0	10	2.8	2.8	2.8
1	65	18.3	18.3	21.1
2	191	53.7	53.7	74.7
3	70	19.7	19.7	94.4
4	14	3.9	3.9	98.3
5	4	1.1	1.1	99.4
6	2	0.6	0.6	100.0
合计	356	100.0	100.0	

4. 调查对象的经济情况。

（1）收入来源。表4－10反映了农户收入的来源情况，问卷中此题设置为不定项选择题，数据的录入使用二分法，通过统计发现：选择农户外出务工的选项最多，有 223 个；其次才是土地经营，有 129 个。这间接说明了农民生产收入方式的转变，土地已不再作为其收入和依靠的主要途径。

表 4－10　　　　　　调查对象的收入来源

收入来源	土地经营收入	打工	经商收入	财产性收入	转移性收入	暂无固定收入	其他途径
频率	129	223	49	22	9	35	9

（2）家庭年收入水平。表 4－11 显示的是农户 2011 年年度的家庭收入情况，本次家庭收入情况的统计口径是指农户家庭的纯现金收入。在 356 份有效问卷中，2011 年度家庭收入在 20000 元以上的数量最多，有 170 个，占总比例的 47.8%；收入在 15001～20000 元的 98 户，占 27.5%；8001～15000 元的 52 户，占 14.6%；8000 元以下的 36 户，占 10.1%。农村家庭收入的多少决定了农户可支配收入的数量，因此，该项指标会直接影响农民是否参与养老保险的意愿和缴纳保费的水平。

表 4－11　　　　　调查对象 2011 年度家庭收入

家庭收入	频率	百分比（%）	有效百分比（%）	累积百分比（%）
8000 元以下	36	10.1	10.1	10.1
8001～15000 元	52	14.6	14.6	24.7
15001～20000 元	98	27.5	27.5	52.2
20000 元以上	170	47.8	47.8	100.0
合计	356	100.0	100.0	

当地经济水平的高低会对农户的家庭年收入水平产生一定影响。因此，笔者以样本所属地区的分布进行分组，直观描述了 9 个地区的农村居民家庭年收入分布情况（见图 4－4）。我们可以看到，进贤县、渝水区和东乡县农户 2011 年度家庭收入在 20000 元

以上的比例占据前三名。其中，此次调查的湾里区没有年收入低于15001元档次的样本，靖安县没有低于8001元和高于20000元档次的样本。

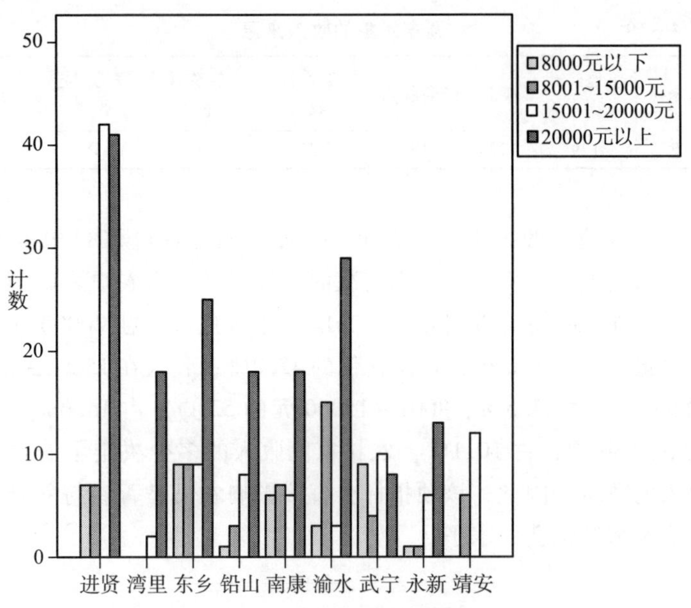

图4-4 9个地区农户上年度家庭收入分布

5. 调查对象对新农保制度的认知与期望。

（1）对新农保制度的认知。新农保制度自2009年年末在江西进行第一批试点以来，至今已是第5个年头。制度运行时间不是很长，但也不短。通过对问题“您知道新型农村社会养老保险制度吗?”进行统计后发现，有62.92%的农户表示对新农保制度“听说过，但不清楚”；32.87%的农户表示对新农保制度“知道，很了解”；只有4.21%表示“根本没听说过”（见图4-5）。笔者于2011年曾对已开展新农保制度的南昌市南昌县进行过小样本的抽样调查，当时的统计数据显示，只有15.44%的农户表示“知道，很了解”，30.15%的表示“听说过，但不清楚”，最高比例表示“根本没听说过”的农户占到了54.41%①。这说明，随着时间的推移，农保制度覆盖面的扩大以及政府、媒体等多渠道的宣传都对农户了解新农保制度产生了非常积极的影响。此次统计结果虽然较2011年的情况有了很大的进步，但如何使“根本没听过”和“听说过，但不清楚”的农户转变为“知道，很了解”的认知情况，还有待政府进一步的宣传和教育工作。

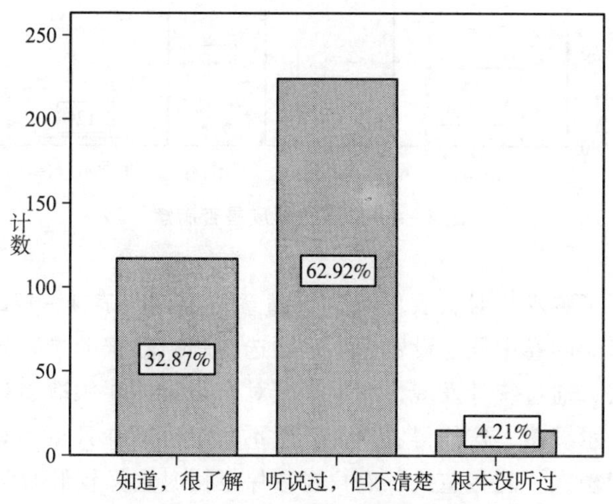

图4-5　农户对新农保制度的了解情况

图4-6表示的是农户对新型农村社会养老保险制度的满意程度，6成的农户表示对现行制度整体运行和设计基本满意，不满意的比例占26.4%，很满意的只有11.8%，该结果说明新农保制度还有待改进。

---

① 张璐璐：《我国新农保制度参保现状与政策完善——江西省南昌县现状抽样调查》，江西财经大学学术论文集，2011年第5期。

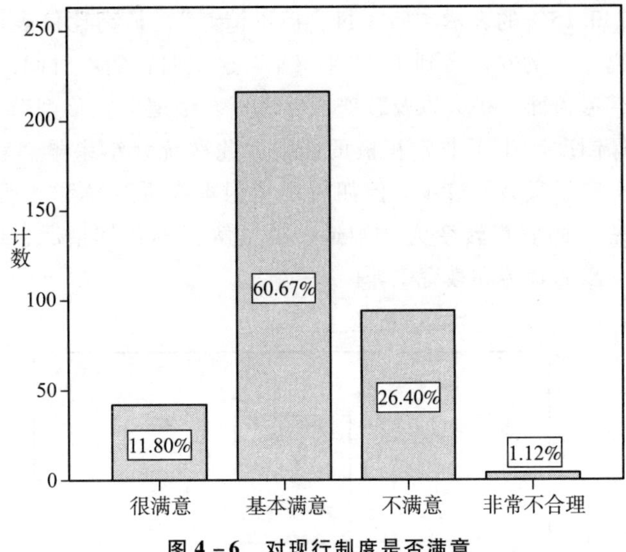

图 4－6 对现行制度是否满意

为了了解农户对新农保制度不满意的原因，表 4－12a 对此进行了统计。问卷中此题设置为不定项选择题，数据的录入同样使用了二分法，通过统计发现，有 162 人对未来具体能领取多少数额的养老金表示疑惑，这使得农户易产生不安全感，并且也不利于其决定年缴费档次，间接造成了农户在参保投档时选择较低缴费档次。

表 4－12a 对新农保制度不满意的地方

不满意的地方	不能准确知道未来能领多少养老金	不划算	集体补贴太少，不能保证老年后基本生活	不能保证老年后基本生活	要交的钱太多	其他
频率	162	38	132	147	50	28

（2）新农保制度的参与情况。

表 4－12b 反映的是农户 2012 年度的参保情况。数据显示，只有 59.3% 的抽样样本参与了新农保制度，这个结果与笔者预估的 85% 以上的效果相差甚远。由于样本数量的有限性和农保开展批次

不同的原因，本次参保率统计结果受到了影响。

表 4 - 12b　　是否参与新农保制度

是否参与新农保	频率	百分比（%）	有效百分比（%）	累积百分比（%）
是	211	59.3	59.3	59.3
否	145	40.7	40.7	100.0
合计	356	100.0	100.0	

由于各地区经济水平的不同、各地政府对新农保制度宣传力度的不同、新农保服务质量的不同、新农保制度运行情况的不同，不同地区农户的参保行为都会有所差异。因此，笔者用表 4 - 13 反映了不同地区的参保情况。通过表 4 - 13 可以看到，只有进贤县、渝水区、湾里区分别以 85.6%、84%、60% 的水平超过平均参保率，其余地区的参保水平都低于 50%。

表 4 - 13　　9 个地区新农保制度参与情况

			是否参与农保		合计
			未参加	已参加	
地区	进贤县	计数	14	83	97
		地区中的比重（%）	14.4	85.6	100.0
	湾里区	计数	8	12	20
		地区中的比重（%）	40.0	60.0	100.0
	东乡县	计数	27	25	52
		地区中的比重（%）	51.9	48.1	100.0
	铅山县	计数	16	14	30
		地区中的比重（%）	53.3	46.7	100.0
	南康市	计数	22	15	37
		地区中的比重（%）	59.5	40.5	100.0
	渝水区	计数	8	42	50
		地区中的比重（%）	16.0	84.0	100.0

续表

			是否参与农保		合计
			未参加	已参加	
地区	武宁县	计数	23	8	31
		地区中的比重（%）	74.2	25.8	100.0
	永新县	计数	16	5	21
		地区中的比重（%）	76.2	23.8	100.0
	靖安县	计数	11	7	18
		地区中的比重（%）	61.1	38.9	100.0
合计		计数	145	211	356
		地区中的比重（%）	40.7	59.3	100.0

针对145位未参加新农保制度的农户进行调查后发现，造成37.2%的农户不参保的原因是由于其对新农保制度的不了解，这项数据要求政府在制度的宣传和普及上要继续加大力度、加强深度。24.1%的农户表示由于受家庭经济的影响，自己还暂时没有这个经济能力来缴纳保费。7.6%的农户表示由于受到老农保制度的影响，他们对现行农保制度还没有足够的信心，目前仍持观望态度。12.4%的农户表示已参加了其他形式的商业保险，这说明农村市场不仅存在对家庭养老、社会养老的需求，还存在对商业养老保险的需求，这也要求政府应尽量开辟和完善多支柱型的养老保险制度，从而提高老年人的养老水平。具体见表4-14。

表4-14　未参加新农保的原因

未参保的原因	频率	百分比（%）	有效百分比（%）	累积百分比（%）
没钱参加	35	24.1	24.1	24.1
其他养老方式	18	12.4	12.4	36.6
对资金管理不放心	11	7.6	7.6	44.1
不了解政策	54	37.2	37.2	81.4
其他	27	18.6	18.6	100.0
合计	145	100.0	100.0	

(3) 对新农保制度的期望。

为了了解农户理想中参保缴费年限和缴费金额标准，特设置了“您理想的缴费年限”和“您认为合适的年缴费标准”两个问题。通过表 4-15 可以清楚地看到农户选择理想缴费年限和年缴费标准的分布情况，其中，认为理想缴费年限应为 15 年的选择最多，有 194 个，占 54.49%。这说明，现行农保制度规定的“累计缴费不少于 15 年”的时长，可以基本满足大多数农户的心理预期时长。同时，在缴费金额标准上认为合适的年缴费标准应为 100 元的最多，有 159 个，占 44.66%。在 20 个缴费年限与年缴费金额的组合中，认为理想的农保缴费标准应定为 100 元/年、缴费时长应定为 15 年的人数最多，有 99 个，占到了总样本的 27.8%，这也说明现行农保制度的基本水平线设置可以基本满足大多数农户的预期希望。

表 4-15 缴费年限与金额组合

理想缴费年限 × 合适的年缴费标准 交叉制表							
计数		合适的年缴费标准					合计
		50 元	100 元	150 元	200 元	200 元以上	
理想缴费年限	10 年	31	44	15	17	6	113
	15 年	37	99	13	36	9	194
	20 年	10	11	12	4	0	37
	25 年	4	5	3	0	0	12
合计		82	159	43	57	15	356

(三) 实证分析

1. 模型研究方法选取。由于研究的是农户参与新型农村社会养老保险的行为与影响该行为因素之间的关系，所以需要采用线性回归的分析方法。这次研究的因变量为“是否已参加了农村社会养老保险制度”，而回答只有“是”和“否”两种选择，因此，笔者选用 Logistic 二元回归模型进行分析。

Logistic 回归模型公式如下：

$$Logit(P) = \ln[P/(1-P)] = \beta_0 + \beta_1 x_1 + \beta_2 x_2 + \cdots + \beta_p x_p \tag{4.6}$$

其中，P 为因变量，即农户“是否已参加了农村社会养老保险制度”；x_1，x_2，…，x_p 为自变量，即影响参保行为的因素；β_1，β_2，…，β_p 是自变量对应的系数；β_0 为常数项。通过对问卷数据进行描述性统计和 Logit 回归分析，从微观角度对影响农户参与新型农村社会养老保险制度的因素进行六个方面的总结：（1）从个人及家庭特征来看，年龄、性别、家庭人口数、生育情况是否会影响其参保意愿；（2）从农户的经济水平来看，是否承包土地、收入来源、每月存款额、家庭年总收入是否会制约其参保意愿；（3）农户对制度的了解程度是否会影响参其保行为；（4）农户未参与新农保的原因有哪些；（5）农户对制度是否满意，不满意的原因有哪些；（6）影响新农保制度需求的因素主要有哪些。

2. 变量定义与假设预期。本实证旨在对可能影响农户参保行为的因素进行分析，通过运用 SPSS 软件对数据进行比分检验和迭代检验，找出影响农户参与新农保行为的显著性因素，从而进一步完善新农保政策。在综合考虑了统计数据的描述性分析后，笔者从农户的个人及家庭特征、经济状况、对新农保制度的认知情况三个方面确定了 12 个解释变量。被解释变量为农户参加新型农村社会养老保险制度的结果，且令农户参加新农保为 1，未参加为 0。各解释变量的名称、定义、均值、标准差详见表 4－16。下面对各解释变量提出预期假设。

表 4－16　　实证模型自变量定义

变量名称	变量定义	均值	标准差	预期
被解释变量	令农户参加新农保为 1，否则为 0	0.59	0.492	+/－
解释变量				
性别	令男性为 1，否则为 0	0.64	0.480	

续表

变量名称	变量定义	均值	标准差	预期
年龄	调查对象的年龄	2.70	1.204	+
受教育程度	调查对象受教育水平	2.26	1.162	+
儿子数	调查对象生育男孩数量	1.18	0.644	-
女儿数	调查对象生育女孩数量	0.91	0.803	+
家庭总人数	农户家中户籍在册总人数	4.97	1.899	-
是否承包土地	农户家中是否承包土地	1.42	0.494	-
家庭年收入	农户家庭上年度现金收入	3.13	1.007	+
月存款数	农户自己每月存款新增数	1.81	0.876	+
老人最低保障	老人每月多少钱能维持生活	4.55	1.783	+
是否了解农保	农户对新农保的知晓程度	1.71	0.538	+
是否担心养老	农户对自己养老的担心程度	2.18	0.652	+

(1) 农户个人及家庭特征。本模型从个人及家庭特征中选取了年龄、受教育程度、儿子数、女儿数、家庭总人口数作为解释变量。随着年龄的增加，年长者相对于青年人而言会更加担心自己未来的老年生活水平，同时，由于新农保政策对养老金领取有一定的年龄限制，因此，年纪越大越倾向于参加新农保制度，即预期该项因素与被解释变量呈正相关性（假设1）。在受教育水平上，笔者预期文化程度越高的农户对政策的认知能力越强，他们能够清晰地理解政策带来的好处，因此，更倾向于参与新农保，即与被解释变量呈正相关性（假设2）。中国传统文化中的“养儿防老”和“重男轻女”思想使生育儿子数量越多的家庭越倾向于年老后从儿子那里获得养老支持，因而导致其倾向家庭养老，即该因素与被解释变量呈负相关性（假设3）；反之，生育的女儿数量越多，则越会导致其参与新农保（假设4）。家庭总人数在这里是指被调查农户户籍本上的在册人数，家庭人口数量越多，缴纳的保费越多，同时人口较多的家庭也利于老年生活的相互照顾，因此，该因素与被解释变量呈负相关性（假设5）。

（2）经济水平。在新农保制度中，虽然政府会对参保者进行补助，但养老金的主要缴纳责任还是个人，因此，个人收入越高，每月存款数额越大，将越有能力承担缴费责任，即更愿意参与新农保（假设6）。家庭年收入是指整个家庭的现金总收入，其与参保意愿的关系同假设6，即正相关性（假设7）。以承包土地为农业生产的农户，由于有土地作为保障，所以其参与新农保的积极性不会太高，即承包土地的农户不倾向于参与新农保制度（假设8）。如果农户认为老年生活所需保障金越大，则越愿意通过参与新农保制度来提升其老年生活水平，即该因素与被解释变量呈正相关性（假设9）。

（3）对制度的认知水平。人们对事物的认知和预期会影响其对该事物的看法与态度，因此，笔者推论出以下两个假设：对新农保制度越了解，则参保意愿越高（假设10）；对未来自己的老年生活越担心，则越倾向于参与新农保（假设11）。这两个假设的解释变量均与被解释变量呈正相关性。

3. 模型建立。经过数据转换得到的因变量——“是否参加农保”是一个二分变量，因而采用二元 Logistic 回归方法进行分析。对于回归模型自变量的引入，将采用逐步回归，即运用逐步筛选策略，变量进入方程的依据是比分检验统计量（该统计量服从卡方分布，其检验结果与卡方分布一致），剔除出方程的依据是极大似然估计原则下的似然比卡方。

将性别、年龄、受教育程度、家庭年收入、是否了解农保等12个因素纳入模型，希望通过模型预测出具有某特定特征的居民投资参加新农保支持频数为0或1。通过迭代和统计检验后，得到表4-17。

通过表4-17我们可以看到，原先被选中的性别、年龄、女儿数、家庭总人数、月存款数、老人最低保障、是否担心养老这六个解释变量被剔除出来，即假设1（年龄与参保意愿呈正比）、假设4（生育女儿数与参保意愿呈正比）、假设5（家庭总人口数与参保意愿呈反比）、假设6（个人每月存款数额与参保率呈正比）、假设9

（老年所需保障金数额与参保率呈正比）、假设 11（担心自身未来养老问题与参保率呈正比）未能通过检测。因此，我们不能将其引入方程，因为如果引入则相应的 Score 检验的 sig. 值（概率 p 值）会大于显著性水平 $\alpha=0.05$，无法拒绝原假设。所以它们与 LogitP 的线性关系不显著，不应使它们进入方程。

表 4－17　　　　不在方程中的变量

			Score	df	Sig.
剔除变量	变量	性别	0.015	1	0.902
		年龄	0.689	1	0.406
		女儿数	0.864	1	0.353
		家庭总人数	1.127	1	0.288
		月存款数	0.849	1	0.357
		老人最低保障	3.402	1	0.065
		是否担心养老	1.246	1	0.264
	总统计量		6.162	6	0.405

表 4－18 显示了筛选后的解释变量和各解释变量回归系数的检验结果，可以看出最终的模型包含了受教育程度、家庭年收入、是否了解农保、是否承包土地、儿子数五个变量，各自回归系数显著性检验的 Wald 观测值所对应的 Sig. 值（概率 p 值）都小于显著性水平 $\alpha=0.05$，均拒绝系数为 0 的原假设，意味着它们与 Logit$p$ 的线性关系显著，应保留在方程中。EXP（B）的 95% C. I. 表示对应风险的 95% 的置信区间。最终，根据表 4－18 可以整理得到 Logistic 回归方程：

$$Logit(p)=5.286-0.7\times 受教育程度+0.602\times 家庭年收入-1.929\times 是否了解农保-0.826\times 是否承包土地-0.482\times 儿子数 \quad (4.7)$$

表 4-18　　方程中的变量

		B	S. E.	Wals	df	Sig.	Exp(B)	EXP(B) 的95% C. I.	
								下限	上限
模型	受教育程度	-0.700	0.134	27.456	1	0.000	0.497	0.382	0.645
	家庭年收入	0.602	0.134	20.240	1	0.000	1.826	1.405	2.373
	是否了解农保	-1.929	0.313	37.902	1	0.000	0.145	0.079	0.269
	是否承包土地	-0.826	0.269	9.419	1	0.002	0.438	0.259	0.742
	儿子数	-0.482	0.216	5.003	1	0.025	0.617	0.404	0.942
	常量	5.286	0.893	35.008	1	0.000	197.484		

4. 预测结果。

表 4-19 为混淆矩阵，它能够通过表格形式展示模型预测值与实际观察值吻合的程度，该方法可以直观地评价模型的优劣。通过表 4-19 可以看到，此次模型的判断准确性已达到 76.1%，可以满足研究要求。

表 4-19　　分类表

	已观测		已预测		
			是否参与农保		百分比校正（%）
			0	1	
模型	是否参与农保	0	93	51	64.6
		1	34	177	83.9
	总计百分比				76.1

5. 模型解释。根据上述 Logistic 模型的回归结果，可以得到影响本次样本参与新农保行为的因素。

（1）从调查对象的个人及家庭特征分析。表 4-17 显示，调查对象的性别、年龄、生育女儿的数量和家庭总人数没能通过检验，说明它们对参与新农保行为的影响并不显著。而表 4-18 显示，调查对象自身的受教育程度和生育儿子的数量对其参与新农保有显著性影响。

其中，受教育程度因素显示的是负数，这表示该因素与是否参保呈反比，这就否定了原假设2（受教育程度与参保意愿呈正比）。从理论上看，文化程度越高，代表其认知能力越强，对世界的认识和政策的了解会更深刻，对于其认识和参与新农保都有积极的影响，数据分析应该呈现出正相关关系，而本次回归结果却与一般结论相悖。通过在样本地区调查后发现，随着农村生产结构的调整、收入方式的变化以及农村年轻人口的外出务工和学习，文化程度较高的农村人口更倾向于选择留在城市生活，且有过上较好生活质量的资本，并不再打算返回农村户籍地继续生活，这就降低了他们对新农保制度的兴趣。同时，由于受户籍因素影响，他们不能参加城镇职工或城镇居民的养老保险，这就造成了其没有合适的社会养老保险制度可以参加，从而使得他们处于社会养老保险的真空地带或更多地选择参加商业保险。这就解释了为什么文化程度越高而越不倾向于参与新农保的现象。

调查对象生育儿子的数量与参保行为呈负相关的结论肯定了进行模型分析前的预期假设3，即儿子数量越多越不会选择参与新农保。这个现象很好解释，自古以来我国就有“男尊女卑”、“重男轻女”、“养儿防老”的传统思想，虽然随着社会的进步、人类文明的发展这些思想已不像过去那么严重，但在广大农村还是根深蒂固。在农村，儿子成家后多是与父母同住，由于本来户主生育子女数量就较多，再加上新人口的加入，使得农村家庭多以大家庭的形式存在，农村老人自然就倾向于选择家庭养老模式。

（2）从调查对象的经济情况分析。

在表4－18中，农户上年度家庭年收入的因子系数为0.602，说明其与参保行为呈正相关关系，这一结论验证了假设6；是否承包土地的系数为－0.826，但由于在选项设置上，选择承包土地记为“1”，未承包土地记为“2”，所以分析结果说明承包土地的农户会更倾向参与新农保制度，这一结果与预期假设8相反。

农户如果要参与农保，一个非常重要的步骤就是缴纳保费。农户收入水平越高，越容易负担保费，对于是否参与制度也就不会思虑太多。在经济年收入高的家庭看来，选择参与新农保不仅不会加大经济负担，同时还能够受惠于国家的政策，对于这种小投入、多受益的制度，自然是他们的不二选择。在经济因素中，笔者还选择了"每月存款"作为解释变量，但却在检验过程中剔除出了模型，对于该因素的解释还有待探讨。

从回归分析结果来看，承包土地的农户会更倾向于参加新农保制度。这是因为，土地一直以来都是农民赖以生存的基础，对于他们来说，土地就是安全感，土地给缺乏文化教育、职业技能的农民提供了劳动生活的资源，因为他们可以生产出人类生活的必需品。然而，在城市化背景之下，土地的保障功能较之过去有所减弱，以土地为职业的农户由于面临更多的自然风险、社会风险和被征地的风险，会更加愿意参与新农保制度。

（3）从对新农保认知的角度分析。从分析结果来看，"是否了解农保"会对参保行为产生影响，且呈负相关关系。这是因为，在问卷中对此问题的选项设计是从"知道，很了解"到"听说过，但不清楚"再到"根本没听说过"的顺序进行设计的，其表示出来对制度的认知程度是不断降低的。所以问卷结果还是符合我们一般理论上对其的理解，即：对制度认知程度越低，对制度的参与态度越消极；反之，越能够读懂政策的农户，越愿意参与其中，随着受惠程度的增加，自然也越支持该项制度。所以该数据分析肯定了前面的预期假设10。

（四）研究结论

通过对前面数据的描述性分析和Logistic模型分析后，我们可以得到以下结论。

1. 被调查地区还是有比较浓重的"重男轻女"、"养儿防老"的传统思想，对家庭养老模式的倾向较大。

2. 通过回归分析发现，文化水平与农民参保行为呈负相关关系，这是因为文化水平相对较高的农村居民大量向城市流动。

3. 农户的收入不再只是靠农业生产获得，外出务工、经商等生产方式成为绝大多数被调查者获得收入的重要途径，而由此获得的家庭收入会对农户参保行为和缴费档次造成影响。

4. 被调查地区农户对新农保制度的认知水平处于“知道，很了解”程度的比例不高。同时，对问卷统计后发现，导致农户未参与新农保的最主要原因正是由于其对制度的不了解。

5. 被调查样本中有6成农户表示对新农保制度基本满意，同时，统计了造成其不满的原因，不知道年老时能具体领取多少养老金、当地集体补助部分太少、未来养老金不能保证养老是造成农户不满的主要因素。

4.2 基本公共服务投入的宏观影响因素分析

公共物品的非排他性和非竞争性使得免费搭乘成为可能，从而导致了市场机制不能提供公共物品或者提供的公共物品远低于社会需求，人们自然希望政府能够发挥更大的作用来替代市场提供更多更合意的公共物品，但是，在多维选择的情况下，具有自利动机的个人又可能会损害社会公众的选择结果。因此，在理论研究中都认为，要获得社会公共选择的最优结果，必须使得个人能够真实地显示其偏好，然而，在公共物品供给过程中又不存在公众偏好的自动显示机制，因此，对于以公众利益为己任的政府而言，应制定相应的规则来引导公众表达其真实偏好并为此承担相应的成本。在我国农村基本公共服务需求偏好的表达过程中，由于农民表达意愿、表达渠道等因素影响，农民在公共服务供给过程中实际上处于被动地位。近年来，尤其是农村税费改革以来，我国农村基本公共服务供给状况有了较大改革，但是，这种情况的出现并不是农民自身公共服务需求意愿表达的结果，事实上它是我国“自上而下”决策机制的延伸结果。我们仍然担忧这种情况如果得不到有效改变，农村基本公共服务的供给状况就难有可持续性的平稳发展。因此，从宏观角度而言，农村基本公共服务供给中最大的决策机制是农民公共服务需求的表达机制。

一、“一事一议”与农村基本公共服务供给

（一）“一事一议”与农民理性

为打破“黄宗羲定律”，困扰多年的农村税费改革终于有了实质发展，我国取消了乡统筹和改革村提留，原由乡统筹和村提留中开支的“农田水利基本建设、道路修建、植树造林、农业综合开发有关的土地治理项目和村民认为需要兴办的集体生产生活等其他公益事业项目”所需资金，不再固定向农民收取。显然，事权的存在与财权的缺失在基层出现了尖锐矛盾。为化解这种矛盾，在农村税费改革进程中，国务院办公厅发布《国务院办公厅关于转发农业部村民一事一议筹资筹劳管理办法的通知》，“一事一议”筹资筹劳办法应运而生。开展“一事一议”，必须遵循“量力而行、群众受益、民主决策、上限控制、使用公开”的原则，在召开村民会议或村民代表会议时，应有本村 18 周岁以上村民的半数参加或者有本村 2/3 以上农户代表参加，所有决定要经到会人员的半数通过才能有效。开展“一事一议”必须具体三个基本前提：一是有发起人，不论身份与数量发起人的存在是议事会进入议事程序的必备条件；二是群众对所议事项要求强烈，群众有要求是“一事一议”议事会启动的动因；三是议事会范围内群众直接受益，群众受益是“议事”成功的重要条件。但是，在多年的执行过程中，“一事一议”变成了“有事不议”、“多事一议”、“一事多议”等现象，农民参与积极性普遍不高，多数人认为农村的公益事业应由政府来直接供给，自身没有能力负担也无须花费心思，有些地方没有发起人，甚至小组组长都是通过“抓阄”来解决。

很明显，“一事一议”实行后，我国广大农村尤其是中西部经济发展薄弱的农村，其基本公共服务供给状况并没有得到明显改

观。多数人在总结问题时，认为执行不力的主要原因在于农村经济薄弱，农民"无钱可筹"，在钱的约束条件下，农民缺乏应有的理性，获取了眼前利益而牺牲了长远利益。真的吗？笔者认为，具有经济理性的人追求经济利益极大化似乎是件天经地义之事。然而，在社会学和经济学过去的研究领域内，传统小农被看成是"另类理性"，社会学家通常把传统小农描述成传统、封闭、保守的群体象征符号，农民的价值取向和群体特征都被看成是与现代理性相对立的"另类理性"；而在经济学领域，为生计而生产的小农对最优化目标的追求和对利弊的权衡不是体现在利润和成本之间的计算，斯科特（J. C. Scott）以东南亚小农为样本，认为小农缺乏"熊彼特式"的创新精神，不以收益最大化为经营目标，其实是没有计算的机会和趋利避害本能的体现。然而，舒尔茨（T. W. Schultz）认为，小农作为"理性经济人"，对价格反应灵敏，其在农业内的生产要素配置效率符合帕累托最优原则①，从而论证了小农的经济理性及在其经济行为中的普适性。从中国的实际情况来看，"草根经济"的发展需要造就成千千万万个市场主体，而市场主体的基本要义是，在市场上从事生产和交换活动的组织与个人，以在满足社会需要中追求自身利益最大化为目标，自行承担风险。但是，在我国长久以来的农村社会中，由于农业的特殊性及对农民理性的怀疑，农民的自主决策权没有得到尊重，大部分决策权被政府部门替代了，从"官逼民富"到"形象工程"等，农民自身的市场经济决策权被替代了，政府的工作重心从提供公共服务转移至充任"政治企业家"的角色。有学者认为，与其说是农民缺乏理性，还不如说是制度缺乏理性②。

因此，笔者认为"一事一议"执行乏力，未能实现当初设计的政策目标，其主要的原因不在于"一事一议"，而在于"一事一

---

①② 郑风田：《制度变迁与中国农民经济行为》，中国农业科技出版社 1999 年版，第 15～18 页。

议”这种制度产生的动力中未能尊重农民的自主决策权。

（二）“一事一议”升级与改革中出现的问题

为纠正“一事一议”出现的“事难议、议难决、决难行”现象，调动农民参与的积极性，从2008年开始国务院决定通过开展村级公益事业建设“一事一议”财政奖补试点来促进农村公益事业建设（财政部发布的《关于印发〈村级公益事业建设一事一议财政奖补资金管理办法〉的通知》），为激活“一事一议”筹资筹劳制度，破解村级公益事业建设难题，加快社会主义新农村建设，按照中央部署，2008年国务院农村综合改革工作小组在黑龙江、河北、云南三省开展了村级公益事业建设一事一议财政奖补试点，2009年试点扩大到17个省份，2010年进一步扩大到27个省份，2011年在全国全面推开①。各地积极贯彻中央文件精神，结合自身情况，开展“一事一议”财政奖补工作（具体参见表4－20）。各级财政不断加大投入力度，建立健全村内公益事业建设“一事一议”财政奖补资金稳定增长机制，2008～2011年各级财政共投入奖补资金1039亿元，其中中央财政共投入奖补资金275亿元②。

表4－20　全国部分省市“一事一议”财政奖补试点改革情况

省（市）	主要做法
黑龙江	创新奖补机制；创新投入机制；创新议事机制
江苏	突出工作重点；带动社会资本；加大督查力度
四川	明确范围；调整标准；统一测算；考核激励
重庆	突出农村产业发展，实现项目示范效应
海南	加强奖补资金监管
江西	五个优先，试点推广；扩面提标；强化监督；先建后补，建补同行
厦门市	逐级申报，项目化管理；先建后补，报账兑现

资料来源：财政部网站，根据《“一事一议”财政奖补显成效》编制而成。

①② 财政部网站：《160亿元中央财政资金“四两拨千斤”——2011年全国村级公益事业建设一事一议财政奖补资金投入完成562亿元》。

从实际操作层面来看，尽管奖补政策成效较为明显，但在具体运行过程中也出现了较为明显的问题：第一，筹资筹劳程度较为复杂，影响了村民、村组干部的积极性；第二，财政奖补比例较低，与实际需求出现较大缺口，村民与村组干部积极性也不高。尽管奖补比例各地不一，但村民可筹集资金额度不高，向财政申请的奖补资金也不高，而且两者目标也不一致，在项目建设选择上出现非一致性。笔者认为，积极性不高的实质仍然在于公权力的扩张与农民自身的自主决策权没有得到尊重，不论是前期的“一事一议”还是升级了的“一事一议”基本上都是在资金上做文章。从理性角度看，农民“搭便车”的心理不仅存在，在某些地方甚至相当普遍，因为基本公共服务的供给似乎离其生活很遥远。

（三）“一事一议”与农村基本公共服务供给的调查

“一事一议”能否顺利执行，关键点在于农民需求表达与表达后的决策，体现在基本公共服务方面就是其需求与供给是否对称，笔者就这两方面的问题在江西吉安市某镇某村的饮水工程供给中展开了写实性的调查。

该村位于吉安市较为偏远的地方，近年来由于城镇化当地饮水出现了问题，村庄36家农户饮水面临困难，但当地环境较为优美，森林覆盖率较高，水源水质较好，几经考察，村民决定从山上饮水入村。本来是一件令大家高兴的事情，但饮水工程推进不前的主要原因在于工程款的分摊问题，村民集中的意见主要是“费用过高：每户分摊3000元”、“分摊不公平：户数计数难题”、“监管：不相信集中办事的村民”、“政府不确定：奖补资金究竟有多少”等。笔者就议事过程中出现的问题，从需求与供给两方面对该村进行简要访问与调查，参与回答且有效的全村村民共计113人。

1. 需求表达。如表4－21所示，在全村村民的选择中，多数村民并没有偏执地与客观事实相违背，而是客观地回答了“有关系”，此项比例达89.38%，说明在村民心目中“说出来”是议事中重要的前提；但如何“说”，是否有相应的渠道供其正常表达，当然马路上的情绪泄愤不是表达渠道，在这个选项中有1/2的村民认为不畅通，其中的原因可能与村民“不知道”或“说了等于没有说”有直接的关系，因为赞同存在且畅通的只占1成村民；如果说出来了且马上需要形成决议，对所议之事分摊费用时，村民如何反应呢？“隐瞒”与“不隐瞒”几乎比例相等，前者大于后者9个百分点，有10%的村民回答“不清楚”，这说明村民对成本分摊不是全部反对；如果工程是“一次投入，终身受益”的一次性投入项目，村民愿意分摊成本的比例明显上升，达到62.83%。

表4-21 该村基本公共服务需求表达情况

问题	选项	频数（人）	比例（%）
农村公共物品的需求表达是否与你相关联	（1）有关系 （2）没有关系	101 12	89.38 10.61
表达渠道是否畅通	（1）畅通 （2）基本畅通 （3）不畅通	12 31 60	10.61 27.43 53.10
考虑到成本，是否会隐瞒真实偏好	（1）会 （2）不会 （3）看实际情况	56 47 10	49.56 41.59 8.85
公共物品提供需要成本，你愿意承担吗	（1）愿意 （2）不愿意	71 42	62.83 37.17

2. 供给决策。表4-22反映的是该村基本公共服务供给决策情况，在“农村公共物品供给决策的方式”问题中，有76.99%的村民选择“由上而下”，说明议事也好，奖补也好，似乎是政府的“一厢情愿”，政府一揽子提供“菜单”与“食材”，村民仅是遵照意旨“点菜”；在“决策中谁的作用大”选项中，“村民”仅占5.31%，多数人认为决策中发挥关键作用的是自己以外的人，因此，在实际公共服务供给中“墙内开花墙外香”就太自然了，村民可以“说”事，但在形成决策时，决策结果与说的没有任何关系；

在“应该谁的作用大”选项中，有六成多的人认为应该是“村民”，自己的事自己决策，替代决策不会形成供求均衡，而且还可能会产生很多问题。

表 4-22　　该村基本公共服务供给决策情况

问题	选项	频数（人）	比例（%）
农村公共物品供给决策的方式	（1）由上而下 （2）由下而上 （3）两者相结合	87 2 24	76.99 1.77 21.24
决策中谁的作用大	（1）干部 （2）村民 （3）中央政府	59 6 48	52.21 5.31 42.48
应该谁的作用大	（1）村民 （2）镇、乡、村干部 （3）说不清楚	61 18 34	53.98 15.93 30.09

上述简要的调查说明，在我国广大的农村，农民所希望且需要的决策机制没有出现，尽管政府在制度供给中设计了诸多出发点很好的制度，但全国各地情况不一，村民的积极性没有调动，村民应有的管理权限没有得到尊重，村民被动的决策地位没有得到根本改变。因此，从宏观上说，我国农村基本公共服务供给中决策机制的影响因素中还有更深层次的因素在制约村民的自主决策。

二、公共精神培育与农村基本公共服务供给

一种经济体制能否有效运行与其所处的文化环境有着千丝万缕的关系，与经济体制相协调的文化氛围能在一定程度上促进经济增长、推动社会进步。我国农村基本公共服务供给体系的有效运行，不仅需要经济层面的相关改革，还需要文化层面的社会认同。公共精神——民主社会和公共财政的思想基石——的培育能为农村基本公共服务供给体系创造文化心理上的公众关切和公众认同，从而吸

引、调动更多的力量来支持并完善这一机制。亚历山大·汉密尔顿说过："人类社会是否真正能够通过深思熟虑和自由选择来建立一个良好的政府，还是他们永远要靠机遇和强力来决定他们的政治组织"（汉密尔顿，1982），基于深思熟虑和自由选择建立的公共秩序，是一种以自治和自由为基础的秩序，而基于机遇和强力建立的公共秩序，是一种以统治和服从为基础的秩序，我们应该强调的是民众自主参与农村基本公共服务建设这样一种公共精神培育。

（一）公共精神在农村基本公共服务供给中的作用及机理

公共精神是市场经济和公民社会等公共生活形态中，以公民、社群、社会的公共福利最大化为生存发展最终依归的一种价值取向。公共精神具有公共性、底线性、政治性、辐射性四个方面的特征，包含民主、平等、参与、秩序、责任、奉献等一系列基本价值目标，它维护社会整体利益，关注每一个人的权利和尊严，是社会成员在公共生活中的准则和规范。公共精神可以分为社会公共精神和政府公共精神：社会公共精神主要指的是公民的公共精神（即"公民精神"），一般表现为平等、参与、为共同体利益而超越自身利益等公共美德，"品德崇高的公民"是社会公共精神的核心；政府公共精神主要指的是公务员的公共精神（即"行政精神"），一般表现为民主、正义、依法执政、为人民服务等对宪法基本原则、公共行政基本原则、公共行政职业伦理的遵守，"以人为本的官员"是政府公共精神的核心。公共精神的内核是超越个人利益、服务公共利益的自我许诺，以及对于国家利益和宪法价值的认同与守护。在公共精神的诸多内涵中，公共理性是核心，公共关怀是精髓，公共参与是实质，公共利益是追求，而实现这些内涵的前提是对个人意志的普遍尊重，真正做到以公民和社会为价值依归。我国农村基本公共服务供给体系植根于社会主义民主社会和市场经济体制，它的发展与完善需要得到社会公众的普遍认同和有效支持，而公共精神在此过程中扮演了重要的角色。

1. 公共精神的普及能够吸引服务供给主体。公共精神中"秩序”、“责任”、“奉献”等内涵能够有效引导有能力的行为主体积极参与农村基本公共服务的供给，并为政府管理部门根据不同的公共属性和政治属性对其进行合理分工、团结合作奠定思想基础。在公共精神的指引下，政府应主要提供安全、环保等纯农村基本公共服务，市场应参与提供教育、保险、培训等准农村基本公共服务，非政府组织应积极提供“希望工程”、“春苗行动”等社会公益服务，村民应合作提供自来水管道、公共厕所等小型基本生活设施。在这一多元服务供给体系中，公共精神能够协调政府与市场、社会、村民等行为主体在提供农村基本公共服务上的职责范围，理顺各个供给主体之间的复杂关系，有效推动农村基本公共服务供给体系由“单中心”向“多中心”过渡，为构建一个“政府主导、市场协调、社会补充、村民合作”的多中心供给模式发挥协调促进作用，从而有效解决农村基本公共服务的服务供给不足问题。

2. 公共精神的普及能够拓展资金筹集渠道。在公共精神的指引下，农村基本公共服务供给的资金来源将呈现多元化趋势：随着公共精神对农村基本公共服务供给体系的多元化推动，以企业为代表的市场力量、以非营利组织为代表的社会力量、以民间社团为代表的村民合作力量将会在符合自身利益和价值追求的前提下积极参与农村基本公共服务的资金供给，从而改变完全由政府提供资金的困境，有效减轻农村基层政府的财政压力。具体而言，市场化筹资途径可通过“以钱养事”等形式吸引市场资金，社会化筹资途径可通过社会捐助等形式吸引社会资金，村民合作筹资途径可通过自筹自助等方式吸引自有资金。与只能依靠财政渠道筹集资金的单中心供给模式相比，建立在公共精神基础上的多中心供给模式不仅能够吸引更多渠道的资金通过各种方式参与农村基本公共服务供给、缓解当前该机制普遍存在的资金不足问题，而且还能够在多元主体之间引入竞争机制、提高农村基本公共服务的供给效率，并在一定程度上丰富了资金来源、增强了该机制的稳定性，从而有效解决农村基本公共服务资金投入不足的问题。

3. 公共精神的普及能够缓解供需结构矛盾。公共精神中“民主”、“平等”、“参与”等内涵能够激发村民对农村基本公共服务的需求表达意愿，在鼓励村民积极参与农村基本公共服务供给的同时逐步建立并完善一种“自下而上”的农村基本公共服务需求表达机制和供给决策机制。现行的农村基本公共服务供给决策机制并未给村民参与留下很多空间，以至于村民对农村基本公共服务的实际需求在供给决策中难以得到体现。村民是农村基本公共服务的使用者和消费者，农村基本公共服务的供给必须以村民公共需求为导向，鼓励村民参与政策的制定与执行，这是提高农村基本公共服务供给效益的内在要求。在公共精神的指引下，村民将积极参与农村基本公共服务供给，其对农村基本公共服务的普遍诉求将通过多种途径得到表达并有效影响农村基层政府的供给决策；农村基层政府将着力完善农村基层民主建设、健全公众评价机制，从而建立一种能够充分体现村民需求的农村基本公共服务供给决策机制。在公共精神基础上建立的“自下而上”的需求表达机制和供给决策机制能够调动村民积极参与相关决策并保障政策效率、获得公众认同，从而解决农村基本公共服务的供需结构矛盾问题。

（二）农村基本公共服务建设中公共精神培育的传统与现代资源

1. 公共精神培育的传统资源。我国乡村公共精神的传统资源与熟人社会、地缘与血缘等结构存在紧密联系，其运行的基础是宗法伦理型社会关联，遵循关系理性行为逻辑。简言之，就是把当地的熟人人脉、血缘关系等社会人际关系方面的力量良性运用起来，为农村的建设发展起到源头推动作用。公共性的社会属性使得这些社会关系获得了置于公共性框架内进行分析的前提。关系理性注重的是人际关系的维持与促进。它是林南用于分析东方世界交换行为的一个重要概念，是东方世界独特的地方性知识（东方社会有其独特的属性，这些地方文化在西方社会是不需要考虑的）。在转型期，这些传统资源仍将对乡村社会产生普遍影响，即便是在现代公众社会中，熟人利他交换行为和基于血缘与地缘的村社共同体意识仍可存在于以获取社会资本为主要目的的同乡会、商会等组织之中。

一般认为农村是个熟人社会，熟人亦被视为中国特有的一种社会关联方式。从历史的角度来看，村里是农村社会产生以来十分古老的一个概念，历史上一直是以自然村的面目出现的。因此，以某一小村庄为模型，能更好地描述村庄中的熟人利他交换行为。在这个小村庄内，村民之间的交往较为频繁，是典型的熟人社会。在熟人社会这个较小场域内，无形的社会资本激励与伦理约束明显存在。从激励角度看，奉献与利他能博取道德上的赞誉。这种赞誉是一种重要的社会资本，能使行为者获得相应的社会动员能力，它因农民一生中若干重大生产生活事件需要获取众人帮助而具有重要价值。当奉献和利他行为超越个人而指向集体之时，它就可能演变为农村公共精神。在这种情况下，行为者可以获取更多的社会资本，其社会赞誉度亦更高，现已成为许多农民心目中理想的村干部的必备素质。从约束角度看，在面子、道德和舆论压力下，村民在自然村中的行为往往会选择遵循道德规范而避免违规，否则他将被孤立（富者孤立）或者边缘化（穷者边缘化）。这可以表示为人脉约束力量。

另外，村社共同体意识表现为集体愿景的建立及其认同两个逻辑上前后相续的部分。共同体意识甚至可视为是公共精神的逻辑前提，因此，村社共同体意识也是农村公共精神最重要的传统资源之一。虽然从理想类型上看，传统乡土社会的共同体可以分为血缘共同体与地缘共同体等基本形态，但是，其中任何一方都无法引致村社共同体意识的形成，村社共同体意识应该是两者共同作用的产物。更为重要的是，这种共同作用是以相互叠加的形式出现的，即难以分清置于村社共同体意识背后的到底是血缘关系还是地缘关系。

血缘关系和地缘关系的相互叠加，有利于转型期内村社共同体意识的维系。现代化的过程可能会不可避免地导致传统的失落：随着市场经济的发展，人际关系理性化已经削弱了传统的血缘关系；

随着人口流动的加剧，地缘共同体的认同也正面临着威胁。然而，血缘关系与地缘关系叠加所形成的合力却有可能使得村社共同体意识得以维系而不至于解体。典型如村庄之间凸显冲突时，重要的血缘关系与地缘关系便会被立刻动员起来，集体的身份认同会得到明显的表现。在契约型社会中，血缘关系以及地缘关系仍旧是村民自组织的可借之物，能紧密联系村民，避免力量的分化。

2. 公共精神培育的现代资源。我国农村公共精神的现代资源与村庄集体企业、村民自治、社会主义市场经济等有紧密的联系，其运行的基础是契约型社会关联，遵循着交易理性的行为逻辑。虽然交易理性追求利益的最大化，但是，交易的维持却是以双方利益的均衡为前提，因此，交易理性表现为交易者对利益的获取与让渡量的理性计算能力。从原初的意义上看，公共精神是基于交易理性而结成经济共同体进而引致公共生活的产物。总地来看，农村公共精神的现代资源与我国当代的乡村民主治理之间存在更强的契合性。

在村庄集体企业中，企业与村民之间存在紧密的经济利益共享共损关系，主要表现为集体企业与村民股东间的投资关系、企业与村民间的劳动雇佣关系、集体提留与村民公共福利等方式。这种利益共享共损关系催生了现代经济共同体意识，诱致村民积极的政治参与和对共同体利益的维护，进而对乡村政治中的利益关系建构产生影响。李培林等通过对广东超级村庄的研究，发现了一系列有利于现代经济共同体成长的因素。超级村庄拥有强大的集体企业，村民亦已脱离了传统的农业生产活动，他们都是企业的股东，并凭借股份从中获取分红。在这种利益关系模式中，村民个人的基本生活密切依赖于村集体企业所分配的投资收益以及教育、安全、福利等重要的公共产品。超级村庄已超越了传统的宗法伦理共同体性质，逐渐形成了基于契约关系的现代经济共同体。个人与集体之间的相互依赖为现代乡村公共精神的培育提供了坚实的基础。村庄集体企业需要考虑广大村民的公共需求和公共福利，村民也需要积极参与村庄公共事务以维护自身利益，公共领域的成长为公共精神植根乡村提供了深厚的土壤。

另外，还有乡村公共事务中的政治契约精神，乡村公共事务中的政治契约精神主要指在村民自治的民主选举、民主管理、民主决策和民主监督等过程中所体现的权利与义务意识，表现为村民积极行使村庄公共事务参与权并履行关心和保护集体利益等义务。这种政治契约精神有利于在平等和互利的基础上促进相互间的广泛共识与合作。政治契约精神能提高乡村公共精神的稳定性。在理想化的契约民主中，村庄中每一方在获取自身需要而归他方所有的权益之时，必须相应地让渡出自己的部分权益；换言之，在获致这一部分权益的同时，也就承诺了对这部分权益所必须履行的义务。这种契约民主能在可协商性和公共性两方面推动村民权利与义务的协调，从而提高乡村公共精神的稳定性。

当然，社会主义市场经济内含的公平、诚信、和谐等理念的内化，将赋予农村公共精神以现代性的特质，完善与丰富着乡村公共精神的内在品格。在乡村走向现代化的进程中，与法制经济相伴随的公平竞争、诚信、和谐需要内化为农村生产生活中的公共精神和村民的基本品格。

（三）农村基本公共服务建设中公共精神培育的路径选择

在本土传统与现代资源构成农村公共精神培育之路径依赖的情况下，其培育应该从传统资源与现代资源的合理利用出发。农村公共精神中基于关系理性的传统资源，需要在与交易理性的融通中传承；其现代资源的丰富与发展亦须植入农村传统的特色。

1. 适当发挥熟人社会的作用。中国的农村民主存在三个层次，即微观的基于自然村的熟人社会民主、中观的基于行政村的半熟人社会民主和较宏观的基于乡镇的公众社会民主。由于信息对称程度高，熟人社会民主的运行比较理想。因此，在乡村的民主治理中，要充分发挥熟人社会在民主选举、民主管理、民主决策以及民主监督等过程中的作用。

2. 合理利用基于血缘与地缘关系的村社共同体意识。我国的传统在现代化过程中虽遭受削弱但却并未遭遇解体，宗族组织等亦能与现代性达至一定程度的契合，并在乡村发挥正面作用。更积极的观点认为，传统与现代在现实中并未呈现出明显的分野，两者之间更多呈现的是创造性的互融。因此，传统村社共同体意识的存在和发展仍具有现实基础，是有待于合理利用的重要传统资源。毕竟，血缘和地缘基础上的社会关联具有更强的公共价值取向和文化认同。这种传统的村社共同体意识有待于更多经济共同体因素的注入，从而促进契约型社会关联的发展。

3. 大力发展村庄集体企业。在我国乡村，村庄集体企业承载了乡村经济发展、公共事业、村民福利、社会保障、就业等公共功能。只要它与村民间的利益共享共损关系得以维持，基于村庄集体企业的现代经济共同体意识培育就具有极大的发展潜力。因此，政府应该在税收等政策上给村庄集体企业以适当倾斜，并认真行使公共服务职能，为村庄集体企业提供良好的市场环境。此外，村庄应该在乡村民主治理的框架下完善集体企业的治理结构与制度，以提高企业的市场适应及盈利能力，从而为现代经济共同体意识的发展提供持续动力。

4. 培养乡村公共事务中的政治契约精神。村民自治的推进与乡村公共事业的发展，亟须培育村民的政治契约精神，提高他们的权利与义务意识。根本而言，乡村公共事务中的政治契约精神体现的是以权利与义务为核心的公民意识。熟人社会政治的不足之处在于私人情感较易侵入公共领域，这会对公共领域的发展形成掣肘。公民意识的养成有利于建立起以国家或者公众世界为指向的共同体意识，从而推动乡村公共精神从熟人社会走入公众世界，从而超越传统的宗法伦理并获致现代意义上的公共性意涵。

（四）农村基本公共服务建设中公共精神培育的可操作性措施

1. 加大村民的参与度。当前，村民们的素质正在不断提高，不仅敢于表达不满，而且还能拿起法律武器来保护自己的正当权益，这也同样表明逐步完善农村民主和村级自治的时机日益成熟。在政府权力过大的情况下，不仅会出现寻租的局面，还会导致村民的实际需求得不到满足。在公共精神培育的过程中，要积极发挥农村公共精神培育的传统和现代资源，让村民的自治有充分的人力保障，再给其政策推动，确保农村的基本公共服务设施都有村民的参与，并能正确地表达需求。

2. 为农村公共项目建设提供有效的产权制度安排。只有明晰的产权制度才能确保“搭便车”的行为得到制约，因为农村血缘和熟人关系错综复杂，只有明确的产权制度才能避免“三个和尚没水吃”的局面，可以充分利用公共精神培育的路径判断熟人关系来划分产权，或者利用血缘和地缘关系来划分，这样，产权明确便于赋予投资主体相应的权利，公共项目也会被更有效率地提供，熟人和血缘关系会更有利于形成一个经营主体，而且会自主监管。

3. 以有限的政府财力带动民间社会资源。消除农村基础设施建设滞后的问题，还需打破政府是农村基础设施建设投资渠道唯一来源的框架，建立一个能够与市场经济相适应的多渠道筹资模式，保证有充足的资金来推动农村基础设施建设，以满足经济与社会发展的需要。加强农村基础设施建设，在有条件的地方还可以采取以奖代补、项目补助等办法给予支持。

4. 大力发展农村自有资源优势。一方水土养育一方人，每个农村公共项目的发展，关系到每家每户甚至是每位村民自身，虽然政府可以做到资金和政策上的倾斜，但是没有办法从根本上改变农村发展的现状，类似于每个农村有自身不同的情况和问题，每个农村也有自身独特的产业优势，而我们要做的就是利用其自身的能力，在良性运作之下带动整个产业链的发展。因此，公共精神的培育可以从自身资源优势的发现与弘扬开始，做好传统文化的传承与现代文化的发展。

显然，农村基本公共服务的建设与供给需要有良好的机制，而公共精神的培育是其他机制所无法替代的。只要有良好的公共精神培育机制，农村基本公共服务供给相对落后的困境一定可以得到圆满解决。因此，我国农村基本公共服务供给层面上应更多地考虑怎样在政策上培育和发展公共精神。

5.

农村基本公共服务的财政体制保障机制的实证分析

在公共品理论和公共选择理论的形成过程中，传统财政理论得到了充分的理论阐述与证明，无论是“以足投票理论”、“俱乐部理论”还是“奥茨分权定理”、“最优分权模式菜单”，其核心思想就是强调地方政府竞争，主张将配置资源的权力更多地向地方倾斜，促进提供更优质的公共品。近年来，新一代分权理论运用激励相容和机制设计学说，主张在委托—代理框架下解决政府间的激励问题。在我国，长期以来出于管理的需要而对中央政府宏观性资源优势利用较多，对地方政府在税源管理上的优势认识不足。因此，在诸多讨论税权配置的研究文献中，讨论最多的就是如何借用西方理论来改进我国的财政分权，在中央政府、地方政府及地方各级政府之间进行合理的权利配置。目前我国学者的观点主要有以下两种：一种观点认为我国的纵向权利配置应与政体一致，应将经济发展中大多数权利集中在中央政府；另一种观点认为应赋予地方政府一定的经济发展自主权。1994 年财税体制改革在及时扭转两个比重偏低的窘境、强化中央财政的主动性方面发挥了积极作用的同时，也初步建立了一套适应经济社会形势变化及符合国际惯例的财税制度。但是，随着经济形势的发展变化，我国财税制度也在不断进行调整与改革，央地关系、两税合并、消费税范围的重新调整、增值税转型的试点改革、资源领域内税收改革等都表明中央政府对中央与地方财政关系的重视，希望能够在完成体制改革后通过地方财力的增强来增进和改善基本公共服务的数量与质量，这些年来，中央政府通过财政体制上的改革确实对我国农村基本公共服务的供给产生了深远的影响，但是，这种基本公共服务的改善是否来源于财政体制的调整，研究者的观点不一。笔者认为，在一国制度安排中，财政关系的系列制度安排是基础性的制度安排，它不仅直接影响着地方政府的行为，更直接影响着基本公共服务供给的类型与质量。

5.1 财权配置与基本公共服务供给

在未来很长一段时间内，国家间的竞争可能都会反映到经济实力方面来，而从制度经济学的角度来看，现行一切正式的与非正式的制度都可能对经济发展产生积极或不积极的影响。财政权利作为处理政府间关系的重要权利之一，其配置状况将大大影响经济发展的实际绩效。

一、经济发展与财权的基本关系总结

中国经济之所以增长甚至创造"东亚奇迹"，多数学者认为是财政分权所致，集权体制的不断分权化与地方政府主导的制度创新是理解中国经济增长的两个重要方面。改革开放以来中央政府与地方政府的分权改革创造了一种被钱颖一（钱颖一等，1984）教授定义的"中国式财政分权"，这种分权模式通过政治激励与单纯的经济 GDP 标尺竞争赋予了地方政府推动经济发展的充分能力。可以认为，中国经济持续多年来的 GDP 高位运行，其主要动力来源于"中国式财政分权"的制度安排。

（一）世界历史经验

历史经验表明，在一个由多级政府构成的国家中，通畅的中

央、地方关系无疑会促进改革的顺利进行并取得较好的改革绩效，反之，则会影响改革进程甚至造成混乱，而要处理中央、地方间的关系，制度经济学家认为关键在于协调好两者间的财政关系，因为政府是一种将经济外部性内部化的组织，财政不过是为保证这一组织正常运行的金融手段而已。在处理中央地方财政这层关系方面，多数国家的成功经验是：要取得良好的经济发展绩效与提高公共品供给效率，在政治与经济上同时实行分权是一个不错的选择。显然，如何在多级政府间合理配置税权，既是政府间财政关系处理是否妥当的标志之一，同时也对经济发展有着重要的影响。

（二）我国现实状况

改革开放以来，中国经济取得了世界公认的长足发展，连续高位增长的经济被世人誉为“增长奇迹”，这不仅有力回击了“华盛顿共识”，还在回击的基础上建立了具有中国经验的“北京共识”，而这对世界各国尤其是欠发达国家具有极大的价值，目前正成为不少其他发展中国家寻求经济增长和改善人民生活的模式。显然，巨大的成绩主要得益于我国不断进行的经济体制和政治体制改革。有学者认为，中国奇迹的发生固然是多种因素促成的结果，但“中国式分权”被认为是缔造中国经济增长奇迹的一个关键性制度安排（Lin，2000；Qian and Weingast，2005；张晏、龚六堂，2005）。然而，中国独特的财政分权模式与政治垂直管理体制是否一直能取得很好的经济绩效？有学者认为，中国特色的制度安排，即政治垂直管理体制中的官员 GDP 考核方式，实际上提供了一种类似“蒂布特”式的地方竞争，这是其成功的主要激励机制（Qian and Roland，1998）。然而，科学发展观的推行意味着 GDP 的官员考核方式可能需要转变。那么，我国经济的进一步发展依赖什么来推动？显然，世界经验为我们提供了一个可供参考的范式，虽然我们不能完全预测合理的税权配置将在我国经济发展中发挥怎样的作用，但是，如果我国的税权处理不合理或不妥当，则势必会影响经济发展绩效。

我国财政体制改革实际上走了一条既破又立的道路，在打破旧的传统的财政体制的同时，按照市场化改革的要求建立了新的具有相对独立与完整形式公共性的财政体制。

1978 年以后，我国继续延用“统收统支”财政体制，中央财政在其中发挥着重要的作用，它统揽一切，无所不包，地方机动财力与自主财权非常小，收支基本上由中央财政确定，有人根据其活动内容将其定位为“大财政”、“生产建设财政”等。当然，我们不能简单地认为此时的财政就不具有公共性。事实上，在当时高度集中统一的计划经济条件下，财政支出也具有一定的公共性，只是与现代公共财政框架内的公共性相比，在高度统一的计划经济制度下所形成的财政公共性是一种被扭曲的公共性，需要在改革中加以纠正。

在高度统一的计划经济体制下，计划是一种极强的资源配置手段，市场作用受到排斥甚至禁止，然而，经济发展需要微观主体根据市场信息自主地做出判断与决策，市场化经济体制改革为财政体制改革明确了方向。因此，在第一步的财政体制改革中，主要任务就是培育多个投资主体，改变中央财政单一投资主体的局面。与此相适应，地方政府与企业在这轮改革中获得了相对较多的财政自主权与决策权，能够自由地根据市场信息灵活地进行独立决策。从高度统一的计划经济向市场经济过渡，与市场化改革取向的目标一样，财政体制改革的主要任务是积极培育市场，而在当时的制度环境下，多市场主体是其第一步，选择地方政府作为主体之一尽管不合理但总算开了个头。因此，在这场被誉为“中国式分权”改革的过程中，财政支出范围已大为改变，国有企业也一改利润上缴的传统而变为征税，税收制度也逐步按照有利于市场经济活动而进行调整，财政尝试在公共领域内发挥作用。当然，由于市场尚处于培育之中，财政不可能一步到位地从统包统揽转变为专注公共领域。但与此前被扭曲的共性相比，财政公共性正处于逐步恢复与调整过程之中。

市场化改革需要政府扶持与引导，但是，如果政府扶持或者培育不当也可能酿成诸多不良后果，在“中国式分权”改革的过程中，地方政府相对财权的扩大导致了市场与地区分割，弱化了中央财政的宏观调控能力，对于一个需要政府分类提供诸多公共物品的转型国家而言，这不是一个令人满意的结果。因此，以财税体制为突破口，我国1994年以西方财政制度为参考系进行了大规模的财税体制改革。有人认为这次财税体制改革的实质是财力结构的调整，是中央财政在财权上的振兴。但从市场化的角度看，1992年我国确立了以社会主义市场经济体制为改革目标，财政体制改革在市场化背景下已将其目标定位于弥补市场失灵了①，也就是说，财政已经或正慢慢从非公共领域退出，也真正按照市场经济要求在构建我国的税收制度，财政支出在逐渐转入为市场服务的领域。从实际效果来看，财政体制对市场化改革所做出的改革回应是积极与有成效的，中央财政与地方财政在这次财政体制改革中都增强了财力安排的回旋余地。不可避免地，在某些财政制度安排方面仍然具有浓厚的过渡色彩。

至此为止，在政府主导的强制性财政制度变迁过程中，以市场化为进退标尺，财政在市场培育与市场弥补两方面发挥了重大作用，微观主体的市场决策权已从财政转移至企业与个人，市场在资源配置中的基础性地位已初步建立，可以说，搭建公共财政框架已具备条件。与此前的财政体制改变相比，1998年后我国财政体制的改革呈现出下列特点：（1）决策层对财政定位于公共领域认识清晰并主导着这场公共化改革，党的十五届五中全会《建议》明确将建立公共财政初步框架作为“十五”时期财政改革的重要目标，党的十六届三中全会《决定》进一步提出了健全公共财政体制的改革目标，发展市场经济需要相应的公共财政制度配合已经成为共识。

① 吕炜：《中国经济转轨进程中的财政制度创新逻辑》，载《世界经济》2003年第10期，第44～49页。

(2) 改革已突破了原有在收、支方面的讨价还价，而是具体涉及实现财政纵向不公平和横向不公平两方面的问题，省级以下政府转移支付越来越受到重视。(3) 以法制化和公开化的财政支出管理促进财政服务的公共化并为此推出部门预算、国库集中支付、政府采购三项制度来配合这项改革。(4) 以 1998 年积极财政政策和社会主义新农村建设为契机，通过国债发行，财政实现了在公共领域内的大规模投入，尤其在 2003 年“非典”过后，政府在农村的诸多公共领域也进行了大规模投入，财政服务的公共领域范围逐步与市场经济国家的财政服务领域接轨，突出的民生问题在财政公共性日渐凸显的条件下正逐步得到妥善解决。

从实践来看，以市场化作为经济体制改革目标，以公共财政框架作为新时期财政改革的重要目标，是社会主义市场经济体制作用不断增强、财政改革不断深化的结果。其实，在很长一段时期内，我们在探索市场经济体制改革的时候并没有有意识地建立公共财政的框架，但在实际改革探索与突破中已经体现了财政公共性的改革趋势，换句话说，彰显财政公共性是我们改革成功的必要条件之一。

有经济学家指出，从经济学的角度看，一个国家或地区的经济增长绩效最终是由资源配置效率决定的，而中国的财政分权也主要是通过提高资源的配置效率而不是引致更多的投资来提高经济增长率的（林毅夫、刘志强，2000）。然而，胡书东等人的研究表明，中国的经济增长是以牺牲公共政策效率为代价的。也就是说，尽管在改革探索中我们发现了竞争这种良好的资源配置机制，也发现了凸显财政公共性、提供更多的公共品是改革成功的必要条件，但在过去的改革中，我国经济增长却又损害了公共品的供给效率。幸运的是，在 1998 年后的财政体制改革中，这种情况逐渐得到重视并在某种程度上提高公共品的供给效率。对此，有学者（吕炜，2003）认为，如果说 1994 年的财税体制改革是第一次按照市场经济原则进行分配关系的调整，那么 1998 年以后的政策效果体现了体制实践的意义，反映了体制效率，当然，这种体制实践还存在一些不足，例如政府间事权划分尚欠明晰、统一规范的支出标准体系也有待进一步完善、纵向与横向间的政府转移支付制度也需明细化等。但是，我们已经搭建了公共财政基本框架，未来我国的财政改革一定会将财政的公共性体现得更加充分。

二、我国财权配置错配所衍生的问题

我国财权的配置与国家财政管理体制存在密切的关系，沿袭财政体制的变迁轨迹，财权的配置改革也基本可以分为两个阶段：一是1994年以前基本属于财政统收统支与财政包干的财政体制，中央统揽大权，地方支配零星、小额税种；二是1994年以后，财政体制实行分税分级的预算管理体制，从1995年1月1日起实行中央和地方分税制，初步明确了地方政府的税收收益权范围，建立了地方的固定收入体系，并同时分设了国税、地税两套税务机构进行税收征收以保证各自权益的实现。但此后，通过2000年《中华人民共和国立法法》、2001年《所得税收入分享改革方案》、2002年《关于完善省以下财政管理体制有关问题的意见》等方案，地方税权在放、缩之间又呈现上收趋势。从目前的情况来看，我国的财权配置还存在如下不足之处。

（一）财权错配与基本公共服务供给

在现有制度基础上，收入权的配置主要体现在税种的划分上。从目前的情况来看，由于我国正处于经济、社会的改革与转型时期，政府与市场定位难、中央与地方事权不明的现象还比较严重，实行分税制的基础较为薄弱，从而使得中央与地方税权的划分不科学、不规范，国家财力尤其是地方财力缺乏稳定性的法律保障机制，再加上近年来所遇到的宏观经济形势复杂等问题，中央政府事权扩大的趋势并没有得到有效的解决，各地尤其是省级以下政府稳定的政府收入机制并没有在法律的框架内得到有效解决。

我国财政分权与公共服务间的促进或抑制关系主要在于激励合

约安排，有人认为分权是一种制度性工具，可以限制政府部门获取和分配政策租金的权力，也会引发严重的无效地方政府竞争（门特西若·洒吐，2004）。

制度提供人类相互影响的框架，它建立了构成一个社会或一种经济秩序的合作与竞争关系，财政分权化改革缔造了我国经济发展的奇迹，但同时也导致了公共服务的缺失。从理论上讲，经济分权与政治分权是标准的分权模式，但经济分权与政治集权是否能产生类似标准模式的效果，理论上并没有给出明确的答案。中国式财政分权之所以被定义为成功，其判断的标准在于 GDP 而非社会福利的增进。因此，确立的以 GDP 增长率为主要指标的经济考核体系使得地方官员通过相互竞争获得晋升，"为增长而竞争"（周黎安，2004）的地方政府为提振经济发展绩效，在发展中参与财政剩余分配，其所展开的税收竞争主要是采取向中央政府要政策、地方政府出台"土政策"来保持对要素的高度吸引力。当然，上级政府的经济考核导向及留给地方政府广泛的税收自由裁量权也默认了地方政府为增长而展开税收竞争的做法（沈坤荣、付文林，2006）。更重要的是，体制上留存的潜在利益改变了政府行为方向，中央政府借此保持了高度的政策执行率但忽视了合意地方公共品的有效供给。Blanchard and Shleifer（2000）和 Tsuiand Wang（2004）等认为，经济分权与政治集权使中央政府能够提供足够的激励和约束，地方官员只有在"标尺竞争"中才能够获得中央政府或上级政府的政治信任。中国借此机制在获取经济高速增长的同时也在公共服务方面付出了代价，王永钦等（2007）总结为财政分权导致了公共服务方面的群分效应和效率损失。从中我们可以发现，分权化的改革在较长时间内对地方公共服务的供给产生了负面影响。

（二）财权错配影响经济运行机制

财权的高度集中，既不利于培养公民的主人翁意识，在事实上也可能会默认收费项目、隐性债务等非税收入的高速增长，这与市场经济规范化的政府分配方式相悖，也潜伏着巨大的财政危机。更为糟糕的是，财权错配将可能对经济运行机制产生影响，并进而加大宏观调控的难度。从世界范围来看，财权的配置主要可以分为两种：一种是欧洲大陆国家，其财权往往更多集中在中央，政府在经济发展中发挥的作用较大；另一种则是美国，其财权在中央与地方之间的分布更为分散，中央政府、地方政府在经济发展中都发挥着重要作用。显然，不同的财权配置模式将影响着经济运行机制，前者政府发挥重要作用，而后者则是崇尚自由经济的国家。而我国30多年来的市场化改革使得我国的市场化程度在慢慢提高，因此，与此相适应，财权的配置应该趋于分散才符合改革的趋势。否则，所衍生的问题则是严重影响正常的经济运行。

（三）财权错配影响地方经济水平与财政需求

地方经济作为国民经济的重要组成部分，对国民经济的发展发挥了重大促进作用，但是，地方政府在大力发展地方经济与地方事业的过程中，往往会受到“资金瓶颈”的制约，进一步可能阻碍经济的发展。地方政府的财权不完善乃至欠缺，无法筹集地方经济发展所需要的税收资金，因而也就不能满足地方经济发展的财政需求。美国之所以采取分权型的税权划分模式，与美国的高经济水平和较强的赋税能力有一定的内在联系。

5.2 财政分权视野下的经济增长和基本公共服务

如今是一个分权时代，现在的世界基本找不到一个国家不唱分权的调子[①]，从理论上来说，分权有利于资源配置，有利于加速经济发展与提高公共服务质量，但是，并非说分权是包治百病的良药，不同国家在面临不同制度约束条件下，即便是同样的分权，其效果也迥然不同。那么，在我国其表现如何呢？我国经济增长及公

① 王绍光：《分权的底线》，中国计划出版社1997年版，第1页。

共服务在财政分权视野下其效果究竟如何呢？

一、财政分权与经济增长

制度因素是一国经济增长的环境性因素，制度因素对于近20多年来中国经济的增长更具有决定性意义。多数经济学家认为，一国经济改革成功与否，首要问题不是“做对价格”，而是“做对制度”，而“做对制度”的关键又在于“做对激励”[①]（getting incentives right），传统的计划经济体制运行效率低下，根本的原因在于对道德说教的过度倚重及经济激励的缺位。现代合约理论认为，一个有效的激励制度就是要使个人收益率尽量接近社会收益率。同样，对于一个由有限理性人构成的政府来说，激励也是一样的。自1978年以来，中国经济改革走的是一条“微观先行”的分权式改革之路。可以说，迄今为止的所有改革，其实质都是集中在经济发展的动力机制上，即激励问题。在中国经济发展过程中，要使地方政府成为经济发展的“扶助之手”，而不是一只“掠夺之手”，离不开对地方官员的有效激励。历史经验研究表明，俄罗斯“休克疗法”的市场化之路并非一帆风顺，其重要原因之一在于没有对地方官员提供必要与足够的行为激励；反观中国经济发展与市场化之路，基于政绩考核的自上而下的标尺竞争是针对地方政府官员的主要激励机制，这种独特的晋升激励极大地调动了地方官员发展本辖区经济的工作积极性。财政体制作为经济体制改革的突破口与重要制度构成部分，它的改革与调整无疑对于经济增长具有重要作用，这种作用主要体现在以下方面。

（一）财政分权影响经济增长的机制

1. 财政分权影响资源配置从而影响经济增长。资源是一国经济增长的主要因素，财政分权主要是通过影响资源流向来促进或阻碍

---

① 周黎安：《晋升博弈中政府官员的激励与合作——兼论我国地方保护主义和重复建设问题长期存在的问题》，载《经济研究》2004年第6期，第33～40页。

经济增长。从全球范围来看，财政分权既可以在集权体制下进行也可以在分权体制下进行，在其他条件都一样的情况下，集权化的财政分权有可能导致资源从相对不发达的地区流向相对落后的地区，从而缩小地方区域经济发展的差异。当然，也有人认为集权化下的分权可能会忽视政治上弱势的地方从而导致其公共资源的配置不均，从而拉大经济发展的差异，但这种差异反过来也可能对落后地区起到一定的激励作用，从而加快其经济发展速度。总之，资源在分权的激励下会流向激励目标的指向，从而加速经济增长。

2. 财政分权促使地方政府间竞争从而影响经济增长。在传统的"TOM"分权理论下，财政分权的目的是促使地方政府在提供公共服务方面展开竞争，从而促进地方经济的繁荣与税收收入的增长。现代财政分权理论认为，中央政府在收支转移过程中可以通过灵活的政策手段选择，例如转移支付、财政补贴等手段，促进地方政府间的有效竞争，从而改进效率，加强公共服务的提供，激励地方政府进行制度创新，使本地区在竞争中占据优势地位，好的制度和政策的扩散又将为社会经济的发展创造一个好的制度环境，从而促进经济增长。

3. 财政分权促使宏观经济稳定从而促使经济增长。规范的财政分权可以使地方政府间的财政关系变得清晰明了，提高各地区间和上下级政府间协调的可能性，并且这种可能性会有利于推进财政其他改革及保障宏观经济调整的进行，从而使得整体经济在宏观经济稳定的前提下快速发展。当然，如果机制设计不当也可能起到相反的作用。

（二）财政分权与地方经济增长的实证分析

在财政分权与经济增长的关系中，除了理论上所论述的分权理由外，还存在大量的文献对财政分权与经济增长之间的关系进行实证检验。从实证结果来看，无论是运用跨国数据还是个别国家数据，无论是发达国家数据还是发展中国家的数据，结论都有所差异。当然，也有很多学者对中国的经济增长与财政分权的关系进行了实证检验，但基本局限在中央与省级政府之间，本书主要在原有基础上考虑省市之间的分权与经济增长的关系。

1. 计量模型构建。在经济增长的研究中，生产函数是一个被大家广泛采用的基本估计框架，本书中也采用这一工具来检验财政分权对经济增长的影响程度。我们采用柯布—道格拉斯生产函数：

$$Y = AK^{\alpha}L^{\beta} \tag{5.1}$$

其中，Y 为总产出；K 为总的资本投入；L 为就业的劳动力；A 为技术进步率。

对式（5.1）取对数且进行一阶微分处理，我们可以得到 GDP 的增长率，写为：

$$\mathrm{Ln}Y = \mathrm{Ln}A + \alpha \mathrm{Ln}K + \beta \mathrm{Ln}L \tag{5.2}$$

从式（5.2）我们可以看出，GDP 增长主要取决于三种因素，即技术进步、资本与劳动力，在这里我们考虑技术主要由财政分权导致，但这里的分权分为中央政府与省级政府间的分权以及省级政府与市级政府间的分权，分别计为 FIS_1 与 FIS_2，用固定资产投资额 GDI 表示资本增长率，用城市职工数 Labor 近似表示劳动力增长率，这样，我们可以建立检验财政分权与经济增长关系的回归模型，即：

$$GGDP_{it} = \beta_1 + \beta_2 FIS1_{it} + \beta_3 FIS_{2it} + \beta_4\ GDI_{it} + \beta_5\ Labor_{it} + \varepsilon_{it} \tag{5.3}$$

其中，$i=1$，…，n（为省份），$t=1$，…，T（为时间），$GGDP$ 为 GDP 增长率，ε_{it}为随机扰动项。

2. 变量属性、数据与回归分析。

（1）财政分权度的选择。在众多的财政分权与经济增长的实证检验文献中，对财政分权度的衡量有以下两种衡量方法：第一，广泛采用奥茨的财政收支指标，即用下级政府的财政收支份额来刻画财政分权度，中央与省级政府间的分权度可以表示为省级政府支出占中央政府支出的比重，而省市之间的分权度可以用下级政府的政府支出占省级政府间的比重来表示；第二，用收入中的边际分成率来表示分权度，我国学者林毅夫就是采用这种方法进行研究的。鉴于第二种方法在数据采集上的困难，我们选择第一种方法来衡量财政分权度，且我们采用的是预算内数据，预算外收入及其他收入未能统计在内。

（2）实证步骤。在实证检验中，我们主要采用式（5.3）来检验财政分权与经济增长间的关系，分为两个基本步骤：第一，首先对中国所有省份的省级政府与中央政府间的分权和经济增长进行总体检验，选择1978～2007年的数据进行；第二，选择江西省省级政府与市（设区市）间的财政分权和经济增长关系进行检验。

（3）数据与样本说明。

第一，全国样本。*GGDP*是实际GDP增长率，*GDI*是社会固定资产投资增长率，*Labor*是职工人数，数据主要来自历年《中国统计年鉴》与《中国财政统计年鉴》，选择的是1991～2003年的数据，由于数据采集上的原因，样本不包括港澳台地区、西藏、海南，为保持序列足够的时间区间，将重庆市数据并入四川省进行统计分析，合计29个样本单位的面板数据。

第二，江西样本。为保持数据上的连续性，在选择数据时，我们选择了江西南昌、九江、景德镇、抚州、新余、宜春、吉安、赣州、鹰潭、上饶等11个设区市1991～2003年10年的面板数据进行分析。

（4）实证结果。对全国的样本进行回归，结果如表5－1所示，在回归中，全国样本回归结果表明财政分权对经济增长具有正向激励作用，其系数为0.023，在置信水平为5%的情况通过检验，这意味着，财政分权每提高1个百分点，经济增长率相应提高2.3个百分点。但从我国的实际情况来看，真正意义上的分权则是从1994年开始实施，因此，我们剔除1993年数据进行再次回归，结果表明回归再次通过检验，其系数为0.0261，这意味着，财政分权每提高1个百分点，经济增长率相应提高2.6个百分点，说明1994年的财政体制改革对经济具有一个明显的正向激励作用，财政分权是启动地方经济发展的重要动力。当然，经济增长是一个漫长的过程，当年的投入可能会影响后一年甚至几年的经济发展，因此，为进一步考察经济增长与分权间的关系，我们继续从样本中选择滞后一年与两年再次进行 OLS 回归，结果表明，在滞后一年的回归中，财政分权对经济增长的贡献为 2.56%，而在两年滞后的回归中，系数则达到了 3.01%，这说明，财政分权对当期的影响偏小，而对滞后期的影响偏大。

表 5－1　　全国样本的回归结果

	总样本回归	1994～2003 年回归	滞后一年回归	滞后两年回归
常数项	0.102	0.921	0.692	1.201
FIS_1	0.023 ** (2.031)	0.0261 ** (1.62 *)	0.0256 ** (2.104)	0.0301 *** (2.17) *
GDI	0.121 *** (11.62)	0.147 ** (9.412)	0.19731 ** (11.51)	0.206 ** (11.27)
Labor	0.0148 ** (12.04)	0.0921 *** (7.29)	0.0763 *** (9.01)	0.0456 *** (9.39)
R^2	0.34	0.42	0.46	0.40
调整后的 R^2	0.31	0.39	0.42	0.40
F 值	23.34	29.13	26.34	17.06
样本个数	377	290	261	232

注：本回归主要采用 Eview3.1 进行分析，*、**、*** 分别表示 10%、5%、1% 的置信水平。

依照上述步骤，将实证样本集中在江西，无论是历史上还是目前，江西财政水平在全国都处于中等偏下水平，1994 年在全国实行比较规范的分税制改革后，这种制度安排与经济增长存在一种什么关系呢？从表 5－2 中我们可以发现，在江西全样本的回归分析结果中，财政分权尽管对经济增长有着正向激励作用，但在统计上没有通过检验，即这种激励作用不显著。同样，我们剔除 1994 年以前数据进行回归后发现，江西财政分权与经济增长在 10% 的置信水平下通过检验，财政分权每提高 1 个百分点，江西设区市经济增长

0.4%，这说明江西财政分权的激励效果不如中央政府与省级政府间的分权激励明显。考虑滞后年限的回归，我们发现，与全国情况不一样，在省、市间的财政分权过程中，当期对经济增长的影响大于滞后期，从回归结果来看，两者都在5%的置信水平下通过检验，但滞后一年的系数为0.0102，而滞后两年的系数为0.0082。由此看来，在地方分权的过程中，分权对经济增长的贡献并没有预期那么好。

表5-2　　江西样本的回归结果

	总样本回归	1994~2003年回归	滞后一年回归	滞后两年回归
常数项	0.078	0.068	0.032	0.062
FIS_1	0.0012 (0.276)	0.004* (0.216)*	0.0102** (0.841)	0.0082** (1.04)*
GDI	0.096*** (0.126)	0.231** (1.349)	0.301** (0.831)	0.421** (1.59)
Labor	0.242** (3.44)	0.321*** (1.37)	0.624*** (2.61)	0.710*** (1.43)
R^2	0.434	0.261	0.396	0.442
调整后的R^2	0.422	0.235	0.374	0.412
F值	37.56	30.17	22.09	21.56
样本个数	143	110	109	98

注：本回归主要采用Eview3.1进行分析，*、**、***分别表示10%、5%、1%的置信水平。

尽管在实证分析中没有考察财政分权与经济增长率之间的非线性关系，但我们仍然可以认为，从全国范围来看，财政分权对中国经济增长总体上起到了正向激励作用，中国经济高速高位增长，创造东亚奇迹的动力来源于财政分权体制的制度安排，尽管在改革中出现了诸多不利因素抵消了这种作用，但中国经济增长、财力不断雄厚与政府宏观调控能力不断增长足以说明分权体制在经济生活中的作用，尤其是在1994年以后，这种效应日趋明显。从全国的情况来看，财政分权总体上能够引致省级政府发展经济的热情，因为在分权的框架范围内，省级政府可以从额外进行的投资所带来的回报中获取一个更大的份额。

而从省级与市级政府间的财政分权来看，财政分权对经济增长的贡献并非那么明显，在全样本的情况下甚至没有通过统计检验，这说明省、市之间的财政关系并没有反映在经济增长上，从激励上来看，地方官员对经济增长与政治晋升的认识因为各种原因可能要浅于省级官员。而在 1994 年税制改革后，财政分权对经济增长尽管在统计上通过了检验，但效果不是很明显，换句话说，对于地方政府而言，是否实行分权制并不能成为地方经济发展的重要诱因。当然，换句话说，由于地方差异与资源禀赋的原因，即便有的地方有发展经济的打算，但目前的分权也并不能为其经济发展提供实实在在的帮助，从经济学的原理来看，一个地区经济要起飞发展，生产要素必须要形成规模，但就江西各地市而言，财政分权的制度安排并不能实现经济起飞这一必要条件。

(三) 主要结论

自我国实行改革开放以来，经济高速增长，地方政府都有着强烈的投资冲动来发展地方经济，然而，有的地方经济发展绩效明显，而有的地方却前进受阻，江西就是其中的例证之一，尽管江西在近年来经济总量有了明显增长，但这种增长是来源于分权体制的制度安排还是其他，我们并不能准确地回答，但我们从过去分权与经济增长的轨迹中发现，在分权水平较高的地区，其经济发展较好较快，而在分权水平较低的地区，地方经济发展的动力明显不足。这一点得到了经济理论的验证。从实证分析的结果来看，综合考虑其他因素，我们得出如下结论。

1. 利用好财政分权这一激励手段。实证证明，在中央政府与省级政府、省级政府与设区市的政府大部分回归中，财政激励可以很好地刺激经济发展，但是财政分权在不同的地区会表现出不同的行为差异。从实际情况来看，单一的目标导向可能会损害其他经济发展中的利益，有经济学家指出，要实现 N 个政策目标，至少需要 $N+1$ 个政策手段[①]。同样地，要实现经济增长及在此基础上的多重目标，单纯地依赖财政分权是不切合实际的。但是，财政分权激励是重要也是最基础的一种激励方式，它具有强大的示范效应。我们在政策制定过程中，一方面要运用好这一手段，另一方面要从多方面来考核地方官员行为，规范与引导地方政府在财政分权激励下有序竞争。

2. 分权是一种手段，全国不能实行整齐划一的分权水平。财政分权的目的是提高地方财政的自主程度与发展经济的选择性，当前，我国经济发展水平差异较大，财政自主权也不一样。因此，在实际政策制定过程中，可以结合实际经济发展水平适当提高财政分权水平较低地区的财政自主权。

3. 要重视与启动省级以下政府间的财政分权改革。当前，我国财政分权是在严格约束条件下进行的，省级以下政府间多数采用的是包干制与分税制并行的体制，关系复杂，激励不明朗，地方官员发展经济的热情不是很高。因此，在当前条件下，要在省级以下政府推行分权化改革，在全面总结省直县体制改革的基础上，进一步做实市、县政府的经济发展自主权。

4. 要重视分权化水平的合理化。分权是一种手段，但分权过度不仅不利于中央政府的宏观调控，也不利于缩小地方经济发展间的差距，加剧资源不合理分配。因此，在政策设计过程中，要充分利用转移支付这一重要的手段来平衡分权化水平，尤其是省级以下政府间的分权化改革，应更多地得到中央转移支出的支持。

5. 改变财政支出结构，加大公共服务的供给，整体改善环境与降低企业生产成本。当前受经济增长单一目标的影响，我国财政支出结构具有严重的偏向性，经济增长的严重代价是产生了公共服务

---

① 引自匡小平：《开放经济下的财政货币政策协调简论》，中国财政经济出版社2002年版，第86页。

供给中的群发效应与效率损失。因此，在未来的分权化改革政策设计中，结构支出偏向应得到及时纠正，降低经济发展成本的公共投入应该得到加强。

6. 要整治制度运行环境。我国的制度运行环境严重影响了制度执行效果，财政分权制度设计需要整个社会制度环境的改善。因此，在设计具体财政分权政策时，要综合考虑具体的制度环境，共同发挥作用。

我国的经济需要继续健康、快速发展，我国的经济体制改革需要提供强力的支持，在改革中，既要相信分权化改革对经济增长的正向作用，但同时应该及时反思与总结分权化改革中所出现的问题，并积极改善制度运行环境，完善分权化制度，从而推动我国经济增长。

二、财政分权与基本公共服务的实证分析

20 世纪 70 年代末启动的改革深刻改变了中国的社会经济状况，尤其在过去 30 多年的发展中，我国 GDP 以年均 9.8% 的速度增长，人均收入增长了 50 倍，约 5 亿人口脱贫，经济社会各方面也经历了翻天覆地的变化，成为世界上最具活力的市场经济体①。然而，在取得巨大经济和社会进步的同时，我国也面临许多新的挑战，公共服务供给不足就是其中之一。据统计，2008 年我国教育、医疗和社会保障三项公共服务支出占政府总支出的比重合计仅为 37.7%，与人均 GDP3000 美元以下和 3000 ~ 6000 美元的国家相比，分别低 5% 和 16.3%②。尽管近年来我国持续加大财政投入，政府公共服务供给有所改善，但总体上仍然面临供给水平不足与供给不均衡等问题。这不仅影响了我国经济发展的动力，也影响了经济社会发展的质量。因此，应把保障和改善民生作为加快转变经济发展方式的

---

①② 联合国开发计划署委托中国人民大学课题组：《中国人类发展报告 2009/10，迈向低碳经济和社会的可持续未来》，2010 年 4 月。

根本出发点和落脚点，建立健全基本公共服务体系，推进基本公共服务均等化有利于改善经济增长质量。然而，公共服务供给是受多种因素影响的，其中，财政分权是一项基础性的制度安排，多数学者认为财政分权是导致我国公共服务不足的主要原因。关于财政分权理论的研究，最初源于地方公共品供应，无论是传统的 TOM 理论还是第二代财政分权理论，一致认为财政分权的合理性在于公共服务供给的有效性，由于“用手投票”与“用脚投票”机制的存在，地方政府不仅拥有当地选民偏好和公共物品提供成本的信息优势，而且居民可以根据自己的偏好来选择不同的地方政府，这样就可以促使地方政府在提供公共服务方面展开有效竞争（Tiebout, 1956; Musgrave, 1959; Oates, 1972; Eichenberger, 1996; Bardha, 2002）。为支持这一观点，西方经济学界也从实证角度进行了较为广泛的研究，如 Fagust（2004）对玻利维亚 1991 ~ 1996 年间的时间序列进行研究，发现分权增加了对教育、城市建设、水利和卫生的投资；此外，美国、俄罗斯等国的样本研究也支持了这种观点。当然，近年来，随着财政分权理论研究的深入，财政分权所导致的诸多负面影响也引起了学术界的关注，尤其是在发展中国家，由于制度原因，财政分权对于公共服务的积极效应并没有得到实践回应。在我国的财政分权理论研究中，过去的研究基本集中于讨论分权是否有利于经济增长的议题，而最近几年来，财政分权与公共服务间的关系逐渐得到重视，并就具体的公共服务项目展开研究。乔宝云等人（乔宝云、范剑勇、冯兴元，2005）分析了 1978 年以来的财政分权改革与中国小学义务教育供给，发现财政分权并没有增加小学义务教育的有效供给。刘长生等人（刘长生、郭小东、简玉峰，2008）的研究结果表明，提高财政分权度总体上有利于提高我国义务教育的提供效率，但区域之间存在较大差异。平新乔等人（平新乔、白洁，2006）考察了财政分权背景下财政激励对地方公共品的供给满足当地真实需要的敏感度的影响，认为财政分权背景下财政激励导致了所谓公共支出的“偏差”，这样的偏差不仅出现在预算内支出结构和预算外支出结构之内，而且出现在预算内和预算外支出之间。李齐云（李齐云、刘小勇，2010）等人使用1997～2006年中国大陆省级面板数据检验财政分权和转移支付对中国公共卫生服务均等化的影响，发现财政分权加剧了地区间人均预算卫生经费支出和每万人拥有医院卫生院床位数差距。我国财政分权与公共服务间的促进或抑制关系主要在于激励合约安排，有学者认为，财政分权是一种制度性工具，可以限制政府部门获取和分配政策租金的权力，也会引发严重的无效地方政府竞争（门特西若·洒吐，2004）。从当前的研究来看，很多研究成果显示了财政分权的负面效应。周黎安（2004）认为，分权使得地方政府为经济发展展开竞争，其最终结果是在公共服务供给上导致了群分效应与效率损失（王永钦等，2007）。而这几年来，我国财政在民生方面的投入大幅增加，那么，随着经济的深入发展，这种持续的投入是否能改善我国在社会性公共服务方面的效率呢？财政分权究竟在其中发挥了什么作用？

（一）变量、数据与模型设定

从我国实际出发，公共服务主要包括四类：第一类是公用事业和基础设施等基础性公共服务；第二类是技术推广、信息咨询和信贷政策等经济性公共服务；第三类是教育、医疗、社会福利和环境保护等社会性公共服务；第四类是军队、警察和消防等公共安全服务[①]。在第一类基础性公共服务中，由于其对GDP的贡献及近年来内外经济形势的变化，此类社会性公共服务容易得到地方政府投入支持，也正因此，我国拥有了较为良好的基础设施服务；第二类经济性公共服务主要是为生产服务的公共服务，但与居民生活没有直接的关联，只是通过经济发展间接影响公共服务供给；第四类公共服务在我国一般可以通过财政的行政管理费得到满足。相比而言，

① 于长革：《中国式财政分权与公共服务供给的机理分析》，载《财经问题研究》2008年第11期，第84页。

四类公共服务中，第三类社会性公共服务容易被地方政府忽视，但与居民生活质量关联度较高，一般居民对此类制度的存在及水平高低具有较高的敏感性。因此，此类支出受到各方面的关注。笔者主要通过实证方法检验财政分权与社会性公共服务供给的关系。

1. 变量选择。

（1）基本公共服务（y_{it}）。笔者主要考察第三类公共服务即社会性公共服务与财政分权的关系，具体包括教育、医疗、社会保障三项社会性公共服务，采用合并计算综合指标进行处理，即用三项之和除以各省人数来表示。

（2）财政分权度（fc_{it}）。在众多的财政分权文献中，对财政分权度的衡量有以下两种衡量方法：第一，广泛采用奥茨的财政收支指标，即用下级政府的财政收支份额来刻画财政分权度，中央与省级政府间的分权度可以表示为省级政府支出占中央政府支出的比重，而省市之间的分权度可以用下级政府的政府支出占省级政府间的比重来表示；第二，用收入中的边际分成率来表示分权度，我国学者林毅夫就是采用这种方法来进行研究的。鉴于第二种方法在数据采集上的困难，我们选择第一种方法来衡量财政分权度，且我们采用的是预算内数据，预算外收入及其他收入未能统计在内。

（3）人均 GDP（$rgdp_{it}$）。社会性公共服务一般与一个地方的经济发展水平密切相关，人均 GDP 越高，其经济相对越发达，公共服务供给水平也相对越高，其主要是通过该省份当年 GDP 除以总人口的方法计算得到。

（4）财政支出水平（$rczzc_{it}$）。一般情况下，在分权国家内，地方人均财政支出水平越高，则意味着其公共服务水平的财政保障能力越强，但在我国，地方政府的财政支出水平受到多重因素影响，是否与理论分析一致，还有待实证检验。

（5）人口密度（$rkmd_{it}$）。社会性公共服务不仅与地方的经济发展水平相关，同时与人口密度也高度相关。从理论上来分析，人口密度越大，其提供公共服务越能够达到规模效应，在财政投入相同的情况下，人口密度大的地方，其公共服务水平也随之会相应提高。

2. 数据说明。笔者采用的是中华人民共和国国家统计局《中国统计年鉴》（1995～2009年各年）中我国30个省份的面板数据，部分数据来自《中国财政年鉴》（1995～2009年各年），两者在基本统计口径上一致，但由于数据采集上的难度，社会保障支出在某些具体年份上作了一些技术处理：第一，社会保障支出由行政事业单位离退休经费、抚恤、社会福利救济费、社会保障补助支出构成。第二，与其他进行面板分析的文献一样，对我国重庆市1997年以后的数据并入四川省进行合并处理。

3. 模型。我们选取1994～2008年全国30个省份的面板数据进行实证研究，由于不同时点的截面、不同个体的时间序列都存在显著不同的截距，因此，我们建立时点个体固定效应模型：

$$y_{it} = \alpha_i + \beta_t + \gamma fc_{it} + \delta rgdp_{it} + \lambda rczzc_{it} + \phi \mathrm{rkmd}_{it} + \varepsilon_{it}$$

其中，Y_{it}表示第i个省份在第t年的社会性公共服务水平程度；α_i表示第i个省份的个体固定效应；β_t表示第t年的时间固定效应；fc_{it}表示第i个省份在第t年的财政分权程度；γ表示系数；控制变量为$rgdp_{it}$、$rczzc_{it}$、$rkmd_{it}$，分别表示第i个省份在第t年的人均GDP、人均财政支出及人口密度；ε_{it}为模型中的随机扰动项。

（二）实证检验结果分析

1. 描述性统计。表5－3给出的是选用变量的描述性统计数据分析结果，反映的是30个省份各变量的差异，但表5－3采用的是1994～2008年面板数据，30个省份的差异及变量与变量之间的关系表现得并不明显，因此，有必要对其作进一步的回归分析。

表5－3　　样本的描述性统计

	均值	中位数	最大值	最小值	样本数
公共服务（y_{it}）（人民币/人）	3902.69	2874.49	5972.48	1063.39	450
财政分权度（fc_{it}）（%）	65.12	40.16	492.61	19.03	450

续表

	均值	中位数	最大值	最小值	样本数
人均 GDP（$rgdp_{it}$）（人民币/人）	29830	13504	47902	3763	450
财政支出水平（$rczzc_{it}$）（人民币/人）	6209.19	4987.06	8737.18	1908.51	450
人口密度（$rkmd_{it}$）（人/每平方公里）	237.61	179.52	725.71	1.71	450

2. 回归分析。从理论上说，对不同的横截面，模型的截距没有显著性变化，那么就应该建立个体固定效应模型，可以采用 F 检验法与 Hausman 检验来确定所选用的模型。这里采用 F 检验法来确定所建议的模型，即：

$$F=\frac{(SSE_r-SSE_U)/N-1}{SSE_U/(NT-N-K+1)}\sim F(N-1,\ N\times(T-1)-K+1)$$

通过计算得到：

$$F=\frac{(SSE_r-SSE_U)/m}{SSE_U/(T-K)}=\frac{(6903672-4829302)/29}{4829302/435}$$

$$=\frac{71530}{11102}=6.443>1.42$$

这说明，采用个体固定效应面板数据建立模型是合适的。表 5-4 是模型的回归估计结果。

表 5-4　模型回归结果

变量	模型 1		模型 2		模型 3	
	系数	P 值	系数	P 值	系数	P 值
财政分权度（fc_{it}）	-3.08E-07**	0.04891	-2.37E-07***	0.00941	-1.62E-07***	0.008308
人均 GDP（$rgdp_{it}$）					3.83E-07***	0.007102
财政支出水平（$rczzc_{it}$）					2.07E-07**	0.01904
人口密度（$rkmd_{it}$）					5.81E-06***	0.00831

续表

变量	模型 1		模型 2		模型 3	
	系数	P 值	系数	P 值	系数	P 值
截距	-0.1402	2.38E-06	0.173	2.07E-06	0.161	2.61E-06
时间固定效应	-		+		+	
个体固定效应	-		+		+	
调整后的 R^2	-0.2502		0.8428		0.9014	
样本数	450		450		450	

注：***、** 分别表示在 1%、5% 的显著性水平。

模型 1 给出的是解释变量中只有财政分权且没有时间个体固定效应的估计结果，我们可以发现，在我国财政分权与社会性公共服务供给水平间呈反向变动关系，并在 5% 显著性水平下通过检验，说明分权程度的增强会显著降低社会性公共服务的供给水平。但同时我们也发现，模型中不同的时点截面、不同个体的时间序列存在不同的截距。

模型 2 给出的是解释变量中只有财政分权且有时间个体固定效应的估计结果，此时财政分权与社会性公共服务仍然呈反向变动关系，且显著性水平由 5% 提高至 1%，调整后的 R^2 比模型 1 也有了显著提高。

模型 3 给出的是全部解释变量且有时间个体固定效应的估计结果，我们可以发现，财政分权与社会性公共服务仍然呈反向变动关系，且在显著性水平为 1% 时通过检验，财政分权在我国每提高 1%，将会使社会性公共服务下降 1.62E-07%；同时，我们还发现，人均 GDP、人均财政支出水平的提高对改善社会性公共服务水平存在正向激励效果，说明 GDP 做大后，财政支出水平会显著提高，并通过财政支出水平改善社会性公共服务水平；人口密度也与社会性公共服务水平存在正向相关关系。

3. 时间固定效应。为分析财政分权对我国社会性公共服务供给产生影响的趋势，笔者将模型 3 中得到的时间固定效应用图 5-1

表示，从中我们看出，1994 年以后我国地方上社会性公共服务供给水平持续上升，尤其是在 2003 年以后持续快速增长，而在 1994 ~ 1998 年间尽管供给水平也有上升，但上升速度较慢，1994 年、1995 年基本维持在原有水平上。主要原因是：1998 年我国实行积极财政政策，地方政府在优先考虑投资刺激经济的同时，由于税收快速增长，为社会性公共服务供给水平的上升提供了财力，财政保障社会性公共服务供给的能力显著增强。这说明，随着经济社会的发展与财力的增强，地方政府对社会性公共服务有了正面的回应，但从实证中我们无法说明这种回应是机制使然还是其他原因，可能的逻辑是“民生领域公平的体现—经济更好地发展—地方政府回应”，即：随着经济社会发展，人们对公平的需求增加了，但如果不能很好地处理公平问题则会影响经济更好地发展，从而地方官员的政治晋升通道可能会被关闭，地方政府则随之提高了分配至民生领域的财政资源比重。同时，计量结果显示，地方人均财政支出与社会性公共服务供给水平间存在正相关关系，这意味着，随着财政支出的增加，社会性公共服务的供给支出也在增加，我们在进行数据分析时也发现了这一趋势，但是，1995 ~ 1999 年间我国各地的社会性公共服务支出明显落后于财政能力增长，这种状况在 2007 年以后迅速得到纠正，地方支出的意愿持续增加，这可能与社会主义新农村建设战略的提出有关，但就地方人均财政支出与社会性公共服务供给水平而言，两者间存在一种非线性关系。地方社会性公共服务支出的增长会随着财政能力的增长而增长，但可能更多地是来自于行政体制压力而产生的“被动增长”（见图 5 - 1）。

4. 个体固定效应。为分析财政分权对我国社会性公共服务供给产生影响的趋势，笔者将模型 3 中得到的个体固定效应用图 5 - 2 表示，从图 5 - 2 中我们发现，北京、天津两个直辖市的社会性公共服务水平较高，北京的解释是主要与其经济发展水平及人口密度有关，而天津则更多地与其生活成本有关，即公共服务成本降低也在某种程度上会产生收入效应，从而提升社会性公共服务水平；而上海尽管经济发展水平与人口密度与北京相似，但其社会性公共服务供给水平不高，其原因与地方政府的投入偏向有关，同时也与其较高的公共服务水平成本有关系；广东、江苏、浙江省的社会性公共服务水平高则更多地可以从其经济发展水平得到解释。我们还发现，地处西部的贵州、云南、西藏、陕西、甘肃、青海、宁夏、新疆等省份，其社会性公共服务处于低水平状态，这不仅与其经济发展慢有关，也与其人口密度有关。

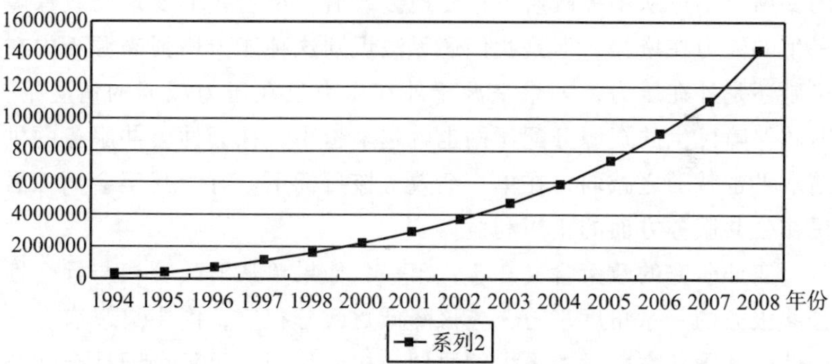

图 5-1 1994~2008 年我国社会性公共服务供给水平趋势图

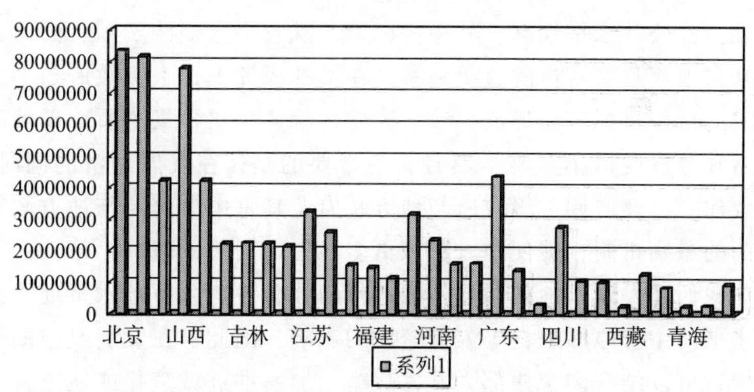

注：从左到右的省份为北京、天津、河北、山西、内蒙古、辽宁、吉林、黑龙江、上海、江苏、浙江、安徽、福建、江西、山东、河南、湖北、湖南、广东、广西、海南、四川（包括重庆）、贵州、云南、西藏、陕西、甘肃、青海、宁夏、新疆。

图 5-2 1994~2008 年我国 30 个省市社会性公共服务供给差异图

（三）研究结论与政策建议

为全体居民提供更合适的社会性公共服务，不仅是政府转型的需要，更是社会变化的结果，也是财政改革取得成功的必要条件之一。本部分主要是基于我国地方30个省市1994～2008年的面板数据进行的实证分析，发现财政分权与居民公共服务间正向关系没有得到验证，这说明我国的财政分权仅是在支出形式上作了简单的处理，而没有建立与分权制相匹配的地方政府独立财权，地方上更多的支出只不过从中央政府下移至地方政府。尽管我们发现财政保障民生的能力在增强，但是我们还无法识别这种能力增强来源于内在机制还是外在压力，如果来源于外在压力且在压力减弱的情况下，财政保障民生的资源分配比例也就越来越小，社会性公共服务的供给水平也就随之减弱，在单一绩效考核目标下，有时甚至会牺牲居民在公共服务方面的正当利益。

实证研究的政策含义在于：第一，如果单从财政分权与社会性公共服务的关系角度来看，应该降低财政分权度，由中央政府在社会性公共服务方面发挥更大的协调与权威作用，保障全国社会性公共服务供给的均等化实现。第二，北京、天津、江苏、浙江、广东的社会性公共水平较高，其中的原因，既有来自经济贡献，同时也有来自上级政府官员的直接观察，在某种程度上，上级政府与本地政府的行为目标容易形成一致。因此，就这一层含义来看，单纯降低财政分权度也不是唯一路径，更重要的是，在发展经济的同时，需要建立一套协调上级政府与地方政府尤其是中央政府与地方政府行为的激励机制，促使地方决策更多地考虑居民的偏好。第三，实证中我们还发现，地处西部地区省份的社会性公共服务水平处于较低水平的主要原因来自于人口密度的影响，因此，在发展经济的过程中，可以结合国家西部大开发战略，加速推进城镇化或城市化进程，通过提高人口密度来提升社会性公共服务供给水平并改善供给质量。

5.3 省直管县财政体制与农村基本公共服务

近年来，公共服务得到了越来越多的关注，尤其是农村公共服务，各级政府持续加大投入，从实际运行来看，农村基本公共服务得到了明显改善，但也出现了很多问题，如区域公共服务差异、公共服务的供给模式、公共服务的投入绩效评价等。如何通过制度设计进一步改进我国公共服务供给的质量与水平成为目前研究的重点。近年来，我国学者也将公共服务供给与财政分权联系起来进行探讨，但多数文献集中于讨论公共服务的内涵与外延理解（贾康，2006；安体富，2007）、公共服务支出的效率评价（吕炜，2009）、区域公共服务差异原因（郭庆旺、贾俊雪，2008）、供给服务与收入分配（刘穷之，2007）、供给服务与区域经济增长（骆永民，樊丽明，2011）等方面。政策设计上也普遍赞同在目前的分权框架下继续深化省级以下财税体制改革，因此，旨在增强县域经济自身发展能力、改善公共服务供给的“省直管县体制”在2005年试点后，2009年在全国全面推广实施，那么，在新的体制下，农村公共服务供给是否有较大的改观呢？

一、完全信息条件下的动态博弈

公共服务供给实际上可以看成是中央政府、地方政府与辖区居民间博弈的一个过程，在这一过程中，由于信息拥有量的差异，其博弈的均衡结果也不一致。中央政府是政策的制定者，在博弈中具有先动优势；地方政府在中央政府关于省直管县财政体制改革过程中可以选择进行改革也可以选择不进行改革，但从长期来看，改革是必然的，在地方经济获得发展所增加的财政收入中，地方政府可以增加公共服务的投入，也可能不增加公共服务投入；对于辖区内的居民而言，对于地方政府的行为可能是配合也可能会选择不配合。我们主要分完全信息与不完全信息两种情况对上述三个利益相关主体的博弈行为进行讨论。

从博弈论的角度来看待公共服务供给，其中至少涉及三个局中人，即中央政府、地方政府与辖区内居民，而且每一个局中人都为理性的经济人，以追求自身的利益和效用极大化为目标。因此，我们可以在完全信息条件下分析局中人尤其是中央政府与地方政府是如何实现自身利益极大化的。

所称完全信息是指中央政府与地方政府都知道在目前的条件下公共服务供给主要面临资金问题，而且导致这种情况出现的原因双方都清楚。

从最一般的意义来说，地方政府在发展经济后取得的财政收入主要用于加大辖区内公共服务供给的投入，这里我们假定地方政府在实行省直管县财政体制后，通过经济发展所增加的财政收入一般也会投入公共服务之中，设定的局中人代号如下：A 为中央政府；B 为地方政府；C 为辖区居民。

（一）基本的博弈获益矩阵

我们先从静态的角度来分析在省直管县改革中三方的获益情况。

从表 5 – 5 中我们可以知道，辖区居民（C）面临两种选择：一是配合；二是不配合。地方政府（B）同样也面临着两种选择：一是提供公共服务；二是不提供公共服务（这里分析仅是为了简便，事实上不论是否实行省直管财政体制改革，提供公共服务在每层次政府中都会出现，只是提供的质量或数量会出现差异而已）。具体说明如下。

表 5 – 5　　省直管县改革后的收益矩阵

		辖区居民（C）	
		配合	不配合
地方政府（B）	增加公共服务投入	$(a_1+2,\ a_1,\ 2)$	$(a_2,\ a_2,\ 0)$
	不增加公共品服务投入	$(a_3-1,\ a_3,\ -1)$	$(a_4,\ a_4,\ 0)$

表 5-6　　省直管县改革前的收益矩阵

		辖区居民（C）	
		配合	不配合
地方政府（B）	增加公共服务投入	$(A_1+1,\ A_1,\ 1)$	$(A_2,\ A_2,\ 0)$
	不增加公共服务投入	$(A_3-2,\ A_3,\ -2)$	$(A_4,\ A_4,\ 0)$

第一种情况：假定地方政府（B）选择加大供给公共服务、辖区居民选择配合的情况。如果地方政府的获益是 a_1，在实行省直管县财政体制改革后，辖区居民积极配合地方政府，地方政府利用经济发展所增加的财政收入及居民配合所取得的资金增加了当地公共服务的供给，这使得辖区内居民对政府相当满意，从而使其收益增加 2，即 a_1+2 实际上是地方的总收益。

第二种情况：假定地方政府（B）选择加大公共服务供给投入、辖区居民选择不配合的情况。假定地方政府的获益是 a_2，由于辖区内居民不配合，地方政府在公共服务供给中出现筹资困难，因此，地方政府并没有为辖区居民提供合意水平的公共服务，辖区居民也因此对地方政府评价不高，地方政府没有获益，其收益仍为 a_2。

第三种情况：假定地方政府（B）选择不增加公共服务供给投入、辖区居民选择配合的情况。假定地方政府的获益是 a_3，在实行省直管县财政体制改革后，辖区居民也积极配合，但地方政府并没有投入公共服务领域，辖区居民对其评价不高，而且将来要用更多的税收来增加公共服务供给，此时收益为 -1，a_3-1 为此时地方的总收益。

第四种情况：假定地方政府（B）选择不加大公共服务供给投入、辖区居民选择不配合的情况。假定地方政府的获益是 a_4，此时，辖区居民不配合地方政府，地方政府没有资金加大公共服务供给投入，因此，地方政府获益也就是 a_4。

根据上述四种情况，在实行省直管县财政体制改革后，在辖区居民不配合的情况下，地方政府投入公共服务的风险要大于不投入公共服务的风险，反过来说，如果地方政府没有加大公共服务供给投入，其获益大于投入公共服务时的收益，即 $a_2 < a_4$。

同理，在实行省直管县财政体制改革后，在居民配合的情况下，地方政府投入公共服务的风险要大于不投入公共服务的风险，故 $a_1 < a_3$。

在实行省直管县财政体制改革后，地方政府在辖区居民配合的情况下投入公共服务的获益要大于在辖区居民不配合的条件下不投入公共服务的获益，即 $a_1 > a_4$。

综合上述情况，我们得到 $a_3 > a_1 > a_4 > a_2$。

类似地，我们可以得到表 5－6，即地方政府拥有发债权前中央政府、地方政府、辖区居民的获益情况。假定此时地方政府的获益为 A，此时也有 $A_3 > A_1 > A_4 > A_2$，同时也有四种获益情况。

由表 5－5 与表 5－6 我们可以得到，$A_1 < a_1$，$A_2 < a_2$，$A_3 < a_3$，$A_4 < a_4$，导致这种差异的原因在于地方政府是否加大公共服务供给投入。由于在没有实行省直管县财政体制改革前，地方政府缺乏资金，而在同等条件下如果实行省直管县财政体制改革，则对地方政府而言是一种福利改进。而在两个表中的辖区居民的获益是这样考虑的：辖区居民认为配合地方政府且加大公共服务供给投入地方政府的收益大于实行省直管县财政体制改革而未加大投入公共服务的收益。尽管在推理中我们也假定辖区居民认为配合不加大公共服务供给投入的地方政府还不如不配合，因此，配合不投入公共服务领域内的获益为负。

（二）扩展的博弈模型

由表 5－5、表 5－6 我们构造扩展模型，得到图 5－3，并用逆向归纳法求出中央政府（A）、地方政府（B）与辖区居民（C）各自追求利益最大化时的均衡解。

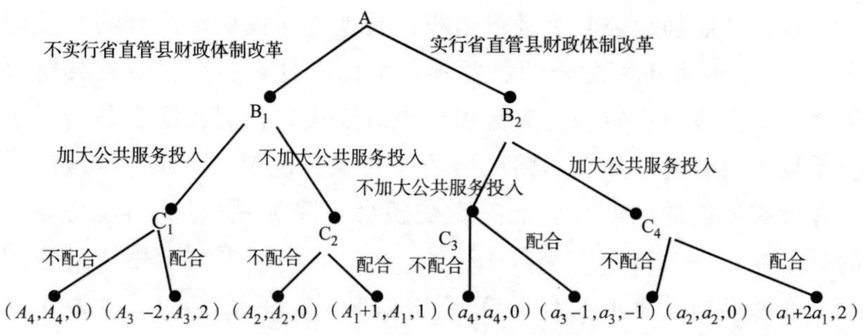

图 5－3　完全信息动态博弈模型

在逆向递归法中，我们先观察 C_1 结点，因为 $0 > -2$，所以不配合时的收益大于配合时的收益，即此时辖区居民会选择不配合，因此，$(A_4, A_4, 0)$ 会得以保留。

同理，在 C_2 结点，因为 $1 > 0$，所以配合时的收益大于不配合时的收益，即此时辖区居民会选择配合地方政府，因此，$(A_1 + 1, A_1, 1)$ 会得以保留。

依次类推，在 C_3 结点，$(a_4, a_4, 0)$ 会得以保留；在 C_4 结点，$(a_1 + 2, a_1, 2)$ 会得以保留。

对被保留的四种情况，继续运用逆向递归法进行比较选择，从而观察地方政府是否会加大对公共服务的投入。

在 B_1 结点，因为 $A_3 > A_1 > A_4 > A_2$，地方政府会选择加大公共服务投入，因此，$(A_1 + 1, A_1, 1)$ 会得以保留。同理，在 B_2 结点，因为 $a_3 > a_1 > a_4 > a_2$，$(a_1 + 2, a_1, 2)$ 会得以保留。

对上述两种情况，我们再次运用逆向递归法进行比较选择，对于 A，因为 $A_1 < a_1$，所以 $A_1 + 1 < a_1 + 2$，地方政府选择加大公共服务供给投入，$(a_1 + 2, a_1, 2)$ 会得以保留。也就是说，此时地方政府实行省直管县财政体制改革后且加大公共服务供给投入，此时三方利益最大，形成均衡。

假定适度对条件作修改，均衡的情况会如何呢？

首先，我们观察到，如果中央政府不实行省直管县财政体制改革，地方政府加大公共服务供给投入且地方居民决定配合的收益假定为1，此时大于不配合的收益零。但由于是否实行省直管县财政体制改革由政府决定，尤其是由中央政府决定，居民配合是否一定会使得中央政府增加在本辖区内的公共服务投入，对此，辖区内居民并没有明确的预期，可能感觉受益会下降为-1，从而使得原来的（A_1+1，A_1，1）变为（A_1-1，A_1，-1）。再次运用逆向递归法，在C_2结点，（A_2，A_2，0）会得以保留，在B_1结点，因为$A_3>A_1>A_4>A_2$，所以（A_4，A_4，0）会得以保留；而在A处，均衡解仍为（a_1+2，a_1，2），结果不变。具体见图5-4。

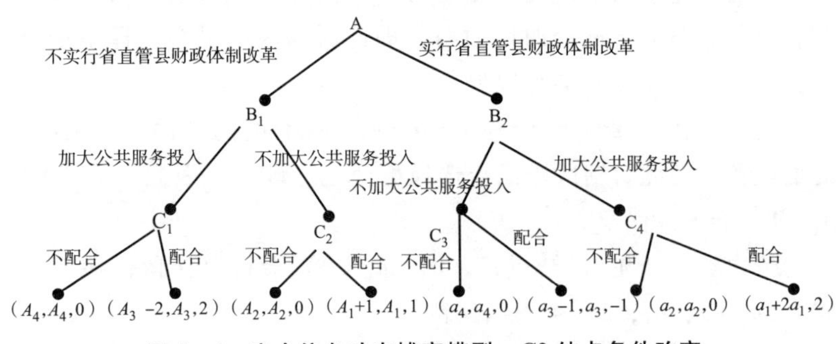

图5-4 完全信息动态博弈模型：C2结点条件改变

其次，原先在C_3结点，我们假定辖区居民不配合的收益为-1，而配合的收益为零。现在如果我们改变这一假定使得辖区居民不配合的收益为1。那么基于这一改变，在C_3结点，（a_3+1，a_3，1）会得以保留。见图5-5在B_2结点，因为$a_3>a_1$，但$a_3+1>a_1+2$是否成立，我们不能得出明确的结论，这里面临两种情况。

第一种情况：如果中央政府实行省直管县财政体制改革，地方政府也乐意将经济发展所增加的财政收入投入公共服务，则这类公共服务前景很好，因而有$a_3<a_1$，则$a_3+1<a_1+2$，（a_1+2，a_1，2）仍是最后的均衡结果。

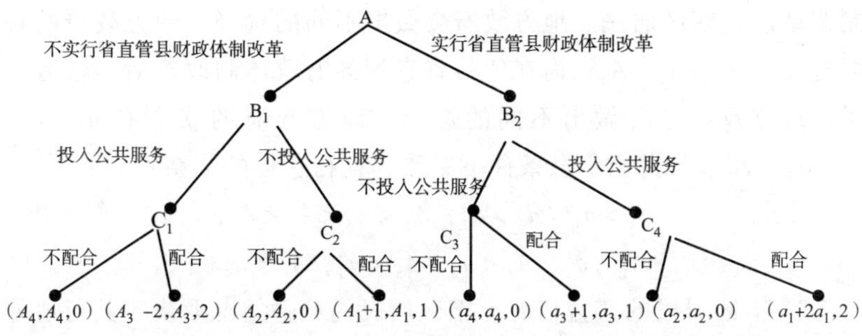

图 5-5　完全信息动态博弈模型：C3 结点条件改变

第二种情况：如果地方政府存在较大的道德风险，地方经济发展多形成的财政收入增量也可能被投入其他领域且这种可能性增大时，居民配合的收益 $a_3 > a_1$，那么，在 B_2 结点，地方政府的决策是选择不投入公共服务领域，此时其均衡结果被改变了。

从上述博弈分析过程中，我们给出了中央政府、地方政府、辖区居民从各自利益出发最终达成的均衡结果（中央政府实行省直管县财政体制改革、地方政府投入公共服务、辖区居民配合）。

二、公共服务供给中的不完全信息动态博弈

从前面的情况来看，中央实行省直管县财政体制改革是普遍行为，而且大家对地方的财政困境及公共服务供给不足的情况都是事前共知的。但是，如果我们假定中央政府实行省直管县财政体制改革具有一定的选择性，那么，在博弈过程中，则由完全信息变为不完全信息了。下面我们针对这种情况进行讨论。

（一）基本的博弈收益矩阵

在不完全信息条件下，假定 P 是地方政府处于财政困境的体制因素出现的概率；则 $1-P$ 是地方政府处于财政困境时除体制因素外的非体制因素出现的概率。

1. 地方政府的获益假定。当从完全信息变为不完全信息时，我们认为，地方政府的获益假定并没有改变，在实行省直管县财政体

制改革前，辖区居民、地方政府会做出不同的选择，地方政府的获益有 A_1、A_2、A_3、A_4；而在实行省直管县财政体制改革后，辖区居民、地方政府也会做出不同的选择，地方政府的获益有 a_1、a_2、a_3、a_4，而且与完全信息条件下一致，存在这样的关系：

$$a_3 > a_1 > a_4 > a_2,\ A_1 < A_2 < A_3 < A_4,$$

$$A_1 < a_1,\ A_2 < a_2,\ A_3 < a_3,\ A_4 < a_4$$

2. 辖区居民的获益情况。辖区居民的获益情况取决于其对地方政府财政状况的了解。因此，其情况可以分为：第一，地方政府实行省直管县财政体制改革。地方政府处于财政困境是体制因素导致的，而这种可能性出现的概论为 P，那么，在地方政府实行省直管县财政体制改革后，地方政府投入公共服务领域会遇到居民配合与不配合的问题。因为我们认为在地方政府实行省直管县财政体制改革后，地方政府投入公共服务领域使得辖区居民的获益为 $-1<0$，而此时如果地方政府不投入公共服务领域，辖区居民的获益更差。如果我们假定地方财政困境是除体制因素外的非体制因素导致的，即此时的概率为 $1-P$，我们假定地方政府实行省直管县财政体制改革后地方政府增加对公共服务领域的投入，辖区居民获益为 2；地方政府不增加公共服务领域投入，辖区居民获益为 1。综合上述情况，在地方政府实行省直管县财政体制改革后地方政府加大公共服务投入时，辖区居民的期望收益为 $-1\times P+2\times(1-P)$；在地方政府实行省直管县财政体制改革后地方政府不增加公共服务投入时，辖区居民的期望收益为 $-2\times P-1\times(1-P)$；在地方政府实行省直管县财政体制改革后，辖区居民都不配合时，无论地方政府是否增加公共服务领域的投入，辖区居民的获益都为零。第二，假定辖区居民认为地方政府陷入财政困境是体制因素导致的，那么，在地方政府实行省直管县财政体制改革前，辖区内居民的获益普遍比地方政府实行省直管县财政体制改革后要差很大，因此，我们可以认为，在地方政府实行省直管县财政体制改革前地方政府如果增加公共服务投入，辖区内居民的获益为 $-2<-1$；地方政府如果不增

加公共服务领域，辖区居民的获益为 $-3 < -2$；而当辖区居民认为地方政府财政困境是非体制因素所致时（此时出现的概率为 $1-P$），地方政府未实行省直管县财政体制改革，地方政府增加公共服务投入，辖区居民的获益为1，地方政府不增加公共服务投入而辖区居民配合的获益为 -2。综合上述情况，我们得到，在地方政府实行省直管县财政体制改革前地方政府增加公共服务投入，辖区居民的获益为 $-2+1\times(1-P)$；而如果没有实行省直管县财政体制改革且地方政府不增加公共服务投入，辖区居民的获益为 $-3\times P+(-2)\times(1-P)$；而在没有实行省直管县财政体制改革时，地方政府无论是否增加公共服务投入，居民不配合的获益都为零。

3. 中央政府的获益。根据上述分析，我们认为地方政府的获益与辖区居民的获益之和就是中央政府的获益综合。

据此分析，我们可以得到如表5－7和表5－8所示的收益矩阵。

表5－7　　省直管县财政体制改革的收益矩阵：改革后

		辖区居民（C）	
		配合	不配合
地方政府（B）	增加公共服务投入	$(a_1+2-3P,\ a_1,\ 1\times P+2(1-P))$	$(a_2,\ a_2,\ 0)$
	不增加公共服务投入	$(a_3-1-P,\ a_3,\ -2P-1\times(1-P))$	$(a_4,\ a_4,\ 0)$

表5－8　　省直管县财政体制改革的收益矩阵：改革前

		辖区居民（C）	
		配合	不配合
地方政府（B）	增加公共服务投入	$(A_1+1-3P,\ A_1,\ -2P+1(1-P))$	$(A_2,\ A_2,\ 0)$
	不增加公共服务投入	$(A_3-2-P,\ A_3,\ -3P+(-2)(1-P))$	$(A_4,\ A_4,\ 0)$

（二）扩展的博弈分析

据表5－7、表5－8，我们构建扩展的博弈模型，通过对 P 的讨论来得到均衡解，具体说明省直管县财政体制改革问题。

1. 当 $P<\frac{1}{3}$ 时。

（1）辖区居民的选择分析。因为 $-P-2<0$，在 C_1 时，$(A_4, A_4, 0)$ 保留，居民不配合；又因为 $1-3P>0$，在 C_2 时，$[A_1+1-3P, A_1, -2P+1(1-P)]$ 保留，居民配合；又因为 $-P-1<0$，在 C_3 时，$(a_4, a_4, 0)$ 保留，不配合；在 C_4 时，因为 $-3P+2>0$，$a_1+2-3P, a_1, 1\times P+2(1-P)$ 保留，配合。

（2）地方政府的选择分析。因为 $A_1>A_4$，在 B_1 结点，$[A_1+1-3P, A_1, -2P+1(1-P)]$ 保留，地方政府会选择加大公共服务投入；又因为 $a_1>a_4$，在 B_2 结点，$[a_1+2-3P, a_1, 1\times P+2(1-P)]$ 保留，地方政府选择加大公共服务投入。

（3）在上述情况下，中央政府的选择是什么呢？因为 $a_1>A_1$，可以推出 $a_1+2-3P>A_1+1-3P$，进而我们得出中央政府的最优选择是实行省直管财政体制改革，得到最终均衡结果（实行省直管县财政体制改革、地方政府增加公共服务投入、辖区居民配合）。具体见图5-6。

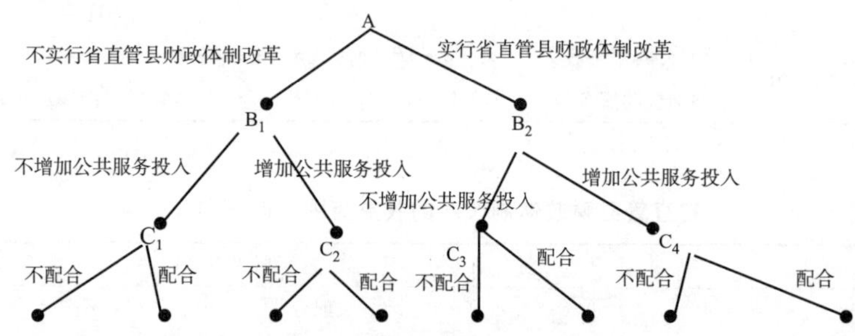

图5-6 不完全信息动态博弈模型：$P<\frac{1}{3}$

2. 当$\frac{1}{3}<P<\frac{2}{3}$时。

如图 5-7 所示，因为 $-3P+2>0$，则在 C_4 决策点上，其最初的选择不改变；在 C_3 点时，因为 $-P-1<0$，它的选择不变，因此，在 B_2 的选择也不变。又因为 $-P-2<0$，在 C_1 处的选择也不变，同时，因为 $1-3P<0$，C_2 的选择则变为不购买，比较 C_1、C_2 此时的获益情况，在 B_1 处会选择不增加公共服务投入，从而使得 $(A_4, A_4, 0)$ 保留。再比较 B_1、B_2 此时的获益情况，因为 $a_1>A_1>A_4$ 且 $P<\frac{2}{3}$，则 $a_1+2-3P>A_4$，这意味着，在 A 处，中央政府实行省直管县财政体制改革，因此，其均衡结果也为（实行省直管县财政体制改革、地方政府增加公共服务投入、辖区居民配合）。

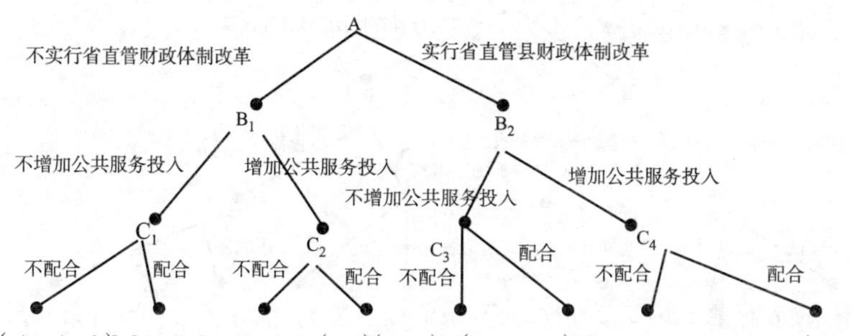

图 5-7　不完全信息动态博弈模型：$\frac{1}{3}<P<\frac{2}{3}$

3. 当$\frac{2}{3}<$P 时。

第一步，辖区居民的选择分析。因为 $-P-2<0$，在 C_1 时，$(A_4, A_4, 0)$ 保留，居民不配合；又因为 $1-3P>0$，在 C_2 时，$[A_1+1-3P, A_1, -2P+1(1-P)]$ 保留，居民配合；又因为 $-P-1<0$，在 C_3 时，$(a_4, a_4, 0)$ 保留，不配合；在 C_4 时，因

为 $-3P+2<0$，$(a_2,\ a_2,\ 0)$ 保留，不配合。

第二步，在居民做出选择后，根据地方政府的获益情况，地方政府做出选择。因为 $A_1>A_4$，在 B_1 结点，$[A_1+1-3P,\ A_1,\ -2P+1(1-P)]$ 保留，地方政府会选择增加公共服务投入；又因为 $a_4>a_2$，在 B_2 结点，$(a_4,\ a_4,\ 0)$ 保留，地方政府选择不增加公共服务投入。

第三步，中央政府的选择。当 $A_1+1-3P<a_4$ 时，均衡结构为（不实行省直管县财政体制改革、地方政府增加公共服务投入、辖区居民配合）；当 $A_1+1-3P>a_4$ 时，均衡结构为（实行省直管县财政体制改革、地方政府不增加公共服务投入、辖区居民不配合）。具体见图 5-8。

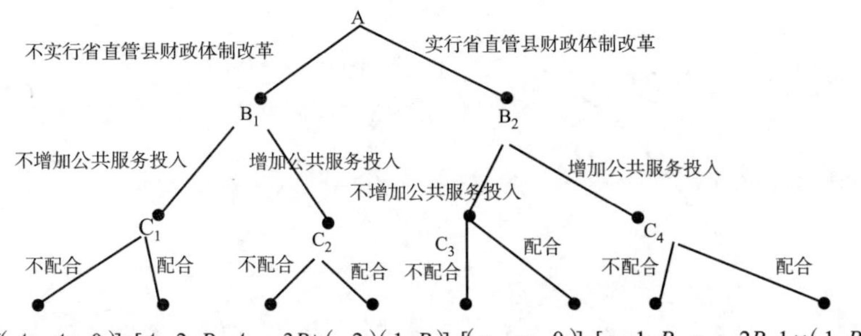

图 5-8　不完全信息动态博弈模型：$\frac{2}{3}<P$

结合上述三种情况的分析，我们得出下列有益结论：在不完全信息条件下，当 P 充分小（$P<\frac{1}{3}$）时，均衡结果都是实行省直管县财政体制改革，这说明，非公开因素导致地方财政困境是唯一的原因，中央政府、地方政府都有愿望对此进行改变。在不完全信息条件下，当 $P>\frac{2}{3}$时，均衡结果会出现两种情况，这说明，体制不是导致地方财政困境的唯一因素，还可能存在其他非体制因素导致地方财政困境，从而引发改革冲动，因此，此时中央政府实行省直管县财政体制改革就必须充分估量改革风险及风险扩大的可能性与应对政策。

（三）主要结论

从博弈分析过程可以看出，无论是在完全信息条件下还是在非完全信息条件下，实行“省直管县”是博弈的最后均衡结果，但是，这一结果的形成是基于两个基本假定：一是各参与人的经济理性，且以自身利益最大化为主要目标；二是公共服务与经济发展的基本关系，即随着经济发展与财力增强，地方政府会自觉增加公共服务领域的投入。而从实际运行来看，“省直管县”实施的绩效如何是由包括经济发展、地理、文化、政治等因素综合的结果（庞明礼，2011），且对县域经济发展具有显著的正向促进作用（高军、王晓丹，2012），但是，我国县域存在较大的差异且初始条件并不一致，地方政府在进行省直管县改革中出现了一个不太乐观的趋势，即：随着省直管县改革的不断推进，生产性公共服务供给得到了强化而服务性公共服务并没有得到改善（刘佳、吴建南、吴佳顺，2012），公共物品供给结构的扭曲并没有因为推行“省直管县”改革而得到纠正，这说明博弈均衡结果的两个基本假定出现了问题。一是各个博弈行为人的利益取向不一致，中央政府以居民公共服务利益保障为自身的目标，地方政府以政绩为自己的目标，而居民多数站在自身的立场上维护私人利益，行为目标的差异影响了各博弈主体的动力。二是动力机制的改变及政绩考核机制的存在并没有纠正地方政府的公共支出结构偏向，“省直管县”财政体制改革对地方经济发展具有显著的“标尺竞争效应”，地方政府用县域经济发展所带来的收入增量扩大了与政绩评价相关的公共服务的供给，而急需增加供给的服务性公共服务并没有得到显著改善。

本章博弈分析的重要启示在于：首先，要协调各博弈行为主体的利益目标，控制地方政府的利益异化与转移，建立以“公共服务利益相关”为基础的政府治理结构，使更多的利益相关者参与到公共服务供给中来，形成对地方政府的制衡。其次，要在政绩考核指标体系中加入服务性公共服务的内容，变经济发展绩效的单维评价为经济发展与公共服务改善的双目标驱动，鼓励地方政府在公共服务方面开展合作竞争。最后，加大对地方政府的监管力度，“省直管”财政体制改革确实增强了地方发展经济的能力，但是，缺乏监督的经济能力成长有可能酿成包括服务性公共服务供给不足在内的其他恶果，因此，有必要在现有改革的基础上强化对地方政府尤其是县级政府的全面监管。

6. 财政保障机制与其他供给机制的协调

一直以来，政府提供公共服务被认为是天经地义的，古典经济学家探讨并回答了政府能够提供公共服务，但政府提供是否有效率及如何保证效率并没有得到直接回答。近些年来，公共选择理论的出现，尤其是印第安纳学派研究的深入，政府提供公共服务的天然地位受到了挑战。而在现实中，多种供给主体提供公共服务已成为一种趋势，在发达国家及我国发达地区，正因为有了其他供给主体的加入，公共服务的供给数量与质量有了较大改善。本章主要探讨公共服务供给中其他供给机制及财政保障机制如何协调与其之间的关系。

6.1 基本公共服务供给中的三种供给机制

从理论上来看，公共品的非排他性和非竞争性两个基本特性决定了其在供给过程中的“搭便车”行为，在某种程度上这种“搭便车”行为影响了其供给水平，因此，不得不由政府出面来对基本公共服务进行保障，但是，由于诸多原因，政府主导的供给机制未能解决农村基本公共服务中的效率问题。于是，对于是否引进其他新的有效供给机制的呼声逐渐增多。在多数文献与实践活动中，市场供给、自愿供给、混合供给被认为是政府供给公共服务的其他三种有效模式。

一、市场机制

政府直接提供公共服务常常引起公众的批评与不满，其主要原因在于低效，但市场参与公共服务供给就一定能够解决效率问题吗？理论上也存在较大的争论，有人支持（萨瓦斯，1997），有人反对（斯克拉尔，1997），也有人持怀疑态度（多纳休，2000），但自20世纪60年代开始，一些打破政府垄断、改善市政服务的务实政策开始在实际中运用，到了90年代，市场化的脚步明显加快，过去个别、局部与在有限范围内的公共服务市场化现象正演变为一种全球化的日常性事件[①]。市场机制参与基本公共服务供给主要是通过市场机制，借助价格的自发调节能力，对供求关系和配置资源产生自然作用，以此来实现市场均衡和经济、社会资源在各个主体之间的最优配置。

（一）引入市场机制的条件

农村基本公共服务的市场供给机制是个人或组织根据市场需求，自愿联合供给或营利组织供给农村公共服务，以收费来补偿供给成本的供给机制。或许有人认为，公共服务中引入市场机制可以理解，但作为政府必须保障的基本公共服务，引入市场机制是否为政府退出供给找到了一个体面的借口。笔者认为，市场化机制的运作并不意味着政府的完全退出，相关部门的监管控制、绩效管理、反应成本控制等都是政府参与基本公共服务供给的表现形式。因此，引入市场机制并不是要否定政府供给基本公共服务，而是一方面运用市场手段强化供给，另一方面运用市场思维管理与指导好基

---

① 句华：《公共服务中的市场机制：理论、方式与技术》，北京大学出版社2006年版，第63页。

本公共服务的供给行为，使得农村基本公共服务的收益与成本基本匹配，参与各方都能从中受益。

当然，引入市场机制参与农村基本公共服务的供给，也并非完全是所有的基本公共服务都能引入市场机制，它一般是具有单位投资较大、自然垄断较强、具有一定私人性质的基本公共服务领域，这样，市场机制的引入才能有效。事实上，我国20世纪90年代以后在环卫领域及基础设施领域、内部市场在国有能源及电力企业中市场机制改革的尝试都说明市场机制对于解决基本公共服务供给的水平与质量起到了巨大的作用。

在农村基本公共服务领域引入市场机制，须有两种基本要求：一是这种基本公共服务必须具备一些明显利于市场运行的特点，如市场需求的扩大、明晰的产权、政府直接供给效率明显偏低；二是市场发育程度相对较为良好，如市场经营主体丰富且经营管理水平较高、市场工具手段较为丰富能够为社会经营主体参与公共服务提供足够的通道。

（二）市场机制参与基本公共服务供给的形式

从目前国内外的情况来看，基本公共服务领域引入市场机制的做法主要采用以下五种方式①。

1. 个人承包。个人承包在农村基本公共服务的供给中有日渐增长的趋势。这种方式在农村的教育服务供给中多见，农村中、小学的后勤服务大多依赖它，如食堂的承包、课本的承包供给、自来水的供应。在农村医疗卫生中，药店的个人承包、卫生诊所的承包都很流行。其出现的原因有以下三点：一是服务需要连续性且其规模不大；二是农村较偏远，信息不畅；三是由以上两点决定承包方大多为本地居民。从其具体运行来看，个人承包也不意味着政府完全成了“甩手掌柜”，政府要提供服务标准，同时对服务及过程也要

① 万英：《新农村建设中农村基本公共服务供给机制研究》，2011年4月，第43页。

进行相对应的监督。

2. 租赁。租赁是指在农村基本公共服务的供给中，从市场获得固定设备、场所以及土地等行为，可以运用程序化对外招标，或与有资质的承包商签订租赁合同，从而获得物质的使用权，其特点大致如下：一是大多在当地租赁，比如租用房屋作为医疗场所；二是出租方对其租出的物品必须具有产权或使用权；三是受租方在租期间有足够的回报，或有能够赚回成本的预期。这种方式利用市场的资源优化配置以及效率高的特点，为提供农村基本公共服务开展了路径，但同时因支付租赁费用也会造成公共服务成本的增加，在某种程度上会造成地区间公共服务费用的不公平。其引入与运用要考虑当地经济发展程度。

3. 政府采购。在市场经济较为发达国家，往往由政府提供标准，发布公告，由参与者参与竞争，成功者由政府出资补贴参与者，解决居民基本公共服务的供给不足问题。在我国，这种方式在货物、工程类采购中大量采用，服务类的采购还处于初期，从目前我国试点改革的情况来看，我国政府采购服务基本集中于社区服务与管理类服务、行业性服务与管理类服务、行政事务与管理类服务，基本公共服务类采购还鲜有尝试。其优势在于“阳光监督”，有利于节约财政资金，但是暗中联合抬高价格来获取更多的利润也常有发生。

4. 特许权经营。简单来说，特许权经营是政府在一定时间和范围内将某项基本公共服务的经营权授予企业并准许其向服务对象收费。正因为有了价格杠杆，这项服务的供给效率才会相对提高。但这种方式的难点在于具体方式的选择及特许权经营后企业是否会形成垄断。

5. 内部市场。内部市场是在由公共部门提供并负责生产的公共服务领域内，建立模拟市场，用委托—代理关系来限制公共服务供给者的权力，并对其施压，使其提供效率，增加对服务对象的回应。其最大的优势在于提高服务的质量和解决政府预算问题，但这种方式的运用需要强制性法规来推行，现在只有英国强制实行内部市场，其他国家并没有得到积极回应。

总之，该市场化机制并不是指政府完全脱离农村基本公共服务的供给，而是在该机制框架下政府重新设计权力配置和职能边界。政府除了承担一部分具有很强公益性和外部性的纯公共物品供给之外，充分利用私营部门的组织体系和管理能力，将以前政府承担的大部分基本公共服务供给外包或者出售给社会组织。公共部门由聚合转向分化，引入绩效管理策略，将政府从烦琐的实际事务中解脱出来，提高供给效率，促进社会整体活力和社会公平性的提高，同时，公共部门还始终承担着提供公共物品和服务的责任，包括公共服务质量控制、公共服务安全控制和公共责任追究控制等责任。

二、自愿供给机制

自愿供给机制的主体不以营利为目的，其秉承“奉献、友爱、互助、进步”的精神开展各种公益性和互益性活动，主要表现形式为非营利组织、志愿组织、第三部门、社会合作性组织等。

自愿供给机制的主体主要有两种：一是村民自愿提供，此时基本服务的提供主体与享受主体相同。其基本前提是，村民有共同的利益驱动，处于某一范围的农村社会主体会因为行政管辖、地域特征等因素产生共同的利益，为促进和保护自身的利益，大家会自主地通过协商合作来完成共同目标，即产生了村民的自愿供给机制①。二是非营利组织或第三方部门等主体的自愿提供，此时基本服务的提供主体与享受主体不同，其基本前提有，政府要为第三部门制定相应的制度政策，使其能法制化、规范化地运作，获得国家政策的支持，从而促进其发展，第三部门参与基本农村公共服务供给，应该以为农村低收入群体以及弱势群体提供价格低廉或者免费的公共服务为宗旨，目的是使绝大多数农民都能够平等享受到各种社会保

① 万英：《新农村建设中农村基本公共服务供给机制研究》2011 年第 4 期，第 37 页。

障服务；同时，国家要理顺第三部门与政府之间的关系，基于公共利益的合作和竞争关系[1]是这种供给主体的基本关系。当然，我国农村地区经济发展程度不一，村民自我利益强化较为厉害，两种基本的自愿供给机制有具体适用范围与项目。

村民自愿供给机制主要通过“一事一议”提供农村公共服务，它是一种农民自我供给的公共服务项目，农民是村级内公共服务的供给主体和收益主体，可就村级内的农田水利基本建设、道路修建、植树造林等项目和村民认为需要兴办的集体公益事业等，通过村民大会民主讨论以及民主投票的方式，以集体筹资筹劳的方式来实现其供给。“一事一议”制作为后农业税时代农村公共服务农民自我供给的一项制度安排，更多体现的是在农村公共服务供给筹资上的一种农民“自愿筹资—自我供给—自主治理”的筹资决策程序[2]。

第三部门自愿供给机制提供农村公共品主要由第三部门独立提供、生产[3]，它通过收取使用者费用等渠道筹集资金，由第三部门组织生产提供的公共服务包括无形的、服务类公共品，如面向农村社区的福利、文化娱乐等项目；第三部门筹资购买政府部门生产的公共品，如第三部门向农村贫困家庭子女提供教育学杂费等；第三部门筹资购买私人生产的商品或劳务，或是将由第三部门筹资举办的农村公共工程或公共设施向私人部门招标，由私人部门生产。一般而言，方式的选择应视三个部门在农村公共品提供中生产事务的效率以及公共服务本身的特征而定。

三、混合机制

无论是社会组织抑或是私人部门，在成为公共部门的伙伴后，

---

① 郭道久：《第三部门公共服务供给的“二重性”及发展方向》，载《中国人民大学学报》2009 年第 2 期。

② 刘丹：《我国农村公共服务供给机制研究》，2010 年 4 月，第 20 页。

③ 刘宛晨、杜彦瑾、袁闯：《发展第三部门完善农村公共品供给制度》，载《光明日报》2006 年 5 月 22 日。

都有可能在一定的时期内垄断该地区公共服务的提供或生产，而这将可能产生类似于公共部门自身提供一样的新的垄断，因而在公共服务的合作供给周期内，仍然有可能会产生新的低效率和低责任性的问题①。此时，当农村基本公共服务受到需求程度及需求类型的变化、农村政府供给公共服务的政治压力、市场化对农村传统文化的冲击和影响时，具备社会组织化程度及独立程度较高、公共服务管理操作流程和监督体系较完善条件的乡村，就会逐渐产生和发展出混合机制。

农村基本公共服务的混合机制主体应该是政府、市场、非营利组织、第三部门、村民自己等。由此形成的组合可能是政府各部门之间，政府与市场主体之间，政府与非政府部门之间，政府与自愿供给之间，市场与自愿供给之间，市场内部各主体间，以合作又竞争的方式生产或供给农村公共服务的一种新型配置关系，参与主体的不同及其相互作用产生各异的运作过程或形态，呈现混合型特征②。

单纯一种供给机制来解决农村基本公共服务供给中的所有问题似乎有点勉为其难，现代公共服务理论发展趋势也显示多机制及多机制的融合是解决我国农村基本公共服务短缺的出路。在这方面，多中心治理理论为我们提供了理论基础，这种理论强调的是一种多元化的公共产品供给结构，指出政府力量、市场力量、社会力量以及农民自身力量都可以而且应该在公共产品供给领域发挥其应有的作用，从而构建一种公共产品供给主体的多元参与机制。这就是说，在公共服务的供给中，改变政府单一主体状态应是目前的共识，著名公共管理学家萨瓦斯指出，“在公共部门的创新方案中，建立伙伴关系是核心要素之一，而所要建立的伙伴关系包括社区伙伴、私营部门伙伴、非营利组织伙伴等。”③

---

① 瞿志远：《公共服务供给中的主体间关系》，第45页。

② 万英：《新农村建设中农村基本公共服务供给机制研究》2011年第4期，第43页。

③ 萨瓦斯：《民营化与公私部门的伙伴关系》，中国人民大学出版社2002年版。

6.2 财政保障机制与三种机制的关系

近几年来，在不断加大财政投入力度的同时，各级财政部门努力完善资金投入机制，建立了确保教育、医疗卫生和文化等各项财政支出增长幅度高于财政经常性收入或支出增长幅度的相关机制，不断加大财政用于教育、就业、医疗卫生、社会保障、住房保障和文化等方面支出的力度，大力推行政府购买服务，鼓励社会力量提供医疗卫生、公共文化等产品和服务，发挥财政资金杠杆作用，带动金融资本和其他社会资本投入基本公共服务供给领域，有效地提高了财政对基本公共服务的保障能力。显然，发挥财政保障机制的作用，形成多元供给、多主体参与的农村基本公共服务供给体系已成了某种必然。

一、农村基本公共服务供给机制的选择

在农村公共基本服务的供给中，任何单一主体的供给模式都不能有效满足农民的多样化需求，因此，应依据基本公共服务的不同层次和属性以及地区自身的经济水平和特点来构建政府、市场、社会、农民自身等主体多元参与的相应机制。例如，可以根据农村基本公共物品的属性来确定多中心的供给主体，中央政府供给资本密集型物品，地方政府特别是县、乡两级政府供给技术密集型物品，社区组织和村民供给劳动力密集型物品。还可以根据不同地域的经济条件选择。我国东部的农村地区，相对于中、西部农村地区，经济社会发展水平最高，市场、第三部门等供给主体实力雄厚，由于该地区投资环境好、机会多，各供给主体供给农民更倾向于发展型和享受型公共产品。因此，在我国东部农村地区应该更多地选择市场供给方式，政府供给、市场供给、志愿供给、混合供给等具体供给形式的选择，可以根据该地区农村公共产品的性质、分类等具体情况灵活选择。对于我国中部农村地区，经济社会发展水平较东部

地区有一些差距，但是，比西部地区高，总体来说，虽然有了一定的发展，但仍然较落后，发展速度比较缓慢，市场、第三部门等供给主体虽已具有一定的经济实力，但相对而言仍然比较弱小，投资环境一般，各供给主体的投资动力不太大。因此，在我国中部农村地区，可以更多地采用混合供给方式，充分发挥政府、市场、社会等供给主体的力量。具体供给形式的选择，可以根据该类地区农村公共产品的性质、分类等具体情况灵活选择。对于我国西部农村地区，经济社会发展相对落后，发展速度缓慢，市场、第三部门等民间供给主体资本力量弱小，经济基础差，需要政府的大力支持，由于经济发展落后，投资的环境较差，各供给主体的投资动力小，该地区的农民需求更多的基本生产、生活类公共产品。因此，在我国西部农村地区，应更多地选择政府供给方式，更多地发挥政府在农村公共产品供给方面的主导作用，以促进西部农村地区经济社会的快速发展。同时，适当鼓励市场、第三部门等供给主体积极参与农村公共产品的供给。具体供给形式的选择，可以根据该类地区农村公共产品的性质、分类等具体情况灵活选择。①

农村公共产品供给方式及适用领域具体见表6－1。

表6－1　　农村公共产品供给方式及适用领域

供给机制	供给形式	适用领域
政府供给	直接生产；间接提供	农村纯公共服务；区域性公共服务；制度等
市场机制	合同外包；特许经营；内部市场；租赁	农技农机；乡村教育、医院；乡村水电、灌溉、小型农田水利
自愿机制	捐赠、分摊筹资	社会服务、救济、文化、乡村养老等
混合机制	合同外包；特许经营；内部市场；租赁	路灯、饮水、村庄规划建设、小型农田水利等

① 董明涛：《农村公共产品供给机制创新研究》，2011年5月，第118页。

二、财政保障机制与其关系的协调

在广大农村地区尤其是欠发达地区很难找到因为公共服务需求的动力推动政府公共服务机制变革的证据，政府供给成为农村基本公共服务供给中一种最基本的机制，而在实际基本公共服务供给过程中，一直以来是中央财政资金发挥主导作用，由它来调动包括地方政府在内的各种资金参与农村基本公共服务供给。

（一）政府间财政关系协调

财政保障机制需要协调的重要关系之一就是政府间的财政关系，中国式财政分权确立的以 GDP 增长率为主要指标的经济考核体系使得地方官员通过相互竞争获得晋升（周黎安，2004），地方官员缺乏改善基本公共服务状态的直接动力，导致了公共服务方面的群分效应和效率损失。1994 年以来的分税制改革到了应该进一步调整与完善的时候了，财政体制是中国改革的突破口，中国所有的改革关键不是做对价格，在于做对激励，而做对激励的核心在于如何处理中央与地方各层政府财政间的关系。因此，财政要在基本公共服务供给中发挥其主导作用，我们应在总结现有改革成功做法的基础上，构建“中央—省—市（县）”三级财政架构，以“一级政权、一级事权、一级财权”的原则，形成财、事相对合理的制度安排，并辅以由上而下的转移支付制度来确保事权履行的财力保障（贾康，2012），而事权的财力保障将有力巩固政府在农村基本公共服务中的主导地位，体现政府的角色意识和政府责任。

（二）财政保障机制与其他供给机制关系协调

1. 财政保障机制养“权”、市场化机制养事。在处理好政府间财政关系的基础上，才能协调好与其他供给机制的关系。在这一层面上，财政保障机制要协调好与市场机制的关系，在农村基本公共服务领域内引入市场机制，要防止基本公共服务被市场“边缘化”或被过度“市场化”并不意味着政府将基本公共服务全部推向市场，而是具有两层含义：一是在政府供给过程中要运用市场机制的运行思维来管理好财政性资金；二是在某些基本公共服务项目上确实可以直接借助市场的力量，则由市场来直接提供。我国广大的农村地区，目前在农村基础设施、村级公路、村级医院、饮水工程、农林牧渔畜医疗、义务教育中的教育服务与行政管理后勤服务等都出现了市场化的萌芽，甚至有的地方发展较为成熟。在具体引入市场机制的过程中，财政保障机制的存在，一是要发挥政府主导的作用，召集各方召开会议，议定各项制度，有意识地培育公众的主体意识；二是将具体的基本公共服务分解，划分为涉及公众基本权利的基本公共服务以及与基本公共服务相关的管理服务两类，前一类由财政保障机制保障，后一类管理服务可以考虑引入市场机制。即政府财政保障机制保障公众作为一名公民的最基本的权力及提供与权力实现相适应的财政支持，市场机制主要是对公众实现这些权力过程中由政府直接提供的各类服务引入市场机制，实现“财政养事”的管理目标，进而达到降低政府成本、节约财政资金的目标。

2. 财政保障机制引导、自愿机制自我协调。按照传统与常识的解释，市场经济中追逐个人利益的无限制放纵会释放出各种能够摧毁文化、血亲、宗族、公共精神和社会忠诚的力量，因此，要摆脱现代生活的无序与混乱，自愿合作机制是必需的。在我国农村经济长期发展和基本公共服务供给中，要进一步发展合作组织，必须先解决普遍存在的疑虑：一是新型合作组织与传统组织区别何在；二是小农经济较长时期内存在是一个不争的事实，其是否真正需要合作组织来防止公共服务供给困境？如果鼓励发展，是发展综合型的合作组织；还是分而治之，并行发展；抑或两者兼得，因地制宜？农村合作组织又如何能保障财政投入最优规模的实现呢？

传统的合作组织指的是农业集体化中的“三级所有，队为基础”的人民公社等，从制度变迁理论来分析，它基本属于强制性制度变迁模式，属于战略性逼迫的合作，国家或政府拥有农村、农业的所有剩余索取权和控制权，农民仅按工分参与分配，自主生产和决策权被集体所覆盖；而新型的农民合作组织属于中间扩散性的制度变迁或诱致性制度变迁模式，农民的多样化需求是产生合作的根源，农民自主生产和决策权得以恢复。但是，新型合作组织面对的仍然是一个转型社会，新型的小农以市场需要为导向从事生产经营活动，与“庭院生产”的自给自足的小农有着根本的区别。因此，新型小农客观上需要防范市场风险和在交易中维护自己的合法权益，而传统小农卷入社会的程度较低，依靠家庭和家族内部就可基本化解风险。客观需要决定存在，建立综合型、专业型还是两者兼得都不重要，具体采用何种形式则取决于实际需要和“合作者”的发育程度，关键因素在于组织能发挥作用，而不是流于形式。真正的合作组织建立并对农民从事生产有帮助的话，则农户自身的积累水平也会提高，政府投入所形成的公共工程能更好地发挥效应，同时也能吸引民间资金进入公共领域，更重要的是，对于政府资金需求已不再是“等、靠、要”，从而保障财政对农村最优投入规模的实现。

财政保障机制与农村经济合作组织是相互促进和共同发展的关系，财政扶持有利于组织健康发展，而合作组织的发展壮大将保障财政对农村基本公共服务投入最优规模的实现。因此，在农村合作组织发展初期，财政应该积极作为，为组织发展创造条件。其思路可分为两类：一是政策扶持，例如，对于向农户提供产前、产中、产后技术服务和劳务的收入免征所得税；销售自产农产品及简单加工的自产农产品，可免征增值税等；还可会商工商部门，对其所缴纳的工商费用在一定程度上予以减免。二是资金支持，保证组织正常运转。为此，各级财政应安排一定比例资金用于支持农村合作组织的发展；政策性银行、商业性银行、信用社等金融部门要积极给予信贷支持，提供低息贷款，帮助解决农村专业合作组织启动资金和流动资金不足；对相关项目要优先考虑立项和资金配套等。

3. 财政保障机制与混合机制。混合机制是政府供给机制、市场机制与资源机制的混合，在广大的农村地区，单纯依赖自愿机制很难维持村庄基本公共服务的供求平衡，事实上，村民自愿与市场结合、村民自愿与政府引导及动员、多部门多组织联合等形式都是在解决我国农村基本公共服务问题中的创新组合模式。农村地区条件千差万别，各种模式单独实施都可能遭遇难题，政府因为财力等原因不可能对基本公共服务供给“一扛到底”；市场化的组织发育程度也左右其在各地基本公共服务供给中的引入情况；自愿机制中村庄精英与普通民众都表现出了一定的参与能力，但缺乏政府财政的引导，其动员资源的能力也极其有限。正如靳永翥（2009）的研究所表明的那样，“公共服务提供机制研究中应该有这样一种共识，政府是最重要的，但不是唯一的。”这事实上也就意味着，在未来很长一段时间内，在农村基本公共服务供给中，多决策中心合作的制度安排或许是其较优的出路。

在混合制的基本公共服务供给模式中，从传统意义来看，政府的主导地位不可动摇，财政资金分配、基本公共服务供给水平选择等都需要依赖政府的主动性，而在财政力量的主导下，自愿机制能够动员多少民间资源、是否适用市场机制等都需要根据各地不同的情况来决定。

总体而论，财政需要分清楚领域、地域、介入的时机等进行选择性放权与干预。依据经济发展程度，在经济较为发达与欠发达的地区，财政资金的介入具有显著差异，经济发达地区财政应着重促进与鼓励自愿机制的形成；经济欠发达地区财政资金应着重基本公共服务的底线保障。在具体领域选择中，财政保障要着力保障公众的基本权利，着重普遍性服务；而市场机制、自愿机制更倾向于区域性与管理服务。在时机选择上，财政要着重引导与培育公共精神的形成，或者说在公共精神发育较为好的地方，财政应该发挥其示范与鼓励效应；而在公共精神发育较差的地区，财政则需要从基本公共服务项目选择上进行培育。

7.

农村基本公共服务财政保障机制的选案分析

我国农村基本公共服务供给改善从短期看还存在严重的体制分割，尽管近些年来通过财政制度创新，各级政府加大对农村地区基本公共服务的财政投入，通过推进社会主义新农村建设、实行财政管理多样化等措施来推进农村基本公共服务建设。本章主要选取江西范围内不同模式下农村基本公共服务供给改善状况进行分析。

7.1 “省直管县” + “中央转移支付”：江西赣州瑞金市S镇

2004年9月，在中央文件明确建设社会主义新农村战略之前，赣州市委、市政府适应新形势要求，得风气之先，制定了《赣州市社会主义新农村建设发展纲要》，决定用五年的时间在全市广大农村开展以村镇规划、“三清三改”和文明村镇创建为重点的“五新一好”新农村建设实验活动，走出了一条具有赣州特色的社会主义新农村建设的新路子。农村面貌、农民面貌为之焕然一新，其中，瑞金市在将其打造成赣南东部和赣闽边界区域性中心城市的进程中，其农村基本公共服务建设也取得了较为突出的成效。

一、S镇基本概况

S镇为瑞金市辖镇，位于市境西中部，距市府4公里，面积85平方公里，人口2.5万，辖沙洲坝、七堡、洁源、河坑、莲江、杉山、群峰、梅岗、金龙、大布、清水等12个村委会。农业以水稻、甘蔗、烟叶为主，兼产红薯、大豆、油菜。该镇素有红色旅游地之称，革命旧址21处遍布全境，中华苏维埃共和国临时中央政府所在地旧址、红井在国内外享有盛名。基础设施日臻完善，323国道穿越镇境；境内有3.5万伏变电站一座，完成了农网改造，实现了同网同价；有2所初中、1所高中，市一中分部，8所小学；移动、联通、小灵通通信实现无缝覆盖，程控电话、因特网、有线电视已进村入户。

二、S镇基本公共服务供给状况

S镇共有12个行政村152个村小组，自2004年开始着手新农村建设，先后建立了67个新农村点。2008年，该镇探索"六统一分"的新模式，进一步推进新农村建设进程，即：统一规划、统一拆除、统一平整土地、统一分配宅基地、统一建房进度、统一完善配套设施，分户建房。其新农村建设模式大致分为三类：一是开辟新村，整体规划建设新农村点；二是按照统一规划，统一拆倒重建农民住宅；三是保持原有村容村貌基本不变的基础上，对农民住房进行统一外部粉刷装饰。在建设新农村的同时，该镇配套的基本公共品也比较完善。

1. 义务教育。该镇每个村都建设有一所完全小学，保证每一个孩子都能接受义务教育，孩子上学不要钱并有补贴，中学进城，以保证教学质量；农民培训由镇政府统一定期组织各村农民进行技能培训，结合个人意愿就近安排就业。

2. 医疗。已全面实行新农合政策，每年由政府补贴120元/人，农民自己上交30元/人（其中20元返还个人新农合账户），16岁以上人员加入社会保险，费用由政府出60%，个人出40%。大病实行5万元封顶报销，不够部分可申请民政补助，最大限度地为农民提供医疗保障，让农民看得起病。

3. 卫生。在各新农村建设点，镇政府、村委均配备了垃圾装运车及司机，并从当地村民中聘请1~2名保洁员负责村庄日常卫生，工资200元/月，由市财政专项拨付。

4. 就业。该镇各村的村支书和村干部既是当地的“村官”又是致富带头人，他们带领本村村民自主创业，不断走上致富路。其他农民就业方向主要有三个：一是在本地从事农业生产，以发展农民专业合作社为主，主要有烟业、西甜瓜、脐橙、杨梅、葡萄、大棚蔬菜、石灰石、养猪等行业；二是在居住地附近的工业园就业，该镇工业园区优先招录本地农民就业；三是外出打工。

5. 养老。各村利用投资所得、出租厂房所得等资金作为村委公用资金，对本村70岁以上老人每月补助50元，60岁以上老人每月补助30元，一定程度上给予老年人生活上的帮助。

6. 道路。该镇已实现村村、组组通水泥路。

7. 文化。该镇很重视农民业余文化生活，投入大量资金在各村建立了农民书屋、农民夜校、网校，在一些有条件的村建立了农民戏台、文艺宣传队。重视社区建设，在每个社区建有党小组，定期召开党员学习和会议，增强党组织的凝聚力。

三、成功的经验总结

在目前农村随处可以看到“室内现代化，室外脏乱差”、“只见新屋，不见新村”的现象。村庄建设必须先从最易收到实效的以加快基础设施建设、治理脏乱差为主的环境整治入手。从实地调查走访农民的情况看，政府组织进行村庄整治，改善农民的生产生活环境，受到广大农民的欢迎，农民参与的积极性很高，对于配套设施和公共设施的建设乐于出人出力和适当的出资。

1. 改变认识误区。第一个误区是大拆大建。第二个误区是大包大揽。村庄整治应该是村民自主、自愿、自立，自我组织、自我觉悟、自我改造的过程，但是，有的人就喜欢用传统的大包大揽方式。第三个误区是贪大求洋，盲目地追求村容的整齐划一。第四个误区是急功近利。筹集改造的资金更要分步走，要积少成多、集腋成裘。通过广泛的宣传教育，将农民动员、组织起来，就村庄整治建设的目的和意义，整治的各项规划以及项目实施的步骤、方案、要求，广泛向农民进行宣传。

2. 村庄整治中的投资来源及分配。大多数乡镇是"吃饭财政"，难以挤出资金来搞村镇基础设施建设。市政公用设施配套费在乡镇开征不到位，土地出让金没有返还乡镇，村镇基础设施建设招商引资困难。一些乡镇筹资无门，道路、供水、绿化、环卫等基础设施欠账较多。投资方式和融资渠道单一。农业基础设施的投资方式包括投资来源、资本筹措方式、投资管理方式和具体的基建投资方式等内容。我国以前的农业基础设施投资来源渠道单一、筹资手段单一、流向领域单一。随着经济体制改革的深化和对外开放程度的加大以及社会主义市场经济体制的初步确立，基础设施的筹资、融资和投资方式、方法、手段逐渐多样化，资本流向和配置也渐趋合理化。农业基础设施种类多、内容宽泛，其反映的公共产品特性差异较大，有的几乎不带有公共产品特性，属于私人物品的范畴。因此，完全通过政府财政投资，再在政府指导下建设，阻碍了其他资本进入农业基础设施领域。为了培养村民们崇尚科学，加强精神文明建设，规划将公共服务设施结合村中的广场设置，成为村庄中的标志和中心，主要有村委会、文娱室、阅览室、小商店、卫生室等。

7.2 "省直管县" + "市管县"：江西萍乡市A县

长期以来，各县级政府一直承担着大量的基础教育、医疗卫生、社会保障等公共物品或服务的供给任务。然而，自1994年进行分税制改革以来，县级政府大多面临财力匮乏的局面，县级政府公共财政支出下提供的公共物品严重不足，并影响到了地方经济社会的综合发展。

围绕县级政府财政困难，国家进行了一系列改革，包括省直管县体制。省直管县改革的主要内容是将原先“省管市—市管县”的三级管理体制转变为“省管县”的二级管理体制，其改革的核心是权力的下放，尤其是原本由市管理的经济社会管理权限下放到县级政府。省管县财政管理体制的具体实施方案是在现有的行政管理体制框架下由省级财政直接管理地级市和县级财政，地方政府间在事权和财政支出责任、财政收入的划分，以及省对下转移支付补助、专项拨款补助、各项结算补助、预算资金调度等方面，都由省级财政直接对地级市和县级财政的一种省以下财政管理体制。

财政部要求2012年年底前在全国范围内全面推进省直管县改革。而现有省直管县改革方面的研究大多关注省直管县改革对县域经济发展的影响，而较少关注其公共物品供给的影响。为此，笔者选取了江西省A县2006～2010年的相关社会经济数据来比较分析省直管县体制改革对农村基本公共服务（义务教育、医疗卫生、社会保障）供给的影响及省直管县体制的利与弊。

自2005年开始，江西省遵循“谁发展、谁受益，发展快、多受益”的原则，按照“微调体制，重在机制，增强活力”的思路，在全省逐步推进省直接管理县财政体制改革，这一改革主要围绕三个方面进行。

一是实行财政“省直管县”。主要内容是“八个到县，两个不变”，即体制基数、收入计划、基金收入分成、转移支付及专项资金补助、财政结算、资金调度、各项债务、财政工作部署直接到县，设区市对县支持和数据报送汇总程序不变。同时，对所有乡镇推行“乡财县代管”，实行编制预算、账户设置、收付方式、采购办理、票据管理、村级转移支付资金“六个统一”，以规范乡镇收支行为。

二是财力分配向县级倾斜。将城镇土地使用税、土地增值税、房产税、其他资源税和印花税这5个省与市、县分享税种中省得部分的增量全部下放给县级，耕地占用税则全部留给县。鼓励县发展工业、培育财源，对县新建投产大中型工业企业增值税中的省级分成，全额奖励给当地政府；对省直接引进、安排以及中央和省属企业跨县投资新建的大中型工业企业，其增值税省级分成也全额留给所在县政府；对省财政直接受益的大型企业集团在省内投资新办的企业，当地政府在土地、规费等方面给予政策优惠的，按“虚拟股份”所占比重分享新办企业增值税。

三是构建促进发展的激励机制。为增强县级财政“造血”功能，自2005年起，省财政每年筹集4亿元资金，对经济发展快、财政增收好的县进行综合考核奖励；对财政收入超10亿元的县给予特别奖。对财政收入未过亿元的县实行激励政策，推动财政弱县加快发展。

一、省直管县体制的优势

实施省直管县财政体制改革以来，提高了财政资金的使用效率，调动了各县增收的积极性，增强了县财政的自给能力和造血功能，县财政实现了平稳、有序、有效运转。自实施省直管县体制以来，江西省GDP、财政总收入、地方性财政收入、市县财政收入及财政支出逐年显著增长。值得特别关注的是，地方性财政收入从2007年的389.6亿元增长至2011年的1053.4亿元，增长了近170%，年均增长达42.6%；市、县财政收入从325.87亿元增长至956.7亿元，提升比例高达193%，年均增长近48.3%；财政支出由2007年的902.6亿元提高到2011年的2529.5亿元，年均增长达45%（见表7-1）。

在江西省整体县级经济财政水平不断提高的情况下，2009年正式纳入省直管县体制的江西省A县经济也在逐年大幅度增长。结合表7-2及县财政局的统计数据，2006~2010年，A县地方生产总值、财政总收入和地方财政一般支出都有大幅增长。仔细对比 2008 年、2009 年、2010 年我们可以得出：

表 7-1　江西省经济指标　单位：亿元

年份＼指标	GDP	财政总收入	地方性财政收入	市、县财政收入	财政支出
2007	5469.3	664.6	389.6	325.87	902.6
2008	6480.3	816.8	448.6	411.9	1208.4
2009	7589.2	928.7	581.2	508.2	1548.6
2010	9435.0	1126.0	777.9	707.2	1911.0
2011	11583.8	1645.0	1053.4	956.7	2529.5

资料来源：江西省统计局（2011）。

2008 年全县财政总收入完成 54113 万元，为年初预算的 107.5%。其中，地方一般预算收入完成 34378 万元，为年初预算的 108.8%，比 2007 年增收 7794 万元，增长 29.3%。

2009 年全县财政总收入完成 63826 万元，为年初预算的 101.6%，同比增收 9715 万元，增长 18%。其中，地方一般预算收入完成 40416 万元，为年初预算的 101.5%，比 2008 年增收 6038 万元，增长 17.6%。

2010 年全县财政总收入完成 90176 万元，为年初预算的 120.9%，同比增收 26348 万元，增长 41.3%。其中，地方一般预算收入完成 60148 万元，为年初预算的 128%，比 2009 年增收 19732 万元，增长 48.8%。

A 县综合经济主要指标见表 7-2。

省直管县财政管理体制的实行，减少了行政层级，降低了行政成本，从而提高了行政效率，有利于政令畅通，组织机构的扁平化毫无疑问会促使政府管理更加符合实际，更加机动灵活，更加富有创新精神，从而将极大地提高整个政府管理系统的效能。

表 7-2　　江西省 A 县综合经济主要指标　　单位：万元

指标＼年份	2006	2007	2008	2009	2010
地区生产总值	481260	605499	739723	801973	988659
财政总收入	32396	41937	54113	63826	90176
地方财政一般预算支出	42622	57169	77385	106095	135348

资料来源：江西省统计局（2006～2010）。

省直管县财政管理体制的实行，扩大了县管理权限，提高了管理效率和资金效益，对城乡经济、区域经济协调发展和社会进步均产生了相当积极的效应。

二、省直管县体制对农村基本公共服务供给的影响

（一）A 县一般财政支出

结合图 7-1，2008 年全县财政一般预算支出 77385 万元，同比增长 35.4%，支出项目执行情况：一般公共服务支出 7512 万元，教育支出 12952 万元，社会保障和就业支出 11729 万元，医疗卫生支出 6682 万元，农林水事务支出 8564 万元。

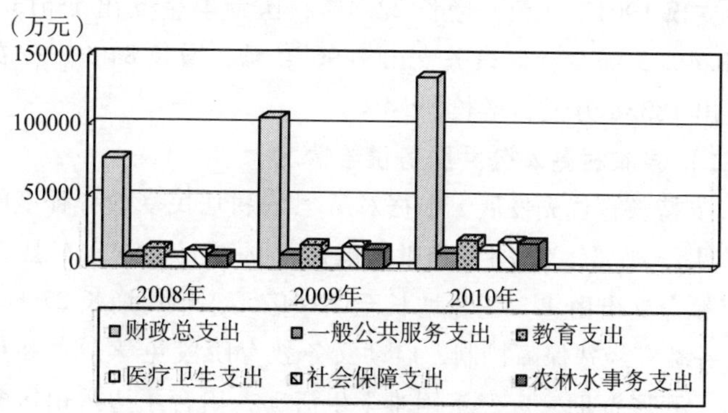

图 7-1　江西省 A 县地方一般财政预算支出

资料来源：江西省统计年鉴（2008～2010 年各年）。

2009年A县正式纳入省直管县体制后，全县财政一般预算支出106095万元，同比增长37.1%，支出项目执行情况：一般公共服务支出9055万元，增长20.5%；教育支出16333万元，增长26.1%；社会保障和就业支出15535万元，增长32.4%；医疗卫生支出10441万元，增长56.3%；农林水事务支出13158万元，增长53.6%。全县按照公共财政要求和“一要吃饭、二要建设、三要和谐”的原则，将财政资金向公共服务领域倾斜，重点解决事关人民群众切身利益和社会发展的突出问题。围绕实施60项公共财政政策和民生工程政策，进一步优化支出结构，突出财政保障重点，严格预算约束，高度关注民生，促进社会和谐。同时，着力实施推进重点建设项目顺利推进战略，积极向上争取项目资金。认真分析国家宏观经济政策走向，把握国家投资的重点和取向，充分利用其优势条件，加强与上级部门的沟通联系，配合有关部门包装好、推荐好项目，争取国家财政投资份额。2009年，A县政府争取了上级财政转移支付资金6亿元。

2010年全县一般预算支出135348万元，同比增长27.6%，支出项目执行情况如下：一般公共服务支出11517万元，增长29.6%；教育文化与传媒支出20715万元，增长26.8%；社会保障和就业支出19017万元，增长22.4%；医疗卫生支出13613万元，增长30.4%；城乡社区事务支出7496万元，增长84.9%；农林水事务支出18338万元，增长39.4%。

（二）县农村基本公共服务供给情况

1. 支持教育优先发展。根据对A县农村居民受教育程度的抽样调查（见表7-3、表7-4）以及财政局的统计数据，A县2008~2010年教育支出由1.3亿元增长至2.0亿元，年均增长27%。继续完善义务教育经费保障机制，启动义务教育阶段免学杂费和免教科书资金，开展资助家庭经济困难学生活动，出台了边远山区教师补贴和增加义务教育阶段教师津补贴政策。具体如下：将农村中小学年生均公用经费标准提高100元，使小学达到400元，初中达到

600元；将家庭经济困难寄宿生生活费补助年生均提高250元，使小学达到750元，初中达到1000元，受益人数7.2万人。落实了义务教育教师绩效工资发放工作以及补发了2009年绩效工资2000多万元，着力提升义务教育办学条件和教师素质。大力实施中小学校舍安全工程，积极配合抓好教育督导评估检查工作，有力地促进了全县教育事业均衡发展。

表7-3　江西省A县农村居民主要指标

指标＼年份	2008	2009	2010
调查户数	170	170	170
常住人口（每百劳动力中）（人）	748	748	751
文盲或半文盲	2.59	2.57	2.95
小学程度	15.68	15.56	17.01
初中	56.65	56.19	56.83
高中	19.11	18.95	17.45
大专以上	2.82	3.67	3.03

资料来源：《江西省统计年鉴》（2006～2010年各年）。

表7-4　江西省A县教育、文化主要指标

指标＼年份	2006	2007	2008	2009	2010
普通中学数（所）	27	27	27	27	27
小学数	138	135	134	134	132
普通中学专职任教老师（人）	1681	1679	1770	1842	1842
小学专职任教老师	2128	2183	2179	2091	2091
普通中学在校人数	25156	24818	27410	30161	29894
小学在校人数	47902	46571	44047	42142	41570

资料来源：《江西省统计年鉴》（2008～2010年各年）。

2006～2010年，除去相应的人口结构和出生率、死亡率的影响，A县小学程度比例明显提升，初中、高中、大专以上比例有一定提升，但小学数量减少，普通中小学专职任教老师人数有所下降，且农村文盲或半文盲比例也从2008年的2.59上升至2.95，农村义务教育公共服务的供给仍存在数量不足、分布不均的现状。

2. 社会保障制度进一步完善。在基本公共医疗、卫生方面，A县近年来加大了关心支持社会弱势群体以及农村困难居民的帮扶力度，居民医疗保障和生活保障水平进一步提高。2008~2010年，医疗卫生支出由6682万元增长至1.36亿元，增幅高达103.6%。其中，投入新型农村合作医疗补助资金5241万元，参加人数达39.7万人，城镇基本医疗保险补助资金561万元，参保人数达3.8万人，进一步扩大新型农村合作医疗和城镇居民基本医疗保险覆盖面，支持医疗卫生体制改革，促进基本公共卫生服务均等化。但是，2008~2010年A县全县增加的医院、卫生院数仅为1所，参加农村基本养老保险的人数并没有增加，且参加农村基本医疗保险的人数从422692人下降至397200人。具体见表7-5。

表7-5　　江西省A县社会保障各项指标情况

指标 \ 年份	2006	2007	2008	2009	2010
各种社会福利收养性单位数（个）	21	18	9	21	21
各种社会福利收养性单位床位数（张）	1600	3380	3430	1879	2365
参加基本养老保险职工数（人）	7091	13601	21008	19658	23035
参加基本医疗保险职工数	7501	11069	25199	28110	33615
参加失业保险职工数	7123	7200	9389	10114	9115
城镇居民最低生活保障人数	5717	5717	5429	5553	5857
农村最低生活保障人数	11692	17950	17950	17920	17972
农村合作医疗人数	308280	357564	422692	422692	397200
农村养老保险人数	8508	8508	8508	8508	8508

资料来源：《江西省统计年鉴》（2006~2010年各年）。

在社会保障和就业方面，全县支出从2008年的11729万元到2010年的15535万元，增长32.4%。其中更加注重农村社会保障和城市低保资金的投入，有效扩大了城乡社会保障覆盖面。从表7-5中可以看出，参加基本养老保险、基本医疗保险的职工人数逐年大幅增长，但农村最低生活保障人数、农村合作医疗人数、农村养老保险人数不增反降。城市社会保障体系覆盖率明显高于农村社会保障体系。政府的财政支出更加倾向于完善城市社会保障体系，对农村社会保障提供明显不足。近几年，江西省A县不断扩大财政支出，加大对城市和农村基本公共服务的供给，但农村公共服务供给不足的现状并没有根本改善，存在总量不足、结构失衡与水平落后的情况。

三、省直管县体制后农村基本公共服务供给中尚存的问题

省直管县改革激发了县级政府推动县域经济发展的积极性，但与之相伴的却是地方政府缺乏内在动力提升基础教育、医疗卫生、社会保障等农村基本公共服务的供给水平，从而导致了县域农村基本公共服务供给结构的失衡以及扭曲。

（一）省直管县体制并不一定能解决县财政困难

县财政困难是取消农业税后县乡财政收入骤然减少而导致的一种相对“收不抵支”的财政现象。市管县体制本身并非县乡财政困难形成的根本原因，省直管县改革只能是减少财政层级，提高财政资金往来的速度，有助于中央政府财政政策的落实，本身并不能在收入、支出以及预算上发挥明显的作用，对于从根本上解决县乡财政困难的贡献十分微弱。

（二）县级财政自主权扩大，县域内无序开发，重复建设

省直管县后，市一级的财政管理环节减少了，客观上削弱了市对县的监督和约束力度，县级权力的扩张和自主权的增加可能会使某些县搞“政绩和形象工程”，仅从自身角度和短期利益出发，制

定一些不切实际的政策措施，采取盲目建设、无序开发等短期行为，造成一系列的不平衡，违背可持续发展的原则。另外，我们知道，地方经济的发展很大程度上是由财政税收在各级政府的分担程度决定的。一般来说，下级政府的财税权力越大，地方发展经济的内在激励效应越大，但也越容易形成地方税收竞争的过度激烈。

（三）权责不对等，"公地悲剧"依然存在

推行省直管县体制以来，地方政府的财政自由权扩大，但是事权却并未得到同步下放。财权事权的不协调使得县级政府在行政行为上受到重重约束，财权事权的剥离导致"有钱的没事做，要做事的没钱"，对公共产品的分配无法根据现实需求进行最终分配。而对公共产品的使用更是缺乏一个合理有效的监督和管理机制。根据财权与事权相结合的原则，在实行省直管县的财政体制后，市级政府集中县财力的权力丧失，相应地，市级政府对县级政府的支出责任也将随之弱化。因此，涉及跨县的抗旱抗涝、卫生防疫、科技推广、农田水利建设、环境保护等支出责任难以落实到位，从而引发政府公共服务供给缺位和区域性公共品供给短缺问题。

7.3 "省直管县"＋"以县为主"：江西宜春市J县

J县位于赣西北，是一个山区林业县，距江西省会南昌76公里。全县国土总面积1377平方公里，其中，山地面积占84%，森林覆盖率达82.8%。全县辖5镇6乡，74个行政村，总人口14.7万，2012年全县财政总收入5.4亿元。J县共有义务教育学校45所，其中，初中8所，小学37所，小学教学点9个；公办教育在校学生1.76万人，其中，初中0.44万人，小学0.95万人；公办教育教职工1251人，其中从事义务教育的教职工980人。2007年，J县成为江西省第二批"省直管县"改革试点。同年，江西省人民政府下发《关于深化义务教育经费保障机制改革的实施意见》，J

县积极行动、分工合作、出台政策、成立机构、制定制度，农村义务教育投入机制的改革工作有序进行，经费管理规范运作，取得了较为突出的成果。

一、J县农村义务教育投入管理制度的创新实践

J县从规范教育管理制度入手，在运行和实践农村义务教育投入机制方面做了大量的工作，主要体现在以下方面。

（一）制定了与农村义务教育投入机制配套的规章制度

J县于2007年3月下发了《J县人民政府关于深化义务教育经费保障机制改革的实施办法》，明确了义务教育保障经费的筹集和管理使用办法，并成立了“J县义务教育经费保障机制改革工作领导小组”专门负责此项工作。2008年，J县出台《关于进一步提高教学质量，加快教育发展的决定》，确定了教育经费县级统筹等政策。同年，J县人民政府颁布《J县乡镇财政体制管理办法》，将乡镇学校由乡镇管理的乡镇教育经费全额上划至县本级，实现了“以县为主”的教育经费县级统筹。为了规范全县教育经费的筹集与使用，J县于2008年制定了《J县教育经费管理使用办法》，明确了教育经费的筹集渠道和管理使用办法。

（二）规范了与农村义务教育投入相关的预算管理模式

农村义务教育投入机制及其保障机制确立后，每年年初在县级财政、教育部门的指导下，小学以乡镇中心小学为预算单位、初中以学校为预算单位编制年度预算。学校年度预算经校委会或预算编制小组同意后，报县教育财务核算中心与财政行财股进行初审，反馈意见后，学校经修改再次上报预算，县教育财务核算中心汇总后报财政预算股审核，合入全县预算报县人大审批，人大批准后分解落实到各校执行。各学校基本支出预拨政府收支分类科目的经济分类细化到“目”，项目支出按实际情况细化到支出内容，物品购置纳入政府采购。

（三）建立了有地方特色的义务教育投入财务管理模式

1. 成立了专职机构管理农村义务教育投入机制。J县于2008

年制定了《J县教育财务核算中心管理办法》，在J县教育局计财股设立“J县教育财务核算中心”，并于2009年将教育财务核算中心升格为正股级单位。J县教育局将农村义务教育资金划拨、农村中小学财务管理等教育经费管理工作统一交由其下属的教育财务核算中心负责，在县级政府职能范围内实现了农村义务教育投入管理的事权集中与财权配套，从而提升了农村义务教育投入机制的运行效率。

2. 强化了“校财局管”的农村中小学财务管理体制。《J县教育财务核算中心管理办法》明确了学校的财务行为和核算中心处理学校财务的行为，将各类教育经费和所有学校财务纳入教育专户由教育财务核算中心集中管理，真正实现了“校财局管”：核算中心为每个学校设置一个全盘账套，按会计准则处理会计事项；全县教师国标工资实行财政统发，义务教育学校绩效工资比照公务员津补贴标准全额列入财政预算，由财务核算中心依照学校提供的考核结果直付教师个人银行账户；教师的“三保一金”列入财政预算，由财政直付相关职能单位；日常运转公用经费由学校报账员通过备用金报支，每星期到核算中心报销充值；大额支出和校建项目支出直接到核算中心转账，账款通过网上银行直达经济业务人银行账户。

3. 规范了农村义务教育投入机制的基层财务工作。为确保财政下拨的义务教育保障经费足额到位和学校按时间进度的资金使用要求，J县财政局、教育局决定每两个月就对学校公用经费进行预拨，年终进行清算；寄宿生补助分学期核拨，实行财政“一卡通”发放。J县在财政国库股设立了义务教育保障经费专户，专门用于义务教育保障经费上级专项和地方配套资金的归并与直接拨付。每次下拨的农村义务教育保障经费由县财政直拨教育财务核算中心，核算中心按文件中的分配表分解落实到校。为规范农村义务教育保障经费的使用，县财政局、县教育局联合下发了《J县义务教育阶段学生免收学杂费实施细则》和《J县中小学公用经费支出管理实施细则》。

在教育财务核算中心的日常运作方面：每月月末，核算中心学校会计将会计月报送达学校，并告知学校经费的使用进度和学校的基本财务状况；核算中心总会计将所有学校的财务数据与中心总账进行合并，并编制按政府收支分类科目中的功能性科目和经济类科目相结合的合并会计报表及时上报县财政局和县教育局，同时网上上报“农村义务教育经费保障新机制月报表”。

此外，J县还制定了农村中小学校资产管理办法、免费教科书循环使用办法等一系列措施保障农村义务教育投入机制的正常运行。

二、J县农村义务教育各项投入的实际效应分析

（一）J县农村义务教育投入的构成分析

1. J县教育经费总收入的构成分析。从表7-6中我们可以看到，J县的义务教育经费主要由国家财政性教育经费拨款、社会捐赠办学经费收入、教育收费收入和其他收入组成。其中，国家财政性教育经费占绝大多数（2006~2012年间国家财政性教育经费年平均占教育经费总额的92.09%，详见图7-2），且呈整体增长的趋势（2007年“省直管县”以来，国家财政性教育经费供给水平整体提高，年平均增长30.65%，其中2007年的增幅高达66.69%），是农村义务教育投入机制中不可替代的投资主体；社会捐赠办学经费收入受随机性的影响，不能给农村义务教育提供一个稳定的资金流向，其投入具有偶发性，故其在总教育经费投入中只占极小的份额（2006~2012年间社会捐赠办学经费收入年平均占教育经费总额的0.38%，且部分年份该项收入为零），属于农村义务教育投入机制的有机补充部分，但不能作为主体来依赖；教育收费收入在总教育经费投入中占有小额比例（2006~2012年间教育收费收入年平均占教育经费总额的6.48%），但其增长态势呈现波动的特征（2006~2012年间部分年份的教育收费收入呈现负增长），可见，该项教育投入受政策执行力的影响较大，是农村义务

教育投入机制的有机组成部分；其他收入用于教育投入的部分极少（2006~2012年间其他收入年平均占教育经费总额的1.05%），属于农村义务教育投入机制的随机补充部分，不具备政策导向性。

表7-6　2006~2012年J县义务教育经费投入使用情况　单位：万元

	2006年	2007年	2008年	2009年	2010年	2011年	2012年	总计	年平均
教育经费总收入	4191.7	5886.7	7517.3	8679.9	8803.8	12952	15175	63206.4	9029.49
比上年增长（%）	11.89	40.44	27.70	15.47	1.43	47.12	17.16	161.21	23.00
国家财政性教育经费	3196.3	5328	6867.7	8067.5	8038.2	12112	14597	58206.7	8315.24
比上年增长（%）	7.80	66.69	28.90	17.47	-0.36	50.68	20.52	191.70	27.00
教育事业拨款	2454.9	4303.2	5184.1	6041.7	5589.2	10068	13414	47055.1	6722.16
比上年增长（%）	7.23	75.29	20.47	16.54	-7.49	80.13	33.23	225.40	32.00
初中事业拨款	817.8	974.6	1404.9	2170.9	1949.2	3174	3255	13746.4	1963.77
小学事业拨款	1472.4	1735.4	2160.1	2936.1	2560.2	5000	5105	20969.2	2995.6
人员经费拨款	1815.9	2486.1	3652.5	3645.5	3769.9	4177	4557	24103.9	3443.41
比上年增长（%）	-0.30	36.91	46.92	-0.19	3.41	10.80	9.10	106.65	15.00
公用经费拨款	263.1	553.7	614	614.6	944.6	855	1125	4970	710
比上年增长（%）	64.13	110.45	10.89	0.10	53.69	-9.49	31.58	261.35	37.00
初中公用经费	90.6	138.3	235.5	218.7	377.9	381	334	1776	253.71
小学公用经费	151.5	250	329	282.2	359.6	552	605	2529.3	361.33
校建经费拨款	377.7	454.8	929.2	1781.2	944.2	4927	3914	13328.1	1904.01
比上年增长（%）	22.71	20.41	104.31	91.69	-46.99	421.82	-20.56	593.39	85.00
社会保障拨款	614.7	854	1141.9	1374.2	1432.1	1554	345	7315.9	1045.13
教育税费拨款	126.7	170.8	541.7	651.6	1016.9	490	856	3853.7	550.53
比上年增长（%）	75.48	34.81	217.15	20.29	56.06	-51.81	74.69	426.67	61.00
社会捐赠办学	156.9	73.8	7					237.7	33.96
收费收入	678.6	439.9	498.1	595.8	760.6	441	680	4094	584.86
比上年增长（%）	4.67	-35.18	13.23	19.61	27.66	-42.02	54.20	42.17	6.00
其他收入	159.9	45	144.5	16.6	5	185	108	664	94.86
总收入中上级补助拨款	244.8	582.6	909.4	2012	1594	1850	2102	9294.8	1327.83
比上年增长（%）	85.03	137.99	56.09	121.24	-20.78	16.06	13.62	409.25	58.00

资料来源：江西省J县教育局教育财务核算中心。

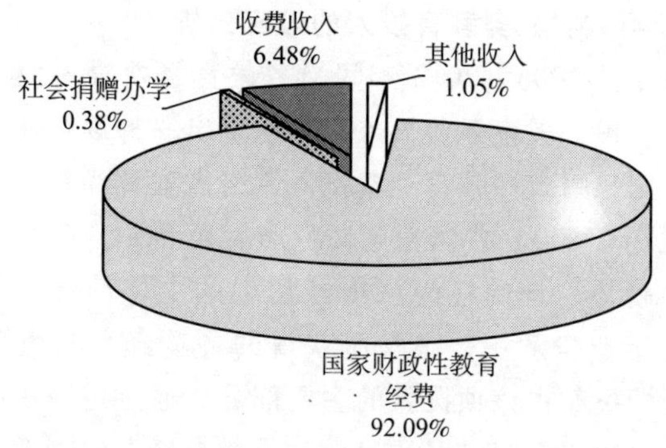

图7－2　2006～2012年J县教育经费总额年平均构成情况

2. J县国家财政性教育经费的构成分析。作为教育经费主要组成部分的国家财政性教育经费大致可分为教育事业拨款、社会保障拨款和教育税费拨款三类，其中，教育事业拨款占国家财政性教育经费的主要部分（2006～2012年间教育事业拨款年平均占国家财政性教育经费的80.8%，详见图7－3）。教育事业拨款按不同的标准又可分为人员经费拨款、公用经费拨款和校建经费拨款（2006～2012年间人员经费拨款年平均占教育事业拨款总额的51.2%，占主要部分），初中、小学事业经费拨款和初中、小学公用经费拨款（其中事业经费较公用经费拨款数量更多，小学较初中两项经费拨款数量较多）。

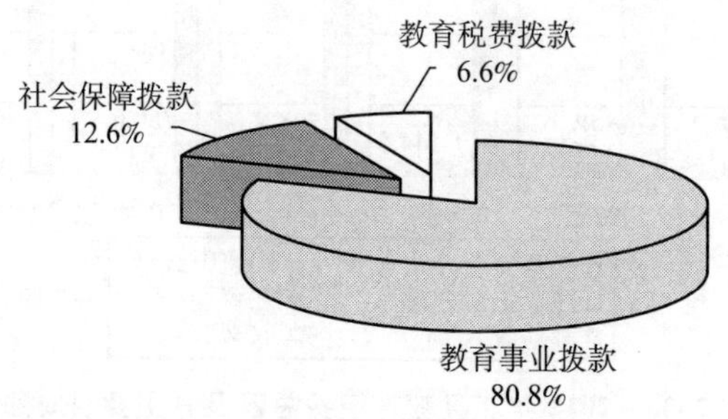

图7－3　2006～2012年J县国家财政性教育经费年平均支出结构

（二）J县农村义务教育投入的效应分析

通过对J县2006～2012年间义务教育经费投入使用情况的数据分析我们发现，教育经费投入总额呈现出一种逐年递增的发展态势，其中，国家财政性教育经费投入始终占教育经费总投入的绝大部分（详见图7－4）；在国家财政性教育经费中，教育事业拨款呈良性递增的趋势，且始终为该项经费中的主体部分（详见图7－5）；在教育事业拨款中，小学所获得的各项经费在数量上多于初中，人员经费拨款占该项拨款的主要部分。通过进一步的分析可以发现，2006～2012年间J县国家财政性教育经费的刚性增长是教育经费总量增长的主要原因，教育收费收入、社会捐赠办学经费收入和其他收入的有效增长是教育经费总量增长的有机组成部分。J县的农村义务教育投入机制呈现出一种以国家财政性教育经费为主体、多种经费筹集方式协调发展的模式。

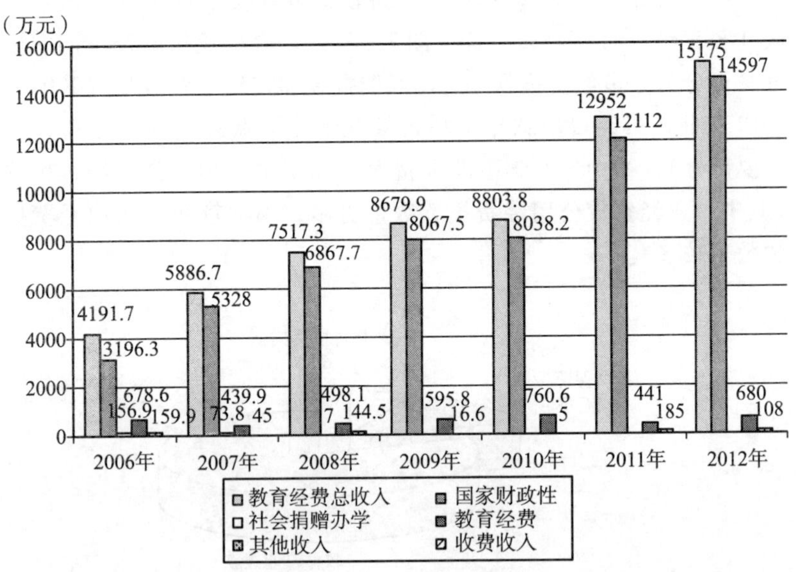

图7－4 2006～2012年J县教育经费总额及其主要组成部分示意图

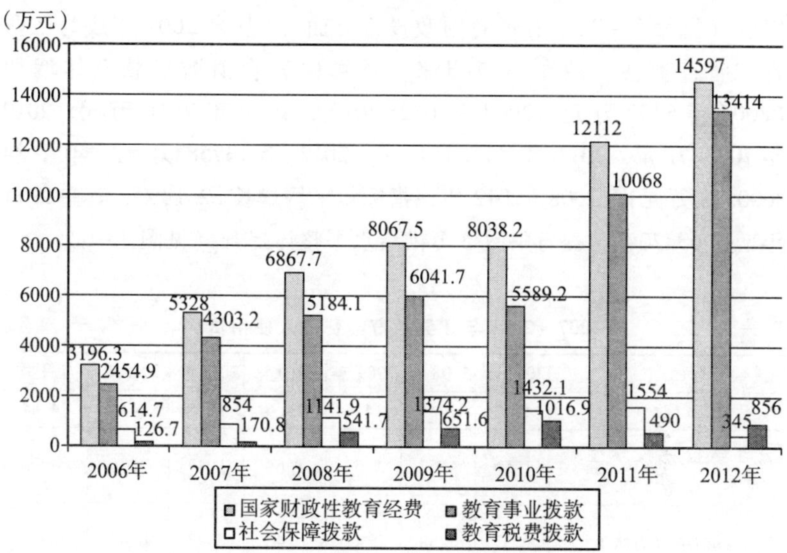

图 7-5　2006～2012 年 J 县国家财政性教育经费及其主要组成部分示意图

在 J 县的农村义务教育投入机制中，投入来源主体始终是国家财政性教育经费，教育收费收入、社会捐赠办学经费收入和其他收入虽然是农村义务教育投入系统中的有机组成部分，但是其所发挥的作用始终不能和国家财政性教育经费相比。所以国家财政性教育经费的投入对农村义务教育投入机制产生的主体影响不容忽视。同时，国家财政性教育经费的关注主体是用于维持和保障农村中小学正常教学运转的教育事业拨款投入，且由于义务教育阶段的小学数量和小学适龄儿童要普遍多于中学数量和中学适龄儿童，国家财政性教育经费中的教育事业拨款普遍向农村小学倾斜。这个农村义务教育投入机制的一般情况在 J 县的教育经费投入数据中得到了印证。

三、J 县农村义务教育投入机制的运行绩效评价

（一）J 县在农村义务教育投入总量上达到了国家标准

2007～2012 年，J 县农村义务教育投入机制得到了长足有效的

发展（见表7－7）。在教育财政投入方面，J县自2007年成为江西省“省直管县”改革试点以来，预算内教育财政拨款整体增加（2007年5457万元，2008年6326万元，2009年7416万元，2010年7085万元，2011年11563万元，2012年13758万元，年平均8600.83万元），2008～2012年该指标年平均增长22.18%，其中2011年增长63.20%，教育财政资金供给水平整体提升（见图7－6）。

表7－7　　2007～2012年J县教育经费投入使用情况

	2007年	2008年	2009年	2010年	2011年	2012年	年平均
全县总人口数（万人）	14.2	14.4	14.5	14.6	14.8	14.7	14.44
公办学校在校学生数（万人）	1.56	1.52	1.57	1.66	1.77	1.76	1.64
其中：初中（万人）	0.37	0.38	0.42	0.48	0.47	0.44	0.43
小学（万人）	0.95	0.89	0.9	0.92	0.93	0.95	0.92
J县国内生产总值（万元）	149100	182624	186622	214615	260118	299000	202671.3
财政支出（万元）	30987	40243	54730	62627	76733	97000	54941.14
国家财政性教育经费（万元）	5328	6867.7	8067.5	8038.2	12112	14597	8315.24
预算内教育财政拨款（万元）	5457	6326	7416	7085	11563	13758	8600.83
义务教育预算内财政拨款（万元）	4155	4069	5419	4873	8481	8693	5948.33
两个比例							
1. 国家财政性教育经费占国内生产总值的比例	3.57%	3.76%	4.32%	3.75%	4.66%	4.88%	4.16%
2. 预算内教育拨款占财政支出比例	17.19%	17.07%	14.74%	12.84%	15.78%	15.05%	15.44%

续表

	2007 年	2008 年	2009 年	2010 年	2011 年	2012 年	年平均
三个增长							
1. 教育支出高于经常性收入比例	54.82%	7.29%	-1.88%	-23.03%	66.59%	17.65%	20.24%
教育事业支出增长比例	75.29%	20.47%	16.54%	-7.49%	80.13%	33.23%	36.36%
财政经常性收入增长比例	20.47%	13.18%	18.42%	15.54%	13.54%	15.58%	16.12%
2. 生均教育事业费（元）	2758	3411	3848	3367	5688	7622	4449.00
初中生均教育事业费（元）	2634	3697	5169	4061	6753	7398	4951.95
小学生均教育事业费（元）	1827	2427	3262	2783	5376	5374	3508.17
3. 生均公用经费（元）	355	404	391	569	483	639	473.61
初中生均公用经费（元）	374	620	521	787	811	759	645.21
小学生均公用经费（元）	263	370	314	391	594	637	427.94

资料来源：江西省 J 县教育局教育财务核算中心。

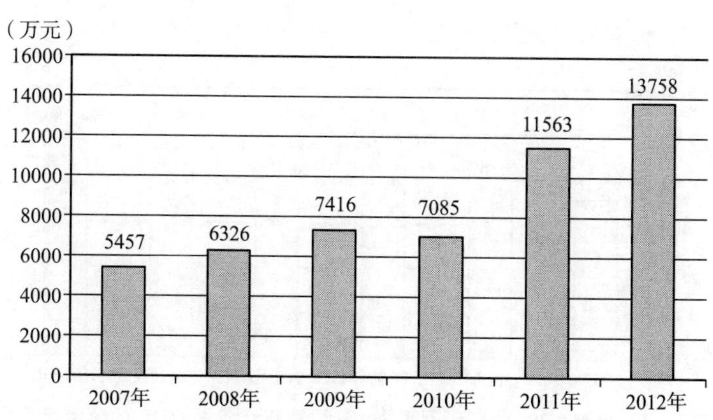

图 7-6　2007～2012 年 J 县预算内教育财政拨款示意图

在国家制定的农村义务教育投入“两个比例、三个增长”的目标建设方面，“省直管县”以来，J县2007～2012年间国家财政性教育经费支出占国内生产总值的比例年均4.16%，其中，2009年达到4.32%，2011年达到4.66%，2012年达到4.88%，至2009年普九化债基本完成，2010年比2009年减少了1100万元的普九化债上级一次性专项补助，基本实现了国家规定的年均4%的目标（见图7－7）；预算内教育拨款占财政支出比例年均15.44%，其中，2007年达到17.19%，2008年达到17.07%，2011年达到15.78%，2012年达到15.05%，因为普九化债上级专项补助资金主要集中在2008年和2009年，2009年、2010年该项指标呈现小幅下降趋势，基本实现了国家规定的年均15%的目标（见图7－8）；教育事业支出增长比例年均36.36%，财政经常性收入增长比例年均16.12%，基本实现了国家规定的教育事业支出增长比例高于财政经常性收入增长比例的目标；生均教育事业费年均4449元，基本实现了国家规定的逐年增长的目标（见图7－9）；生均公用经费年均473.61元，基本达到国家规定的逐年增长的目标（见图7－9）。

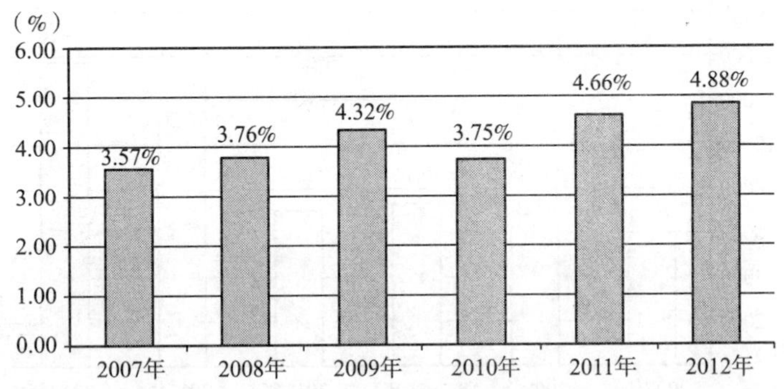

图7－7 2007～2012年J县国家财政性教育经费占GDP的比例示意图

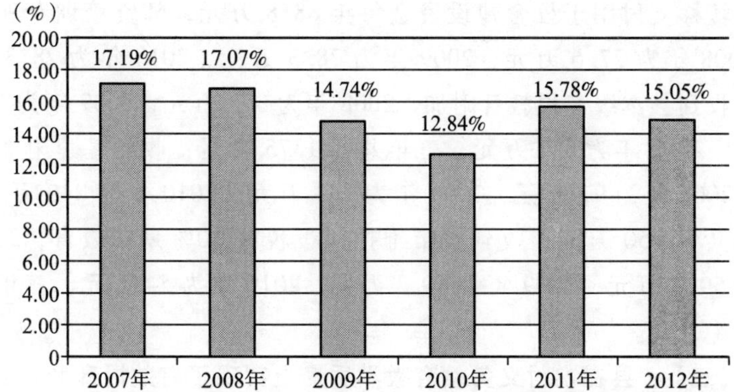

图 7-8　2007~2012 年 J 县预算内教育经费占财政支出的比例示意图

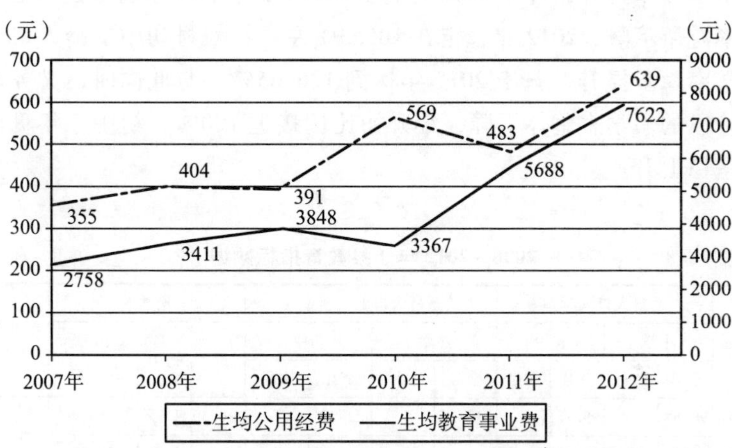

图 7-9　2007~2012 年 J 县生均公用经费、生均教育事业费增长示意图

（二）J 县在其他教育投入上优化了义务教育财务结构

"省直管县"以来，J 县进一步优化了义务教育的财务结构：2008~2010 年，收到教职工工资总额，2008 年为 3063 万元，2009 年为 3238 万元，2010 年为 3350 万元，教师工资逐年增加；收到上级教育专款，2008 年为 912.9 万元，2009 年为 1078.17 万元，2010 年为 1489.33 万元，三年共计 3480.4 万元；收到县本级农村税费

改革转移支付用于校舍建设资金每年 88.8 万元，师资培训专项经费 2008 年为 27.6 万元，2009 年为 28.3 万元，2010 年为 28.3 万元；收到县本级三税教育附加，2008 年为 375 万元，2009 年为 367 万元，2010 年为 633 万元，三年共计 1375 万元；收到基建附加基金，2008 年为 97 万元，2009 年为 113 万元，2010 年为 240 万元，三年共计 450 万元；收到城市维护建设税按 10% 划拨教育，2008 年为 59.7 万元，2009 年为 40.3 万元，2010 年为 54 万元，三年共计 154 万元。

（三）J 县在农村义务教育教学质量上实现了有效提升

如表 7 - 8 所示，2006 ~ 2012 年，J 县农村义务教育适龄人口入学率逐年提升，并于 2010 年达到 100%；农村小学适龄人口毛入学率有所下降，2012 年稳定在 105.3% 左右；农村初中适龄人口毛入学率稳步提升，并于 2012 年达到 126.65%。与此同时，义务教育阶段的辍学率整体下降，小升初比例接近 100%，初中三年巩固率平稳上升。

表 7 - 8　2006 ~ 2012 年 J 县教育指标数据　单位：%

年份	适龄人口入学率				适龄人口毛入学率				辍学率			小升初比例
	小学		初中		小学		初中		小学	初中	初中三年巩固率	
	全县	农村	全县	农村	全县	农村	全县	农村				
2006	99.88		99.72		112.37		117.3		-0.39	4.25		
2007	100	100	99.17	98.1	111.56	111.35	109.76	106.64	0.2	3.57	90.77	100
2008	100	100	97.94	97.07	107.95	106.98	110.03	110.37	0.72	3.32	95.94	98.03
2009	100	100	97.66	98.84	107.42	107.5	115.75	117.44	-0.09	2.95	96.06	100
2010	100	100	100	100	106.26	107.5	116.89	122.42	0.11	2.39	96.14	100
2011	100	100	100	100	105.7	106.08	118.84	134.97	0.45	1.3	97.6	100.54
2012	100	100	100	100	105.25	105.3	115.7	126.65	0.7	2.96	101	95.9

资料来源：江西省 J 县教育局教育财务核算中心。

J 县从 2007 年开始实施新的农村义务教育投入机制，新机制实施后，农村学校的资金运转效率有了较大水平的提高，农村义务教育投入明显加大，学校公用经费显著增加；“因贫辍学”的现象逐渐减少，学生回流的现象不断增加；农村教师工资有了保障，农村校长的压力大大减轻；建立了长期有效的危房改造机制，农村中小学危房率大大减少；建立并完善了农村中小学预算管理制度，“校财局管”的体制成效显著。随着农村义务教育投入机制的稳健运行，J县农村义务教育得到了财政上的支持和制度上的保障，必将获得长足有效的发展。

四、农村义务教育投入机制在J县良性运行的原因分析

“省直管县”的财政体制改革和义务教育经费保障机制的管理体制改革在J县都始于2007年，这两项改革措施相辅相成，从不同层面影响了农村义务教育投入机制在J县的运行效率。

（一）“省直管县”的财政体制提升了义务教育资金的供给水平

从财政体制的角度看，“省直管县”整体上增加了义务教育资金的供给水平。“省直管县”以来，J县收到的义务教育预算内财政拨款2007～2012年分别为4155万元、4069万元、5419万元、4873万元（其中比2010年净减普九债1100万元）、8481万元、8693万元，年平均5948.33万元，2008～2012年该指标年平均增长19.51%，其中，2011年增幅高达74.04%，义务教育预算内财政拨款的整体增加为农村义务教育投入机制的有效运行提供了资金上的支持。所以，“省直管县”的财政体制是J县农村义务教育投入机制高效运行的重要保障。

（二）“以县为主”的管理体制给予县级政府制度创新的空间

从管理体制的角度看，现行的以县级政府为管理主体的农村义务教育投入机制给予了县级政府较大、较灵活的对农村义务教育投入的管理权。通过调研分析我们发现，J县在运行农村义务教育投入机制过程中的最大特色在于进行了县级政府管理体制下科学合理的制度创新和管理创新，即成立了以J县教育局下属的正股级单位

“教育财务核算中心”为代表的专门负责运行和监管农村义务教育投入机制的专职机构，这一制度和管理上的创新规范了教育财权与事权，在农村义务教育投入方面进一步确保了国家规定的农村义务教育投入“两个比例、三个增长”的目标。所以，认真实践“以县为主”的管理体制，创造性地发挥管理主体职责，是J县农村义务教育投入机制高效运行的重要原因。

8.

农村基本公共服务财政保障机制与政策设计

为包括农民在内的全体居民提供更合适的基本公共服务，不仅是政府转型的需要，更是社会发展变化的必然结果，也是财政改革取得成功的必要条件之一。

8.1 财政保障机制设计的总体框架

随着经济社会的发展与进步，公众对于公共服务的需求处于多元交融、复杂多变的上升阶段，以政府为主导提供基本公共服务是我国未来较长时期内面对的主题，而政府的主导地位主要体现在财政作为方面，财政保障机制的构建必须具有适应性、时宜性与长效性。因此，在具体政策设计过程中，对于基本公共服务的基本内容、财政保障基本公共服务的环境、财政保障基本公共服务的目标、财政保障基本公共服务的指导原则需要构建一个框架性指导建议。

一、基本公共服务的基本内容

从现实来看，财政保障基本公共服务已成一种共识，但是，在具体基本公共服务内容上还是存在较大差异。目前，理论界对基本公共服务的探讨大致有以下三种角度：一是直接与民生问题密切相关的公共服务，如教育、卫生、文化、就业、社会保障、基础设施、社会治安与生态环境等（安体富，2009）。二是从公民权利来分析，是指与公民生存和发展关系密切且需求最迫切、最基础的公共服务，包括义务教育、基本卫生医疗服务、基本社会保障（陈昌盛、蔡跃洲，2007）。三是从消费需求角度来看，刘尚希（2008）认为，所谓的公共服务是指政府利用公共权力或公共资源，为促进居民基本消费的平等化，通过分担居民消费风险而进行的一系列公共行为。笔者认为，人是服务的主要对象，从人本身的角度来看需求，基本公共服务的类型具有一定的客观性，也更能够满足人对基本公共服务的价值诉求，当然，不同的人存在于不同的社会经济环境中，环境因素也是需要重点考虑的因素。按照马斯洛的理论，人类的需求是由低到高分层依次上升，主要包括生理需求、安全需求、社交需求、尊重需求、自我实现需求。生理需求、安全需求属于物质性需求，而社交需求、尊重需求、自我实现需求则属于精神性需求；如果考虑经济发展状况，则在温饱阶段主要解决物质性需求，在小康阶段主要解决精神性需求中的社交需求、尊重需求；在富裕阶段则主要解决自我实现需求（见图 8－1）。但是，需求层次理论同时也指出，五层次的需求次序不是完全固定的。因此，在我国现阶段，基本公共服务的保障范围不仅需要考虑需求的递进性，更要考虑需求的交叉性。笔者认为，财政保障基本公共服务的范围主要包括经济性基本公共服务与社会性基本公共服务，其中，社会性基本公共服务是保障的重中之重，如此推算，财政保障农村基本公共服务的范围大致包括农村道路、农田水利建设、安全、生存环境等经济性基本公共服务；养老、医疗卫生、教育等社会性基本公共服务。

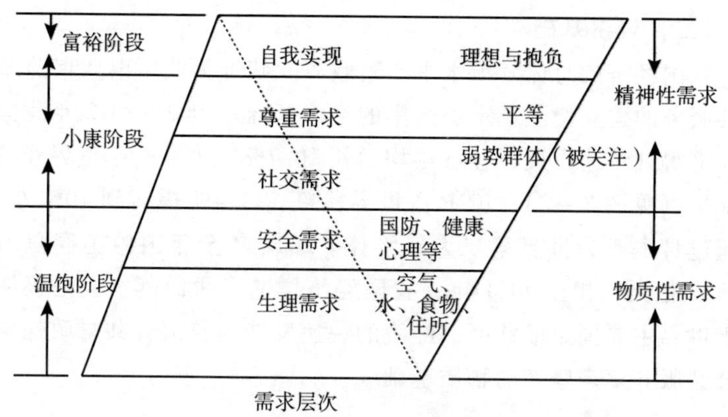

图 8-1　马斯洛需求层次与其对应的公共服务需求

二、财政保障基本公共服务的环境

良好的政治环境、雄厚的经济基础及和谐的社会环境为财政保障基本公共服务提供了坚实的基础。

（一）政治环境

建立并完善基本公共服务体系关系国计民生，是党和政府必须解决的重大课题。从党的历次会议报告中可以看到党对于建立科学合理的基本公共服务体系的信心与决心。在十六届六中全会上党首次明确指出，要逐步形成惠及全民的基本公共服务体系。党的十七大和十七届二中全会又分别强调要增强政府提供基本公共服务能力，推进基本公共服务均等化，缩小城乡间区域间公共服务供给差距，改善民众医疗、教育、文化条件，为建立社会主义和谐社会而努力。党的十七届五中全会进一步提出，要结合我国国情，建立以覆盖城乡、可持续发展为目标的基本公共服务体系。党的一系列决议为我国基本公共服务体系建设指明了发展方向，确定了改革目标。稳定的政治为我国财政保障基本公共服务体系的建立健全提供了良好的政治基础。

（二）经济基础

我国经济的总体发展水平、财政收入状况为我国财政保障基本公共服务的建立健全奠定了坚实的经济基础。2002～2012 年我国国民经济得到快速发展，经济年均增长 10.7%，大大高于世界经济同期水平（见图 8－2）；GDP 占世界份额由 4.4% 提高到 10% 左右，并超过日本成为世界第二大经济体。2012 年全年国内生产总值达 519322 亿元，相比 2011 年，我国经济增速有所回落，但是仍明显快于世界主要国家或地区。经济的快速发展为我国公共财政保障基本公共服务奠定坚实的物质基础。

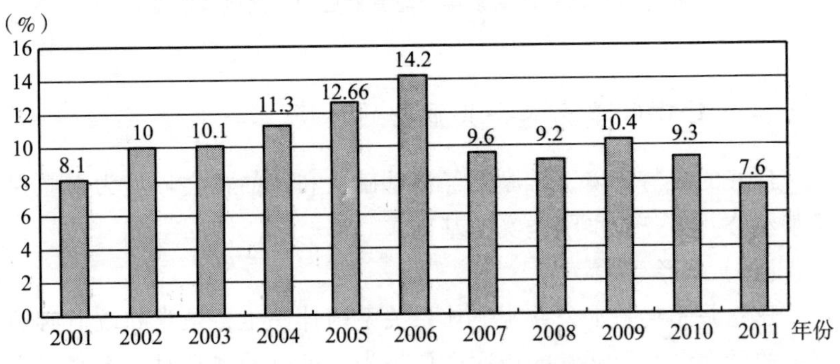

图 8－2 我国 GDP 增长趋势图

资料来源：国家统计局。

随着经济的发展，2003 年我国财政收入突破 2 万亿元，之后又连创新高：2005 年突破 3 万亿元，2007 年突破 5 万亿元，2010 年突破 8 万亿元，2011 年突破 10 万亿元。2012 年 1～12 月，累计全国公共财政收入 117210 亿元，比 2011 年增加 13335 亿元，增长 12.8%。其中，中央财政收入 56133 亿元，比 2011 年增加 4805 亿元，增长 9.4%；地方财政收入 61077 亿元，比 2011 年增加 8530 亿元，增长 16.2%。财政收入的快速增长，为基本公共服务供给提供了较好的物质基础。伴随着政府向“服务型政府”的转变，我国的财政资金在公共服务领域的支出比例不断扩大，有效地促进和提高了我国公共服务供给的能力和水平。2012 年 1 ~ 12 月，全国公共财政支出 125712 亿元，增长 15.1%。其中，教育支出增长 28.3%；科学技术支出增长 15.7%；社会保障和就业支出增长 12.9%；住房保障支出增长 16.4%。这些民生支出的增速都超过了国家财政收入增长的速度。

（三）社会基础

当今，包括政府在内的多种主体正积极参与农村基本公共服务的供给，有的地方甚至走出了一条具有当地特色的创新之路。农村面貌、干群关系等因为农村基本公共服务的逐步改善与提升也得到了改善，以政府为主导的农村基本公共服务模式所产生的社会效应正逐渐发挥其效应，农村地区的治理水平也逐渐在提升，这为进一步改善农村基本公共服务奠定了较好的社会基础。

三、财政保障基本公共服务的目标

从图 8 - 1 中可以知道，基本公共服务具有动态性特点，其是否属于财政保障的基本公共服务的范畴是会发生转换的，这也就决定了基本公共服务的建设是一个长期的渐进过程，我们不能奢望在较短的时间内由财政包办并达到一个较高的水平。因此，在基本公共服务建设的过程中，应该分步骤、分阶段、分目标依次进行。依据这一思路，我国财政保障基本公共服务可以分为基本目标、中期目标与远期目标。

（一）基本目标：基本公共服务的普及性

普及性是基本公共服务品的本质特征，也是提供基本公共服务品必须遵循的基本原则与实现的基本目标，同时还是基本公共服务运行实践的合理路径。早在 1978 年英国学者 C. 布朗和 P. 杰克逊在总结财政联邦主义经验时提出了基本公共服务最低公平标准。而这一原则与我国现阶段的情况是相适应的，当前，尽管我国经济发展速度较快，但人均财力较低，财政保障基本公共服务受到财力限制的因素较为显著，在高水平状态下保障基本公共服务给财政带来较大的压力。但如果因为经济原因而延误基本公共服务建设也会受到来自各方的质疑。因此，根据我国改革渐进的现实路径，近期主要以基本公共服务普及为目标，建立一个以普及性为主要目标的基本公共服务保障体系。这样，既考虑了百姓的感受，同时也兼顾了财力实现基本公共服务的可能性。

（二）中期目标：基本公共服务的均等化

在普及的基础上，随着我国经济的进一步发展及财力的进一步增强，在较大范围内提高基本公共服务的保障水平成为了可能，因此，在渐进化改革原则指导下，统一全国基本公共服务的保障标准，消除区域间及城乡间的基本公共服务差距也就成为可能。在这一阶段，基本公共服务的均等化可以作为一个目标选择来加以考虑，主要是包括基本公共服务标准、基本公共服务财政保障的人均财政支出内容为主的基本公共服务标准化及人均财力均等化。当然，均等化作为政府设置的目标，基本公共服务的水平比第一阶段要高，但考虑到我国地域、经济发展差异等情况，基本公共服务标准化是否可行、人均财力均衡化所产生的具体基本公共服务效应是否相等等都是我们在这一阶段需要考虑的问题。鉴于我国的实际情况，以数字为标准的基本公共服务均等化可能容易观察与考核政府的工作绩效，但对于公众而言，效应的大小感受完全是一种主观价值判断。因此，在实际目标制定过程中，我们需要从数字、效应两方面综合考虑确定，忽视效应的数字均衡容易影响经济发展水平较好地方的政府供给基本公共服务的积极性，同样，忽视数字的效应均衡化可能会导致基本公共服务区域差距的扩大。

（三）远期目标：与基本公共服务相对应的权利均等化

以人为本是政府提供公共服务的思想基石，提供基本公共服务是增强基层政府合理性、权威性与改善社会治理效果的良好途径。如果说中期目标是在普及性上的数字均等化，那么，远期目标则是以尊重公民基本权利为前提的基本公共服务供给，保障人的生存和发展的基本权利的实现与均等化。温家宝曾说过，均等体现了现代社会的文明，因此，这阶段财政保障基本公共服务的实现不是一个单纯的财政问题，在某种程度上它是经济问题，也是社会问题，同时又是政治问题（刘尚希，2008）。因此，现在很多文明国家都把基本公共服务均等化的供给作为治理国家的重要政策。现代政府的职责之一是维护整个社会公平和正义，而基本公共服务是体现这一职责的重要载体，通过政府的作用使基本公共服务对所有公民平等开放，使每一个符合法定条件的公民享有同等的生存权利与发展权利。

我国还是一个较为落后的发展中国家，经济建设和社会进步的进程任重道远，政府基本公共服务体制建立及完善也还有一个相当长的过程，从目前来看，我国财政能力有限，要实现基本公共服务均等化的“一步到位”不太现实，这就要求我国政府在实现基本公共服务的过程中要掌握循序渐进的原则，从我国现阶段的国情出发，把人文关怀和经济可行结合起来，实事求是，尽力而为又要量力而行，三个目标依次递增实现。

四、财政保障基本公共服务的指导原则

基本公共服务供给是一项复杂、系统的工作，由财政来保障基本公共服务的实现需要一个总体性的指导原则。

（一）提供主体中的政府主导性

公共服务供给发展的趋势表现为多中心、多主体已成一种趋势，单一主体的供给模式已成历史。在我国现阶段，多主体参与供给的基本公共服务供给模式已达成共识，政府在基本公共服务中需承担主导性作用，这种主导性有三层含义：一是政府直接供给；二是政府供给相关的制度，激励参与主体的积极性；三是政府购买后供给基本公共服务。政府的主导性作用主要是保障基本公共服务供给目标的实现，同时兼顾区域间的平衡。

（二）供给类型及水平的动态性

在前面的论述中，我们强调基本公共服务与经济发展水平、人

的发展应取得一致性，从而表现出分层次、分阶段的动态特点。从理论上来分析，基本公共服务具有历史范畴，一项服务是否属于基本公共服务的范畴，在不同的阶段是可以转换的，而不是一成不变的。因此，由财政保障基本公共服务实现，在坚持政府主导的基础上，还要坚持基本公共服务供给类型及水平的动态性。在经济发展水平较低阶段，我们希望获得和享受与经济发展水平很高地区相同的基本公共服务水平是不切实际的，与财政保障能力也是相悖的。当然，坚持这一原则并不是为我国政府提供低水平的基本公共服务寻找一个合理的借口，而恰恰相反，这是政府主动履行其职责的重要体现。

（三）供给手段的创新性

政府在基本公共服务供给中的主导性事实上也就为其他供给主体共同参与供给留有接口，无论是从理论研究还是从各国实践来看，多主体参与的供给模式得到了大家的认同。尽管在我国由于市场发育水平的差异，各主体参与的程度不一，但在我国多年的基本公共服务供给改革中，政府以外供给主体的积极性及提供公共服务的满意度得到了公众的认同。因此，在基本公共服务供给过程中，财政保障基本公共服务，除了直接供给外，还需要重点辅助与支持其他供给主体的发育，引导其参与进来，共同改善我国基本公共服务的供给数量与水平。

8.2 财政保障机制的具体政策构想

在农村基本公共服务供给过程中，要有良性的循环机制，保证基本公共服务供给的可持续性，同时还要有具体的政策，保证基本公共服务机制的正常运转。我们认为，农村基本公共服务并不意味着全部是“钱”的问题，首先，应该是“钱”的问题，主要解决基本公共服务供给的首期启动资金问题，同时可以强化政治契约理念，增强各利益相关主体的积极性。其次，有了“钱”后要有良好的用“钱”机制，即投入机制是关键条件，主要是解决提供什么样的基本公共服务以及是否应由财政“一包到底”问题。最后，基本公共服务是政府的职责，但政府间的具体分工如何也影响着基本公共服务供给的数量与质量，更影响着其他参与主体的积极性，因此，解决“钱”与“用钱”的问题，另一基础性的机制就是政府在基本公共服务方面应如何协调“权”与“钱”的关系。笔者的政策设计主要是按照这一逻辑来进行的（具体参见图 8－3）。

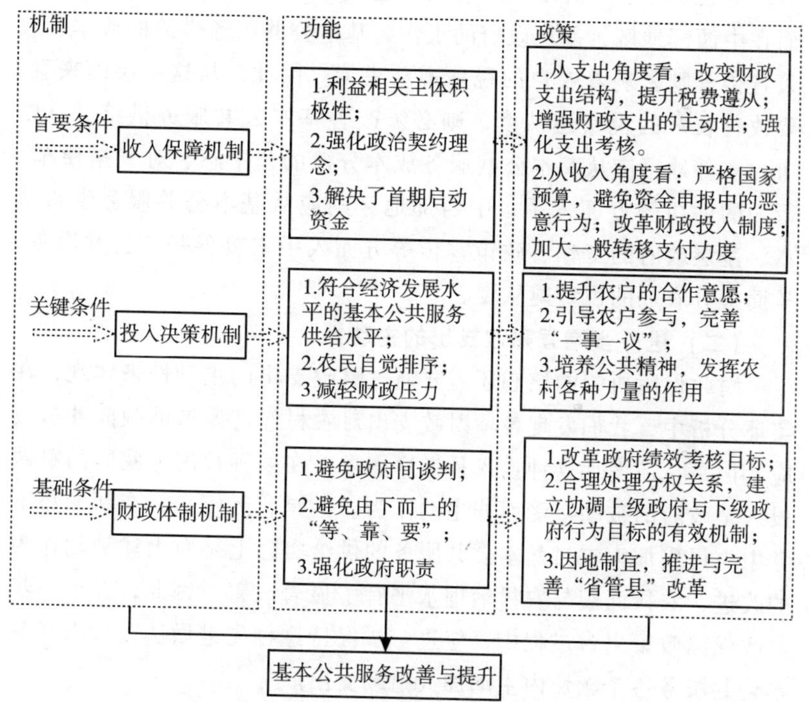

图 8－3　财政保障基本公共服务的政策安排的逻辑框架图

一、财政收入机制

前文已述，在农村基本公共服务各种机制中，财政保障机制居于核心地位，主要负责协调关系，动员各利益相关主体增强投入的积极性。

（一）提升农户税费遵从度

基本公共服务的供给与农户税费遵从度是相互影响、互为因果的关系，基本公共服务的进一步改善利于提升农户税费遵从，同时农户税费遵从将会给基本公共服务筹资带来利好。实证结果表明，直辖市、东部地区由于财力较好，农户更关注于基本公共服务成本分摊的公平感、“搭便车”行为的惩罚给其带来的税费遵从选择；而在中西部地区，基层政府的工作、基本公共服务供给的成本、政策宣传等则影响着农户的税费遵从决策。因此，从这一层面来看，要改善农户的税费遵从度，则必须改善基本公共服务供给，直辖市、东部地区应从基本公共服务成本分摊的公平感、对“搭便车”行为的惩罚等方面入手；中西部地区则应从基本公共服务供给成本、基层政府的工作、政策宣传等方面入手来改善基本公共服务，从而提升农户的税费遵从度。

（二）进一步增强财政支出的主动性

财政保障机制的核心还需要通过财政支出的主动性来体现，在实证分析中，我们发现各项财政支出对农村经济发展的顺向冲击效应，但是，还发现这种投入是逆序需求，在某种程度上我国的财政投入是政府的被动接受而非主动作为。但是，近年来，在新形势下党中央提出加大农村基本公共服务的供给实际上是对上述被动作为的改进，农村面貌与农村治理水平有了显著改善。因此，在下一步财政保障政策出台过程中，应进一步保持这种先进做法，在农村基本公共服务各个领域内主动加大财政支出。

（三）分类强化财政支出考核

在加强财政投入的同时，要强化财政支出绩效考核，应根据不同的情况做出政策上的调整：首先，在财政投入空间布局上，在总量增加的同时要适度向中、西部倾斜；其次，从投入结构上，部分省市（自治区）尤其是处于规模收益递减的地区，重点应优化资源的配置效率，增加基本公共服务的有效供给，对处于规模收益递增地区，要增加其投入总量；同时，在投入时间选择上，要区分有效与无效进行激励和惩罚，有效的要增加投入，无效的要积极改进。

（四）严格国家预算，改变财政资金投入方式，避免资金申报中的恶意行为

基本公共服务供给需要大量的资金，需要各方力量协调配合。从计量分析来看，财政保障基本公共服务存在一个最优规模，过大过小都不利于基本公共服务供给，中央财政从广义财政角度看超过了最优规模值，地方政府相对而言还存在改善空间。但我们一再强调，基本公共服务供给水平与质量的改善，财政资金是重要资金，但不是唯一资金，与资金相比，财政资金的投入机制相对更为重要，为避免资金申报中的恶意行为与争相进京“跑步”，必须在现行的财政制度指导下，地方政府、财政部门、申报者一起制定科学、严谨的财政预算，避免恶意行为发生。

（五）加大一般转移支付力度

转移支付制度需要进一步加入更微观、细致的考察指标，首先，要调整一般转移支付与专项转移支付的构成比例，加大一般转移支付力度，按照经济发展水平、人口密度、地域面积、历史遗留等因素考虑人均基本公共服务的财政投入量，在可能的情况下，可以考虑建立县级基本公共服务的基本财力保障机制；其次，要加大人大的审查力度，确保基本公共服务在地方总支出中占有一定比重。

二、财政投入决策保障机制

财政投入决策是农村基本公共服务中最关键的一环，它决定了提供什么样的基本公共服务、提供的基本公共服务是否合乎农户的需求。

（一）充分考虑财政投入决策中的微观因素

从微观角度看，农户基本公共服务自身投入还受到来自农户年龄、家庭收入、家庭规模、制度认识、家庭地位、生病情况、教育背景等因素的影响。因此，在具体改善农村基本公共服务财政投入决策中需要从微观入手，改善农户自身的合作意愿。首先，在重视财政保障机制的同时，要充分利用国家战略，如在中西部地区可以结合国家西部大开发战略与中部崛起战略，通过结合东部地区的产业转移，加速推进城镇化或城市化进程，这样，既可以增加农户家庭收入，同时也会提高人口密度降低基本公共服务的供给成本，从而提升基本公共服务供给水平与改善其供给质量。其次，加强制度的正面宣传与农户的亲身体验，减少农户合作过程中的情绪型抵制，在参与中平衡投入与收益间的关系。

（二）完善“村民自治”与“一事一议”，保障决策机制

从目前的情况看，“村民自治”与“一事一议”尽管还存在诸多缺陷，但实践证明这是符合我国农村地区事实的决策机制，在财政支出有限的情况下，应遵循供求均衡的需求导向的偏好显示机制原则。因此，改革的方向应是：一是要保障村委会组织选举的公正性；二是要保障村委组织运行的正常性与健康性；三是要保障“一事一议”所议之事是真正的社区之事；四是所有议事结果须得到有效执行与监督。

（三）重视农村社区精英作用，改善供给机制

调查显示，在某些地区社区精英比基层领导更为有影响力，在区域内发挥着极其重要的作用。因此，重视农村社区精英的作用，不仅可以改善“村民自治”与“一事一议”的决策机制，更能够通过社区精英的影响调动本区域、本村居民的积极性，更能够动用其社会资本，丰富政府主导供给外的基本公共服务供给机制。

三、财政体制保障机制

在实证研究过程中，我们发现财政保障民生的能力在增强，但我们还无法识别这种能力增强是来源于内在机制还是外在压力，如果来源于外在压力且在压力减弱的情况下，财政保障民生的资源分

配比例也就越来越小，基本公共服务的供给水平也就随之减弱，在单一绩效考核目标下，有时甚至会牺牲居民在公共服务方面的正当利益。因此，财政要在基本公共服务供给中发挥其主导作用，我们应在总结现有改革成功做法的基础上，构建“中央—省—市（县）”三级财政架构，以“一级政权、一级事权、一级财权”的原则，形成财、事相对合理的制度安排，并辅以由上而下的转移支付制度来确保事权履行的财力保障（贾康，2012），而事权的财力保障将有力巩固政府在农村基本公共服务中的主导地位，体现政府的角色意识和政府责任。

（一）改变单一的政府政绩考核模式

要充分利用建立服务型政府的良好时机，改变 GDP 为核心的单一考核模式，引入多维、多重经济和社会发展情况指标，将地方政府间的竞争逐步过渡到公共服务竞争的良性轨道上来。或许有人质疑这项政策的实质意义，认为我国如果抛弃 GDP 的考核模式，地方政府间的竞争将进入“无为”阶段。笔者认为，尽管 GDP 在国外也会作为考核政府绩效的指标之一，但其重点则在于通过自由迁徙来激励地方政府改善公共服务。我国缺乏这样的机制，但可以在政绩考核指标体系中加入服务性公共服务的内容，变经济发展绩效的单维评价为经济发展与公共服务改善的双目标驱动，鼓励地方政府在公共服务方面开展合作竞争。

（二）健全分权体制，建立一套协调政府间目标行为的机制

近年来，我国在财政体制上多次调整，强化了中央宏观调控的能力，对于如何进一步明确与地方政府间的财政划分，理论界存在多种争论，但如果单从财政分权与社会性公共服务的关系角度来看，应该降低财政分权度，由中央政府在社会性公共服务方面发挥更大的协调与权威作用，保障全国社会性公共服务供给的均等化实现。同时，我们也观察到北京、天津、江苏、浙江、广东的社会性公共服务水平较高，其原因既有来自经济贡献，同时也有来源于上级政府官员的直接考察。因此，就这一层含义来看，单纯降低财政分权度也不是唯一路径，更重要的是在发展经济的同时，建立一套协调上级政府与地方政府尤其是中央政府与地方政府行为的激励机制，促使地方决策更多地考虑农村居民的偏好。

（三）因地制宜，推行与完善“省管县”体制

“省管县”财政体制是目前财政体制改革领域内一项非常重要的制度，笔者通过博弈发现，其在不同的地区对基本公共服务改善的效果并不一致。因此，我们认为，首先，要协调各博弈行为主体的利益目标，控制地方政府的利益异化与转移，建立“公共服务利益相关”为基础的政府治理结构，使更多的利益相关者参与到公共服务供给中来，形成对地方政府的制衡。其次，加大对地方政府的监管力度，“省直管”财政体制改革确实增强了地方发展经济的能力，但是，缺乏监督的经济能力成长有可能酿成包括服务性公共服务供给不足在内的其他恶果，因此，有必要在现有改革的基础上强化对地方政府尤其是县级政府的全面监管。最后，要因地制宜，推动与完善“省管县”财政体制，实践证明，“一刀切”的制度模式对于农村基本公共服务的改善是有害的，因此，我们可以根据经济发展水平、历史因素、财力保障能力情况、基本公共服务状况等因素决定如何推进“省管县”财政体制，在经济发展水平较高、财力保障水平较高地区，可以灵活选择；而在经济欠发达地区，可以考虑较为彻底的“省管县”财政体制，实现经济发展与基本公共服务改善的双向目标；在经济更为困难的县，可以保留现有体制。

农村基本公共服务供给水平、供给类型是动态变化的，与之相适应的体制机制也是变化调整的，没有一成不变的制度，但财政保障基本公共服务的主导作用不会改变，政府供给成为农村基本公共服务供给中一种最基本的机制，而在这种基本机制作用的过程中，财政保障机制要注意与其他供给机制的协调和配合，区分财政保障机制主要是保障公众最基本的生存权与发展权的基本公共服务，引导和规范其他参与供给机制。

9. 研究总结、研究不足与展望

9.1 研究总结

“农村基本公共服务的财政保障机制与政策”研究的逻辑起点在于农村基本公共服务，终点在于财政保障机制的构建与政策设计，由理论阐述、实证分析与政策设计三部分构成。

在理论阐述部分，主要试图回答农村基本公共服务与社会福利水平之间的关系、财政保障农村基本公共服务的基本逻辑、财政保障机制与农村基本公共服务间的关系三个问题。笔者认为，居民收入差距的扩大影响了居民对政府社会福利改善的感受力，而差距扩大中包含了基本公共服务方面的差距；同时，政府基本公共服务的改善有利于提升居民的纳税遵从，有利于推进服务型政府建设。财政保障基本公共服务不仅是财政的天然属性使然，也是现代政府的重要职责与我国未来经济增长的需要。从机制来看，财政保障机制包括收入保障机制、投入决策保障机制与财政体制机制保障机制。

在实证部分，主要围绕收入保障机制、投入决策机制、财政体制保障机制三种机制与基本公共服务间的关系展开。在收入保障机制中，主要从支出角度与收入角度进行了实证分析，其中，在支出方面，主要分析了农村基本公共服务与农户税费遵从、基本公共服务与经济增长、基本公共服务财政支出绩效评价等问题；在收入方面，重点分析了资金项目申报中的恶意行为、农村基本公共服务投入的最优规模、转移支付与基本公共服务。实证发现，形成良性的收入保障机制，一方面要注重支出结构改善、转变政府绩效考核方式、强化财政支出绩效考核；另一方面要重新设计转移支付制度、共同参与制定财政预算等。在投入决策机制中，重点从影响投入决策的农户微观因素、财政投入的宏观因素及农村公共精神培养三方面进行实地调查与研究，发现现有制度运行之所以存在问题，与农户自身、一事一议的不完善及公共精神缺失有较大关联。在财政体制机制研究中，重点分析了财政分权与基本公共服务间关系，同时运用博弈分析方法对我国“省管县”财政体制改革中的资金分配问题进行了模拟分析，探讨了各利益方尤其是县级政府在“省管县”财政体制改革中推进农村基本公共服务的表现。

政策设计部分主要从总体框架与具体政策设计两方面展开，研究中根据现有成果，从个体需求角度探讨了财政保障农村基本公共服务的类型及基本的指导原则；从收入机制、投入决策机制、财政体制机制三方面依据实证发现进行了政策设计。同时，还选择了江西三地不同管理模式下的农村基本公共服务状况。研究的重点在于通过多样性的研究方法探索农村基本公共服务财政保障的有效机制，改善我国农村基本公共服务供给状况，提升农村居民的自我认同与对社会的认同程度，为构建和谐社会奠定基础。

本书中的主要观点包括：第一，财政保障农村基本公共服务的逻辑起点在于社会公平，重点解决目前农村社会的基本公共服务供给性短缺，实现基层政府社会服务功能。第二，农村基本公共服务需求是动态的，财政保障机制也是适应这种变动而变动的，其适应与调整的速度反映了政府功能转换的成功程度。第三，财政保障机制是动态的，也是系统的，且系统是开放的，财政保障机制的创新程度取决于系统的开放程度。第四，财政保障机制的主要功能在于，在农村基本公共服务实现过程中通过财政吸取资源、决策投入资源、分配管理资源等活动，引导其他主体以多种方式进入公共服务供给领域，共同构建农村基本公共服务的供给力量，实现供给机制创新。

本书创新主要体现在以下两方面：第一，保障机制与政治责任及公共精神培育。寻求到财政保障机制的财政收入、财政投入决策、财政体制机制三种机制来实现基层政府的政治责任与培育农村公共精神。第二，基层官员的被强制行为转变为自觉行动。在增强互信的基础上，通过上述三种机制纠正与重新设计，使得基层政府官员在政府转型过程中为农民提供基本公共服务逐步变为一种自觉行动。

9.2 研究不足与展望

本书中笔者主要立足现状，写实性地探讨了供给过程中涉及的收入机制、投入决策机制与财政体制机制三个主要方面。事实上，农村基本公共服务的实现是一项长期且艰巨的任务，需要引入包括政治学、社会学等学科在内的学科知识，笔者尽管努力做到在财政学研究基础上融合其他学科知识，但仍感觉与政治学、社会学的融合还存在改善和提升的空间。从研究方法来看，尽管笔者在具体研究过程中采用了多种计量统计分析方法与田野调查方法，但在样本选择方面仍具有一定的局限性，未来财政保障基本公共服务的研究，不仅需要学科融合，也需要更科学与细致的研究方法，如田野调查法及现代计量方法的应用。在具体研究主题方面，笔者主要关注机制的形成与政策设计，即针对现状应如何设计出较好的政策，但是，从基本公共服务的财政保障机制来看，财政支出的绩效评价、政府绩效的评价等应是政策设计后应关注的重点，再好的制度，如果没有良好的评价机制也会流于平庸。因此，在未来的政策研究中，应更多地采用先进的研究方法对支出绩效、政府绩效进行评价。政策设计是重要方面，但政策设计是否会产生一个较好的效果则需要更进一步的模拟研究，未来农村基本公共服务财政保障机制与政策方面的研究除了要关注政策的变动与政策如何变动外，更应该关注政策变动后各方的福利变动状况。

主要参考文献

1. ［美］珍妮特·登哈特、罗伯特·登哈特，丁煌译：《新公共服务：服务，而不是掌舵》，中国人民大学出版社2004年版。

2. 安体富：《公共服务均等化：理论、问题与对策》，载《管理世界》2007年第8期。

3. 陈共：《财政学（第六版）》，中国人民大学出版社2011年版。

4. 陈国栋：《省直管县财政体制改革对县域经济的影响》，载《财经视点》2011年第5期。

5. 陈俭、段艳：《1978～2006年中国农民负担问题研究》，载《江汉论坛》2010年第1期。

6. 陈晶璞、闫丽莎：《基本公共服务财政支出绩效评价体系研究》，载《燕山大学学报》2011年第12期。

7. 陈锡文、赵阳等：《中国农村制度变迁60年》，人民出版社2009年版。

8. 程子健：《增值税扩围改革的价格影响与福利效应》，载《财经研究》2011年第10期。

9. 迟福林：《2007年中国改革评估报告》，中国经济出版社2007年版。

10. 楚永生、张兰英：《江苏省新型农村合作医疗制度运行机制及绩效的实证分析》，载《审计与经济研究》2009年第6期。

11. 崔元锋、严立冬：《基于DEA的财政农业支出资金绩效评价》，载《农业经济问题》2006年第9期。

12. 戴毅、代明：《医疗卫生产品供给行为缺陷与改善对策——“看病难看病贵”问题的经济学分析》，载《经济与管理》2008年第10期。

13. 邓晓兰、曾小春、廖凯：《论财政分权体制中的地方政府公债融资权》，载《财贸经济》2005年第5期。

14. 邓子基，韩瑜：《公共财政与民生》，载《当代财经》2008年第8期。

15. 樊宝洪：《乡镇财政与农村公共产品供给研究》，中国农业出版社2007年版。

16. 樊纲：《论公共收支新规范——我国乡镇“非规范收入”若干个案的研究与思考》，载《经济研究》1995年第6期。

17. 樊继达：《“省直管县”财政体制与城乡基本公共服务均等化》，载《中国党政干部论坛》2009年第10期。

18. 樊丽明、石绍宾：《新农村建设中公共品供需均衡研究》，中国财政经济出版社2008年版。

19. 方红生、张军：《中国地方政府竞争、预算软约束与扩张偏向的财政行为》，载《经济研究》2009年第12期。

20. 冯文荣、陈少克：《地方政府行为与县乡财政困难的形成——基于两种预算约束的分析》，载《宁夏社会科学》2007年第6期。

21. 冯义涛、邹晓东：《上海市民收入变化对文化消费发展的影响》，载《上海经济研究》2000年第11期。

22. 傅道忠：《农村公共产品供给制度创新研究》，载《农村经济》2008年第5期。

23. 傅勇、张晏：《中国式分权与财政支出结构偏向：为增长而竞争的代价》，载《管理世界》2007年第3期。

24. 高鹤：《财政分权、地方政府行为与中国经济转型：一个评述》，载《经济学动态》2004年第6期。

25. 高军、王晓丹：《“省直管县”财政体制如何促进经济增长——机遇江苏省 2004～2009 年数据的实证分析》，载《财经研究》2012 年第 3 期。

26. 葛新斌：《农村教育投入体制变迁 30 年：回顾与前瞻》，载《华南师范大学学报》2008 年第 6 期。

27. 郭庆旺、贾俊雪：《中央转移支付与地方公共服务提供》，载《世界经济》2008 年第 9 期。

28. 郭庆旺、吕冰洋：《论税收对要素收入分配的影响》，载《经济研究》2011 年第 6 期。

29. 郭小聪：《论国家职能与政府职能》，载《中山大学学报（社会科学版）》1997 年第 2 期。

30. 国家发改委课题组：公共服务供给中各级政府事权划分问题研究（下），2005 年第 26 期。

31. 国家统计局农村社会经济调查司：中国农村经济调研报告 2005 年，中国统计出版社 2005 年版。

32. 郝宏杰：《河南省农村公共服务绩效评价体系创新研究》，载《经济与社会发展》2010 年第 8 期。

33. 贺雪峰、罗兴佐：《农村公共品供给：税费改革前后的比较和评述》，载《天津行政学院学报》2008 年第 9 期。

34. 胡书东：《经济增长中的中央与地方关系：中国财政制度变迁研究》，上海人民出版社 2001 年版。

35. 胡新萍、赵兴梅等：《建国以来中国的国家与农民关系研究》，载《前沿》2011 年第 9 期。

36. 黄佩华、迪帕克：《中国：国家发展与地方财政》，中信出版社 2003 年版。

37. 贾俊雪、郭庆旺：《政府间收支责任安排的地区经济增长效应：实证研究》，载《经济研究》2008 年第 6 期。

38. 贾康、白景明：《中国政府收入来源及完善对策研究》，载《经济研究》1998 年第 6 期。

39. 贾康、李炜光、刘军民：《关于发展中国地方政府公债融资的研究》，载《经济社会体制比较》2002 年第 5 期。

40. 贾康、孙洁：《农村公共产品与服务提供机制研究》，载《管理世界》2006 年第 12 期。

41. 贾康：《农村公共产品与服务提供机制的研究》，载《管理世界》2006 年第 12 期。

42. 蒋斌等：《县级政府财政困境：一个不完全信息动态博弈模型》，载《农业经济》2006 年第 3 期。

43. 李广众：《政府支出与居民消费：替代还是互补》，载《世界经济》2005 年第 5 期。

44. 李萍：《论公共精神的培养》，载《北京行政学院学报》2004 年第 2 期。

45. 李小云等：《中国农村贫困状况报告》，载《中国农业大学学报（社会科学版）》2004 年第 1 期。

46. 李燕凌、曾福生：《农村公共品农民满意度及其影响因素分析》，载《数量经济技术经济研究》2008 年第 8 期。

47. 林万龙：《家庭承包制的实施与中国社区公共产品供给制度变迁》，中国农业大学博士学位论文，2000 年。

48. 刘长生、郭小东、简玉峰：《财政分权与公共服务提供效率研究——基于中国不同省份义务教育的面板数据分析》，载《上海财经大学学报》2008 年第 9 期。

49. 刘汉屏、刘锡田：《地方政府竞争：分权、公共物品和制度创新》，载《改革》2003 年第 6 期。

50. 刘佳、吴建南、吴佳顺：《省直管县改革对县域公共物品供给的影响——基于河北省 136 县（市）面板数据的实证分析》，载《经济社会体制比较》2012 年第 1 期。

51. 刘京：《公共精神和近代中国民主政治的道德探索历程》，载《社会科学战线》2005 年第 6 期。

52. 刘培林：《地方保护和市场分割的损失》，载《中国工业经济》2005 年第 4 期。

53. 刘穷志：《公共支出归宿：中国政府公共服务落实到贫困人口手中了吗?》，载《管理世界》2007 年第 4 期。

54. 刘晓路：《财政分权理论：国内外比较》，载《公共经济评论》2011 年第 7、8 期。

55. 刘怡、聂海峰：《间接税负担对收入分配的影响分析》，载《经济研究》2004 年第 5 期。

56. 刘云龙：《民主机制与民主财政——政府间财政分工及分工方式》，中国城市出版社 2001 年版。

57. 刘志昌：《1949 - 1985 年中国农村社会保障均等化探析》，载《社会主义研究》2011 年第 6 期。

58. 龙兴海、曾伏秋等：《农村公共服务研究》，湖南人民出版社 2009 年版。

59. 吕炜、孙永军、范辉：《社会公平、财政支农与农村消费》，载《财经科学》2010 年第 1 期。

60. 吕炜：《政府规模与公共服务水平关系研究——基于中国省际面板数据的分析》，载《财经科学》2009 年第 3 期。

61. 罗森著、赵志耘译：《财政学（第六版)》，人民出版社 2003 年版。

62. 骆鹏：《促进公共服务均等化的现实指向》，载《改革》2009 年第 5 期。

63. 骆永民、樊丽明：《城乡基本公共服务均等化标准的选择问题研究——基于政策敏感度和福利效果的比较分析》，载《中国工业经济》2011 年第 5 期。

64. 门特西若 · 洒吐著，沈腊梅译：《税收竞争、寻租与财政分权》，载《经济资料译丛》2004 年第 1 期。

65. 欧阳静：《运作于压力型体制和乡土社会之间的乡镇》，载《社会》2009 年第 6 期。

66. 潘春阳、何立新：《独善其身还是兼济天下? ——中国居民再分配偏好的实证研究》，载《经济评论》2011 年第 5 期。

67. 潘孝珍：《省直管县财政改革中的矛盾及其化解》，载《地方财政研究》2010 年第 3 期。

68. 庞明礼：《对“省直管县”改革问题的理性反思》，载《武汉科技大学学报（社会科学版）》2009 年第 3 期。

69. 彭国甫：《基于 DEA 模型的地方政府公共事业管理有效性评价—对湖南省 11 个地级市政府的实证分析》，载《中国软科学》2005 年第 8 期。

70. 彭海艳：《我国个人所得税累进性的实证分析：1995 ~ 2006》，载《财经论丛》2008 年第 3 期。

71. 平新乔、毛亮等：《关于个税起征点的研究，北京大学中国经济研究中心，讨论稿》2009 年第 3 期。

72. 平新乔、章海洋、梁爽等：《增值税与营业税的税负》，载《经济社会体制比较》2010 年第 3 期。

73. 平新乔：《财政原理与比较财政制度》，上海三联书店 1992 年版。

74. 乔宝云、范剑勇、冯兴元：《中国的财政分权与小学义务教育》，载《中国社会科学》2005 年第 6 期。

75. ［美］乔纳森·雷登：《财政分权与硬预算约束的挑战》，中国财政经济出版社 2009 年版。

76. 渠敬东、周飞舟、应星：《从总体支配到技术治理——基于中国 30 年改革经验的社会学分析》，载《中国社会科学》2009 年第 6 期。

77. 荣敬本、崔之元等：《从压力型体制向民主合作体制的转变——县乡两级政治体制改革》，中央编译出版社 1998 年版。

78. 芮国强、常静：《公共精神型塑下的行政转型》，载《学术界》2007 年第 6 期。

79. 沈坤荣、付文林：《税收竞争、地方博弈及其增长绩效》，载《经济研究》2006 年第 6 期。

80. 石义霞：《中国农村公共产品供给制度研究》，中国财政经济出版社2011年版。

81. 宋立：《市政收益债券：解决地方政府债务问题的重要途径》，载《管理世界》2004年第2期。

82. 孙璐、吴瑞明、李韵：《公共服务绩效评价》，载《统计与决策》2007年第24期。

83. 孙淑云：《新型农村合作医疗社会关系及其利益冲突的分析——基于新型农村合作医疗立法依据的视域》，载《甘肃社会科学》2009年第3期。

84. 孙永军、刘国辉：《居民消费需求与公共服务水平关系研究》，载《山东工商学院学报》2010年第2期。

85. 唐海华：《“压力型体制”与中国的政治发展》，载《宁波市委党校学报》2006年第1期。

86. 陶勇：《农村公共产品供给与农民负担》，上海财经大学出版社2005年版。

87. 王海江：《影响农民参加社会养老保险的因素分析》，载《中国人口科学》1998年第6期。

88. 王江松：《农民与国家三十年的历史博弈》，载《兰州学刊》2006年第9期。

89. 王秋石、张敬来．支持中国财政分权的一个模型分析》，载《经济理论与经济管理》2005年第12期。

90. 王绍光：《分权的极限》，中国计划出版社1997年版。

91. 王文剑、仉建涛、覃成林：《财政分权、地方政府竞争与FDI的增长效应》，载《管理世界》2007年第3期。

92. 王小林：《结构转型中的农村公共服务与公共财政政策》，中国发展出版社2008年版。

93. 王永钦、张晏、章元、陈钊、陆铭：《中国的大国发展道路——论分权式改革的得失》，载《经济研究》2007年第1期。

94. 王蕴、卢岩：《“十二五”时期完善公共服务扩大居民消费的思路与建议》，载《中国经贸导刊》2010年第17期。

95. 王卓等：《浅谈“省直管县”政策推行的利与弊——以陕西省为例》，载《西安文理学院学报（自然科学版）》2011年第1期。

96. 吴春梅、石绍成：《乡村公共精神：内涵、资源基础与培育》，载《前沿》2010年第7期。

97. 吴光芸：《公民公共精神与民主政治建设》，载《理论探索》2008年第1期。

98. 夏杰长：《地方政府：推动经济过热的重要因素》，载《改革》2004年第5期。

99. 肖建华：《地方税收竞争中公共品供给的动态博弈及应对思路》，载《财经理论与实践》2010年第5期。

100. 谢国财：《“省直管县”财政管理体制改革：基于福建省的分析》，载《中共福建省委党校学报》2011年第1期。

101. 谢建国，陈漓高：《政府支出与居民消费——一个基于跨期替代模型的中国经验分析》，载《当代经济科学》2002年第6期。

102. 谢自鸾、杨洋：《财政转移支付过程中的政府行为选择》，载《财经论坛》2007年第3期。

103. 徐崇波、梅国平：《我国农村公共产品供给绩效评价实证分析——以江西省80个县（市）为例》，载《当代财经》2010年第7期。

104. 徐文松、查奇芬：《中国城镇居民消费结构的预测》，载《经济纵横》2004年第2期。

105. 徐小青、郭建军：《中国农村公共服务改革与发展》，人民出版社2008年版。

106. 许经勇：《中国农村经济制度变迁六十年研究》，厦门大学出版社2009年版。

107. 杨灿明、孙群力：《中国的隐性经济规模与收入不平等》，载《管理世界》2010年第7期。

108. 杨礼琼：《从老农保的制度缺陷看新农保实施的必要性》，载《求实》2011年第5期。

109. 尹世杰：《消费需求与经济增长》，载《消费经济》2004年第5期。

110. 袁志刚：《从宏观经济学看养老保险体系》，载《中国劳动保障报》2000年第10期。

111. 岳军：《基本公共服务均等化与公共财政制度创新》，中国财政经济出版社2011年版。

112. 岳树民、卢艺、岳希明：《免征额变动对个人所得税累进性的影响》，载《财贸经济》2011年第6期。

113. 岳树民：《运用财政税收政策扩大居民消费需求》，载《税务研究》2009年第1期。

114. 张恒龙、陈宪：《财政竞争对地方公共支出结构的影响——以招商引资为例》，载《经济社会体制比较》2006年第6期。

115. 张红宇：《农业多功能定位调整及拓展：建设新农村的一种理念解释》，载《改革》2006年第5期。

116. 张珺：《中国农村公共产品供给》，社会科学文献出版社2008年版。

117. 张青：《激励相容机制下的个人所得税设计》，载《税务研究》2005年第6期。

118. 张瑞峰：《中国农村税费改革考察》，中国税务出版社2007年版。

119. 张五常：《中国的经济制度》，香港花千树出版社2008年版。

120. 张秀生：《农村公共产品供给与农民收入增长》，中国农业出版社2008年版。

121. 张晏：《分权体制下的财政政策与经济增长》，上海人民出版社2005年版。

122. 赵云旗：《中国当代农民负担问题研究（1949～2006）》，载《中国经济史研究》2007年第3期。

123. 郑功成：《中国社会保障制度变迁与评估》，中国人民大学出版社2002年版。

124. 中国社会科学院农村发展研究所和国家统计局农村社会经济调查总队：《2006~2007年：中国农村经济形势分析与预测》，社会科学文献出版社2007年版。

125. 周黎安：《晋升博弈中政府官员的激励与合作——兼论我国地方保护主义和重复建设长期存在的原因》，载《经济研究》2004年第6期。

126. 周天勇：《GDP的十大困惑》，载《北京统计》2003年第10期。

127. 朱青：《个人所得税免征额初探》，载《税务研究》2003年第10期。

128. 朱玉春、唐娟莉、刘春梅：《基于DEA方法的中国农村公共服务效率评价》，载《软科学》2010年第3期。

129. 庄红平、张宜民：《农村税费改革后合作医疗筹资可持续性研究》，载《卫生经济研究》2004年第9期。

130. Abbott. M. and O. Ashenfelter, 1976, *Labor - supply, Com - modity Demand and the Allocation of Time*, Review of Economic Studies, 43, pp. 389 - 412.

131. Agodo, O.. 1978. *The Determinants of Us Private Manufacturing-Investments in Africa*. Jouranl of International Business Studies, 9: 95 - 107.

132. Bardhan, Pranab, 2002, *Decentralization of Governance and Development*, Journal of Economics Perspectives, 16, pp. 185 - 205.

133. Barro, R.. 1990. *Government Spending in a Simple Model of Endogenous Growth*. Journal of Political Economy, 98: 103 - 125.

134. Brown, C. V. and E. Levin, 1974, *The Effect of Income Taxa - tion on Overtime*, Economic Journal, 84, pp. 833 - 848.

135. Davoodi, H. H. Zou. 1998. *Fiscal decentralization and economic growth*. Journal of Urban Economics, 43: pp. 71 - 93.

136. Jin, H., Y. Qian, and B. Weignast, *Regional Decentraliza-*

tion and Fiscal Incentives: Federalism, Chinese Style, Journal of Public Economics, 2005, 89, pp. 1719 – 1742.

137. Jing Jin and Heng – fu Zou. 2002. *How does fiscal decentralization affectaggregate, national, and subnational government.* Journal of Urban Economics, 52, pp. 270 – 293.

138. Lin Justin Yifu and Zhiqiang Liu. 2000. *Fiscal Decentralization and Economic Growth in china.* Economic Development and Cultural Change, 49 (1), pp. 1 – 22.

139. Oates, Wallace1972. *Fiscal Federalism.* Harcourt Race Jovanocich, 34, pp. 89 – 112.

140. Qian and Weingast. B. 1996. *China Transition to Markets: Market – Preserving Federalism, Chinese Style.* Journal of Policy Reform, 1, pp. 149 – 195.

141. Qian, Y. and G. Roland, 1998, *Federalism and the Soft Budget Constraint*, American Economics Review, 77, pp. 265 – 284.

142. Ru – Lin Chiu, *The Intratemporal Substitution between Government Spending and Private Consumption: Empirical Evidence From Taiwan*, Asian Economic Journal, January 2001.

143. Shah, Anwar, 2004, *Fiscal Decentralization in Developing and Transition Economics: Progress, Problems and Promise*, World Bank Policy Research Working Paper3283.

144. Tiebout, Charles, 1956, *A Pure Theory of Local Expenditures*, Journal of Political Economy, 64, 416 – 424.

145. Tsung – Ho Wu, *The Government and Private Consumption: a Panel Cointegration Analysis*, International Review of Economics and Finance, 2001, Vol. 95, No. 108.

146. Xie, D. Zou and Davoodi. 1999. *Fiscal Decentralization and Economic Growth in the United States.* Journal of Urban Economics, 45, pp. 131 – 165.

后　记

受"路径依赖"的影响，似乎我从读硕士研究生至今所写的大部分东西都与农村高度相关，对农村财政问题的研究兴趣，一方面是源于自身长在农村，对农村各方面情况较为熟悉；另一方面是源于陈共老师的鼓励，2007 年从中国人民大学回到江西财经大学从教，陈老师鼓励我利用好自身优势，继续探索农村财政问题。然而，越是深入下去，我似乎又感觉到自己在知识结构、对农村社会的观察能力等方面还存在较大的欠缺。社会在进步，人的思想也在进步，观察农村社会的能力需要改善与提升。尽管在研究中，我利用各种机会开展调研，调研单位、个人也给予我极大的支持与鼓励，但有时感觉单从财政视角来讨论农村基本公共服务似乎又略显单薄，农村问题的复杂性不仅要求研究者具备较好的理论素养、较合理的知识结构，更需要与时俱进地观察农村社会能力的改善，这或许是我未来努力的方向。

在研究过程中我得到了来自各方的热情支持，我至今难以忘怀 2010 年年初财税与公共管理学院课题申报集体论证的过程；也难以抹去在江西 21 县调研、访谈所留下的各种记忆；更难以忘记在开小型专家会上各位专家对研究提出的中肯建议。对他们的无私奉献表示感谢。

本书在写作过程中参阅了国内外大量的文献资料，没有这些专家的思想贡献，我是难以完成写作任务的，在此，也一并表示感谢。

本书能够顺利完成还得益于江西财经大学的科研制度安排，在正式结题前江西财经大学副校长蒋金法教授、科研处处长匡小平教授以及南京财经大学曹信邦教授在百忙之中抽出时间，对课题研究进行评估并提出了很好的修改建议。对他们三位教授的辛勤工作与对后辈的学术指导表示感谢。

在研究过程中，2011 级、2012 级财政学硕士研究生和社会保障专业硕士研究生参与了调研、访谈与数据整理工作，没有他们的贡献，我也很难顺利完成研究任务。对他们在课题中的积极参与也表示感谢。

我能有时间从事自己心爱的研究工作与家人的支持密不可分，我爱人黄蕾一方面要承担繁重的教学科研工作，另一方面要操持家务，每每谈及此事，我安慰她说“这是减肥的最好方法”，对她的理解、支持与行动表示感谢。

我深知农村问题的研究异常复杂，也深知自身学识浅陋、积累有限，本书研究还留下颇多缺憾，恳请各位批评指正。

肖建华

2013 年 10 月定稿于江西财经大学财税大楼